Nico Mahler
Bella Famiglia

atb aufbau taschenbuch

Nico Mahler, 1974 in München geboren, studierte Geschichte und Politikwissenschaften und arbeitet als freier Journalist.

Sonntägliche Ausflüge in das Eiscafé Venezia seiner Heimatstadt gehören zu seinen liebsten Kindheitserinnerungen. Mit seinem Debütroman begibt er sich auf eine Spurensuche nach den Anfängen der Eismanufaktur und erzählt eine dicht gewobene deutsch-italienische Familiengeschichte über Generationen hinweg.

1910: Das Leben im Val di Zoldo ist hart. Als das Tal die Familie Battaglia nicht länger ernährt, erweist sich Apollonia als erfindungsreich. Sie bringt die Köstlichkeit nach Wien, wo Gelato – Gefrorenes – unbekannt war.

1966: Für Sofia ist der wöchentliche Besuch im Eiscafé Bella Italia ein nahezu heiliges Ritual. Bei einer Kugel Erdbeereis träumt sie von Italien – und von Lorenzo, der ihr nach und nach die berührende Geschichte seiner Familie aus dem Val di Zoldo anvertraut.

NICO
MAHLER

Bella
Famiglia

Roman

Sofia und
die Kunst des Eismachens

 aufbau taschenbuch

MIX
Papier | Fördert
gute Waldnutzung
FSC® C083411

ISBN 978-3-7466-4050-1

Aufbau Taschenbuch ist eine Marke
der Aufbau Verlage GmbH & Co. KG

1. Auflage 2024
© Aufbau Verlage GmbH & Co. KG, Berlin 2024
www.aufbau-verlage.de
10969 Berlin, Prinzenstraße 85
© Nico Mahler 2024
Der Verlag behält sich das Text- und Data-Mining
nach § 44b UrhG vor, was hiermit Dritten ohne
Zustimmung des Verlages untersagt ist.
Umschlaggestaltung und Motiv www.buerosued.de, München
Satz Greiner & Reichel, Köln
Druck und Binden CPI books GmbH, Leck, Germany

Printed in Germany

1

Erdbeer

Ein Erdbeereis war wie ein Kuss. Konnte man das sagen? Denken durfte man es immerhin. Sofia tauchte den Löffel in das rosafarbene, das rötliche, das lilarote … ach was, sie tauchte den Löffel in das erdbeerfarbene Eis. Führte es zum Mund und ließ es auf der Zunge zergehen. Erdbeereis schmeckte eindeutig wie ein Kuss.

Das konnte man von Schokoladeneis nicht behaupten, erst recht nicht von Vanille. Vanilleeis hatte einen ernsten Charakter, süß natürlich, aber auch seriös. Deshalb wurde der Geschmacksgeber *Bourbon Vanille* genannt. Bourbon klang hoheitsvoll, königlich und ernst.

Erdbeereis erinnerte an die Frische eines Gartens, das Versprechen des Frühlings, die Aussicht auf einen Kuss. Sofia leistete sich Erdbeereis einmal in der Woche. Ihr Gehalt hätte ausgereicht, mehrmals in der Woche auf dem stillen Platz unter dem Kastanienbaum zu sitzen. Aber dann wäre das Ritual nicht mehr so heilig gewesen – ja, *heilig* war genau das richtige Wort dafür.

Wenn die Tage nach einem langen, grauen Winter endlich länger wurden, wenn erst die Forsythien, bald darauf die Birken und schließlich der wilde Wein ihr frisches Grün zeigten, wusste Sofia, es dauerte nicht mehr lange, bis das Eiscafé Bella Italia aus dem Winterschlaf erwachen würde. Die blauen Läden wurden aufgeklappt, sie waren azurblau, nicht bayerisch-blau. Diese Läden luden in kein bajuwarisches Paradies ein, sondern in ein südliches. In eine Welt, zu der ein Meer gehörte und Menschen, die gern lachten, außerdem ein wolkenloser Himmel und eine junge Frau namens Sofia. Ob ihre niederbayerischen Eltern diese Vorstellung gehabt hatten, als sie ihre Tochter Sofia nannten, wusste sie nicht. Sicher wusste sie aber: Waren die blauen Läden einmal offen, wurde eine Fahne gehisst. *Gefrorenes!* stand darauf, mit einem Rufzeichen. Und über dem Portal las man in voller Breite: Eiscafé Bella Italia.

Für Sofia stellte die Eissaison den eigentlichen Beginn des Jahres dar. Der stille Platz in München, den nur wenige Häuser säumten, hatte natürlich einen Namen, aber Sofia nannte ihn nur ihren *stillen Platz*. In der Mitte stand ein Kastanienbaum, der den Häusern eine Menge Licht nahm, aber im Sommer Schatten spendete. Die Tische, die unter der Kastanie standen, waren immer zuerst besetzt.

Sofia nahm den nächsten Löffel Erdbeereis, schloss die Augen und genoss.

»Noch ein Wunsch?«

Der Besitzer war herausgekommen, ohne dass sie es bemerkt hatte. Sofia fuhr zusammen. Wenn Männer sie zu plötzlich ansprachen, erschrak sie. Das war doch zu dumm. Der Eismacher sprach eben laut, weil er Italiener war.

»Nein danke.«

Groß war er und braun gebrannt, hatte schwarzes, welliges Haar, einen gestutzten Schnäuzer und die sonderbarsten Augen, in die Sofia je geschaut hatte. Waren sie grau oder grün? Jedenfalls blickten diese Augen in die Welt, als wollten sie eigentlich nichts sehen. Dieser Mann schaute auf unergründliche Weise nach innen. Er nahm die Bestellungen auf, servierte und räumte wieder ab, immer mit dem gleichen Ausdruck. Gern hätte Sofia ihn gefragt, warum er so ein finsteres Gesicht machte, aber das ging sie nichts an. Solange sein Eis so fruchtfröhlich schmeckte, durfte der Mann gucken, wie er wollte.

»Warum immer Erdbeer?«, wollte er heute wissen.

»Weil mir Ihr Erdbeereis am besten schmeckt.«

»Ja, aber jedes Mal *nur* Erdbeer.« Seine Stimme war freundlicher als das Gesicht. Die Laute rollten fröhlich daher und setzten sich im Ohr fest. Er hatte einen Akzent, wie man ihn von Italienern erwartete, dabei schien sein Deutsch perfekt zu sein. Er musste schon länger in München leben.

»Mir schmeckt Erdbeereis eben.«

»Warum probieren Sie nicht mal einen Becher aus?«

Sofia wollte ihr Eis weiteressen, bevor es schmolz und behielt demonstrativ den Löffel in der Hand. »Was für einen Becher?«

»Ich habe viele. Sehen Sie in die Karte.« Er schob ihr das Ding aus Pappe zu, das in einem kleinen Drahtständer festgeklemmt war. »Bananensplit wird viel genommen. Oder Schokobecher, Heidelbeerbecher. Oder sehen Sie: Erdbeerbecher.«

»Den esse ich doch gerade.«

»Sie essen Erdbeereis. Erdbeerbecher ist mit frischen Erdbeeren und Vanilleeis, mit Erdbeersoße und einem Schuss Likör.«

»Ein alkoholisches Eis?«, fragte sie überrascht.

»Kann ich weglassen. Auf Bestellung kein Likör.«

»Bei Ihrem Erdbeerbecher ist also gar kein Erdbeereis dabei?«

»Weil frische Erdbeeren drin sind. Was soll zu viel Erdbeer im Erdbeerbecher?«

Wenn er sich aufregte, wurde sein Deutsch schlechter, stellte Sofia fest. »Ich hatte mein Eis für heute schon. Ich kann doch nicht noch eines …«

»Beim nächsten Mal. Beim nächsten Mal probieren Sie einen Becher, ja?« Er richtete sich zu voller Größe auf.

»Aber nicht den Erdbeerbecher.«

»Warum nicht?«

»Ich habe sonst das Gefühl, ich werde meinem Erdbeereis untreu.«

~

Hätte es die Drehtür nicht gegeben, wäre Sofia häufiger in den Bahnhofskiosk gegangen. Zweimal in der Woche kaufte sie einen Roman aus dem Drehständer und eine Tüte Kieferbrecher. Herr

Oskar, der Besitzer, bot die Bonbons, die auch *Zahnarzt-Alptraum* genannt wurden, am Tresen an.

München-Giesing war ein gemütlicher Bahnhof. Man kam, man fuhr, man wartete, plauderte und kaufte im Kiosk Proviant. Als man die Strecke München Ost nach Deisenhofen im 19. Jahrhundert errichtet hatte, war der Bahnhof ein ganzes Stück von Giesing entfernt gewesen. Mittlerweile hatte die Stadt ihn umzingelt. Die Strecke verlief vom Ostbahnhof über Giesing zum Perlacher Forst.

Herr Oskar kannte viele seiner Kunden beim Namen. Hier kauften Leute ein, die täglich in Giesing ein- oder umstiegen. Auch Sofia kam jeden Tag zweimal durch.

»Die braunen, wie immer?«, fragte Herr Oskar.

»Nein, bitte 100 Gramm von den roten.« Sofia machte ihre Geldbörse bereit.

»Für die Kinder?«

Sie nickte. »Meine Schützlinge sind ganz wild auf die roten.«

Während Oskar die Papiertüte füllte, legte sie ein Buch auf den Tresen. »Und das hier.«

»*Der Korsar des Königs*«, las Oskar. »Das scheint ein interessantes Buch zu sein. Viel Vergnügen damit.«

Sofia wusste, dass es Kitsch war. Sie las die Bücher aus dem Drehständer trotzdem gern. Zum Beispiel *Kein Schnaps für Tamara* oder *Das Gesicht der Liebe*. Der Titel mochte blöd sein, aber es war eine Geschichte, in die man sich herrlich fallenlassen konnte.

Sie hatte Zeit zum Lesen. Nicht nur zu Hause, auch im Heim

blieben ihr freie Minuten, wenn die Kleinen Mittagsschlaf hielten oder selbstvergessen spielten und ihre Betreuerin komplett vergaßen. Dann setzte sich Sofia an den Zaun, der das Kinderheim Fasangarten umgab, und las ihr Buch. Manchmal blieben ihr nur Minuten, bevor ein Kind weinte oder es Streit gab, doch in die Geschichte vom *Gesicht der Liebe* kam man schnell wieder hinein. Sie freute sich auf den *Korsar des Königs,* weil das Buch sie ans Meer entführen würde. Mit ihren vierundzwanzig Jahren war Sofia Gottlieb noch nie am Meer gewesen.

Sie bedankte sich, zahlte und näherte sich der Drehtür. Beherzt lief sie in das Segment hinein, das sich vor ihr auftat. Sie schob und drückte, gleich würde sie die andere Seite erreichen. Bahnhofslärm schlug ihr entgegen.

Zwei Halbstarke drängten in die Drehtür, zusammen rempelten sie dagegen. Die beiden hatten mehr Kraft als Sofia. Das rotierende Gebilde wurde zum Ungetüm, das sie nicht mehr losließ. Von hinten schob die Glaswand sie weiter. Um nicht zu stolpern, folgte sie der Bewegung und landete genau dort, von wo sie vor Sekunden aufgebrochen war. Sofia hoffte, Herr Oskar habe ihre Niederlage nicht beobachtet. Sie strich die Jacke glatt, hielt die Bonbontüte vor die Brust und nahm den nächsten Anlauf.

Das Glas der Drehtür hatte einen Sprung. Bei entsprechender Beleuchtung zeigte es zwei Bilder gleichzeitig. Sofia sah sich selbst im Spiegel. Sie sah die unmoderne Frisur, das aschblonde Haar, hinten zusammengesteckt. Die Brille, die sie nur zum Lesen brauchte, aber häufig abzusetzen vergaß. Ihr Gesicht konnte man hübsch nennen, doch Sofia bemerkte darin nur die Fehler. Den vorstehenden Zahn, die dichten Brauen, die gezupft gehörten. Im Zerrbild jener Sekunde sah Sofia die Frau mit der Bonbontüte zweimal. Zweimal halb. Die geteilte Sofia. Und hinter der Spiegelung glaubte sie Gabriel zu entdecken. Er tauchte im Halbdunkel der Bahnhofshalle auf. Gabriel, der Mann mit dem himmlischen Namen, Gabriel, der teuflische Mensch. Panisch stieß Sofia die Tür weiter. Mit weichen Knien trat sie in die Halle und presste die Hand vor den Mund. Die Bonbontüte hielt der Bewegung nicht stand und zerriss. Ein Dutzend rote Kieferbrecher purzelten auf den Waschbeton. Leute drehten sich um. Ein kleiner Junge wollte eines aufheben. Seine Mutter verbot es ihm. Sofia hätte die Bonbons aufsammeln und wegwerfen müssen. Sie konnte nicht. Keinen Moment länger wollte sie in der Halle bleiben, wo Gabriel ihr erschienen war. Sie steckte die leere Papiertüte ein und rannte zu Bahnsteig Nummer 4, wo ihr Zug gleich kommen musste.

2

Heidelbeer

»Ich nehme einen Heidelbeerbecher«, sagte Sofia und zog den Reißverschluss ihrer Jacke hoch.

»Ach, da draußen sitzt tatsächlich jemand.« Der Besitzer stellte den Kragen auf und trat ins Freie. »Wieso sitzen Sie im Regen?« Er trug einen Anorak über seiner Schürze. Über Nacht war es eisig kalt geworden. Der April bestand darauf, dass der Winter noch nicht vorbei sei.

Um nicht nass zu werden, zog Sofia die Beine an und stellte die Füße unter ihren Stuhl. »Ich sitze doch im Trockenen, sehen Sie?« Sie zeigte in die Krone der Kastanie, die ihr Blätterdach über ihr ausbreitete.

»Wollen Sie hereinkommen?« Er verschränkte die Arme. »Ich habe auch drinnen Tische.«

»Ein Eis, finde ich, kann man nur im Freien essen. Einen Heidelbeerbecher bitte.«

»Mit oder ohne Sahne?«

»Bitte mit.«

Im Begriff, zurückzulaufen, drehte sich der Besitzer noch einmal um. »Moment: Heute ist Mittwoch.«

»Darf man am Mittwoch keinen Heidelbeerbecher essen?«

»Sie sind sonst immer am Freitag hier. Manchmal auch Samstag.«

»Und heute bin ich an einem verregneten Mittwoch im April gekommen.« Sofia schickte ein kleines Lächeln hinterher.

Sein Haar wurde vom Regen zusammengeklatscht. »Heidelbeer mit Sahne, subito.«

Sie hörte dem sanften Regen zu. Der heutige Tag war dumm gewesen. *Ihr dummer Tag,* so nannte sie den Zustand, wenn sich alles gegen Sofia stemmte. Normalerweise stand sie auf, machte Morgentoilette, frühstückte nicht, weil sie so früh nichts hinunterbekam, und nahm stattdessen Brote mit. Sofia fuhr die halbe Strecke bis Giesing. An einem guten Tag besiegte sie die Drehtür und kaufte etwas bei Herrn Oskar. Darauf fuhr sie die zweite Hälfte der Strecke, stieg in Fasangarten aus und lief das kurze Stück zum Kinderheim. Sie übernahm die Kinder von der Nachtbetreuung und informierte sich über außergewöhnliche Vorkommnisse. Schließlich setzte sich Sofia zu den frühstückenden Kindern.

An einem dummen Tag kleckerte sie im Bad mit der Zahnpasta. Das Marmeladenglas fiel hinunter. Sie brauchte zu lange, das klebrige Zeug aufzuwischen, und verpasste ihre Bahn. Beim Umsteigen hastete sie durch den Bahnhof, hatte keinen Blick für Oskar und die Kieferbrecher, erreichte das Kinderheim mit Verspätung und musste sich bei der Heimleiterin entschuldigen. Wenn sie sich schließlich zu den Kindern setzte, hatte sie Mühe, ihnen glaubhaft zu machen, dass alles wie immer sei. Kinder hatten ein feines Empfinden. Sie spürten, wenn es Sofia schlecht ging.

Das Ereignis in der Drehtür war schuld an ihrem *dummen Tag*. Seit einem Jahr war sie geschieden, hatte aber immer noch Angst vor ihrem Mann. Der Gerichtsbeschluss wies Gabriel an, sich seiner Exfrau nicht zu nähern. Bis jetzt hielt er sich daran. In Wirklichkeit gab es also nichts, wovor Sofia Angst zu haben brauchte. Ein Hirngespinst hatte ihr den Tag vermiest. Daher war sie nach Feierabend nicht wie üblich nach Hause gefahren, sondern hatte die Bahn in die entgegengesetzte Richtung genommen. Für Sofia kam das einer Revolution gleich. Der Besuch im Eissalon war für das Wochenende reserviert. Doch selbst der Regen hatte sie an diesem Mittwoch nicht abhalten können.

Der Besitzer brachte ein kleines Kunstwerk. Drei Eissorten im Glaskelch, darüber Sahne, eine Hohlhippe steckte darin, viele Heidelbeeren zierten das Gebilde. Wo hatte er im April Heidelbeeren herbekommen?

»Ecco.« Schwungvoll stellte er die Kreation vor Sofia ab.

»Danke. Das sieht sehr schön aus.«

»Sie werden sich verkühlen.«

»Ich werde nicht so schnell krank.« Krachend biss Sofia in die Hohlhippe.

Zehn Minuten später kam sie zu der Einsicht, dass sie nicht länger in der nassen Kälte bleiben sollte. Der Regen wurde stärker, die Kastanie war nicht mehr imstande, Sofia zu beschützen. Sie nahm den Eisbecher, ihre Tasche und lief ins Café.

Sooft sie schon auf dem stillen Platz gesessen hatte, hineingegangen war sie noch nie. Für mehr als zwei Tische reichte der Platz hier nicht. Bevor Sofia sich setzte, blieb sie staunend stehen.

Es mussten über hundert Bilder sein, größere und kleine, gerahmte Fotografien, fast alle in Schwarz-Weiß, viele stark verblichen. Diese Bilder zeigten Menschenleben, doch sie stellten eine andere Art Leben dar, als Sofia es kannte. Es waren Bilder von schwerer Arbeit, von Familien, die nicht in die Kamera lächelten. Diese Leute blickten dem Betrachter ernst entgegen, aufrecht standen sie da, Mütter hielten Kinder auf dem Arm. Sogar die Kinder hatten einen ernsten Ausdruck. Aus diesen Bildern schauten Menschen, die ihre Existenz bezeugen wollten. *Wir sind da*, schienen sie zu sagen. Es gibt uns. Wenn du, Fremder, das Foto betrachtest, wirst du Zeuge, dass es uns gegeben hat. Diese Bilder machten Sofia beklommen und neugierig zugleich.

Der Besitzer hielt sich im hinteren Raum auf, dort lief eine Maschine. Das Geräusch verstummte, er trat in das Café.

»Sie haben es sich anders überlegt?«

Sofia zeigte nach draußen, wo der herabströmende Regen den stillen Platz verschwimmen ließ. »Darf ich mein Eis hier fertigessen?«

»Ich habe es Ihnen angeboten.« Er rückte ihr einen Stuhl zurecht.

Sie aß schweigend ein paar Löffel. »Was ist das alles? Ich meine, diese Bilder.«

»Das ist meine Familie.«

»Die vielen Leute? Das können nicht alles Menschen aus Ihrer Familie sein.«

»Im Val di Zoldo sind wir alle irgendwie miteinander verwandt.«

»Val di Zoldo?«

»Mein Tal, unser Tal.«

»Dort sind Sie geboren?«

»Geboren wurde ich in Deutschland. Aber ich stamme aus dem Zoldotal.« Eine Geste in den Raum. »So wie all diese Menschen.«

»Haben Sie die Bilder aufgehängt, weil …« Sie suchte nach Worten. »… weil es Ihre Heimat ist?«

Mit einem Mal veränderten sich seine Augen. Der Blick, der Sofia oft nach innen gerichtet schien, öffnete sich. Ihr war, als sehe sie der Mann zum ersten Mal wirklich an. »Weil es meine Heimat ist.«

»Oh, Sie können ja lächeln.« Das rutschte ihr heraus, doch es war die Wahrheit.

»Natürlich«, entgegnete er verblüfft.

»Sie tun es viel zu selten.«

»Zum Lächeln braucht man einen Grund.«

Sie verstand ihn. Auch ihr wollte heute kein Lächeln gelingen. Solche Tage gab es.

»Ich heiße Gottlieb. Sofia Gottlieb.«

»Buona sera.« Er streckte ihr die Hand hin. »Ich bin Lorenzo Battaglia.«

Sie spürte einen warmen, festen Händedruck. »*Buona sera,* heißt das nicht guten Abend?«

»Stimmt genau.«

»Aber es ist gerade mal vier Uhr.«

»Nach zwölf Uhr mittags sagen wir Italiener *buona sera.*«

»Und bis zwölf Uhr Mittag?«

»Buongiorno.«

»Und was heißt guten Morgen?«

»Buongiorno.«

Hatte sie ihn eingeladen, sich zu setzen, oder nahm er sich die Freiheit einfach? Seine plötzliche Nähe irritierte sie. Sofia betrachtete die Bilder. Eines, das Risse und Kratzer hatte, fiel ihr besonders auf.

»Wer ist das zum Beispiel auf diesem Bild?«

»Das ist mein Großvater, Antonio Battaglia.«

»Wieso steht er an diesem großen … Was ist das?«

»Es ist ein Amboss. Er schmiedet Eisen.«

»*Schmiedet*«, wiederholte sie, als sei es ein Fremdwort. »Ich habe noch nie von jemandem gehört, der Eisen schmiedet.«

»Weil es heute keiner mehr tut. Es gibt kaum noch Schmieden, das erledigt jetzt die Industrie. Die meisten Schmiede sind gestorben.«

»Wieso?«

»Das ist nicht mit einem Satz zu beantworten.«

3

Rollgerste

Im Jahr 1966 war das Leben modern geworden. Die Welt drehte sich rasanter als je zuvor, und jeder schien auf diesen glücklich rotierenden Planeten aufzuspringen. Nur Sofia Gottlieb zögerte. Das lag nicht an ihren fehlenden guten Absichten oder weil sie nicht mitbekam, wie es in der Welt zuging.

Die Beatles hatten Jesus Christus an Popularität abgelöst. Frank Sinatra sang *Strangers in the night* und Roy Black *Ganz in Weiß*. Die Rolling Stones machten die jungen Menschen verrückt, Bob Dylan machte sie nachdenklich. Überall wippten die Leute aus Sofias Generation mit den Hüften. Sie lernten die neuen Tänze und zuckten und hopsten und warfen ihr Haar durch die Luft. Viele trugen es lang und offen. Sofia trug es hochgesteckt. Die Menschen flogen über die Erde, die Flugzeuge wurden immer größer, eines war gerade in Japan gegen einen Berg geflogen. Die Menschen eroberten den Weltraum. Die Amerikaner kündigten an, eine Weltraumfähre auf den Mond zu schicken. Die Großmächte bedrohten einander mit Raketen, viele davon waren auf

Deutschland gerichtet. Seit diesem Jahr gab es angeblich so viele Atomsprengköpfe, dass der Mensch sich und die Erde mühelos hätte auslöschen können. Leonid Breschnew war Oberhaupt der Russen, er hatte beeindruckende Augenbrauen. Bei den Amerikanern war ein junger Präsident ermordet worden. In Deutschland herrschte das Wirtschaftswunder, trotzdem trat Wirtschaftswunderkanzler Erhard zurück. Der neue Kanzler sei ein Nazi gewesen, hieß es.

Sofia fand, dass sie nicht besonders gut in die sechziger Jahre passte. Vielleicht hatte sie deshalb nur wenige Freunde. Vielleicht kamen ihre Eltern deshalb so selten zu Besuch nach München. Sofia saß auch allein im Eiscafé. Niemand begleitete und beriet sie, welchen Eisbecher sie nehmen sollte. Zu Hause erwartete sie niemand. Sofia Gottlieb verglich Erdbeereis mit einem Kuss und schaute in den Regen. Sie hätte gern mehr Zutrauen in das Morgen gehabt, doch das Gestern hatte ihr die Zuversicht genommen. Die Erinnerung war kein besonders schöner Ort für Sofia.

Meistens fand sie ihre Wünsche und Sehnsüchte so banal, dass sie sich schämte, sie vor sich selbst einzugestehen. Sofia wollte einen Kuss, der nicht nach Erdbeer schmeckte, sondern nach Liebe. Doch sie hatte festgestellt, dass es die Liebe am ehesten in den Romanen gab, die sie bei Herrn Oskar kaufte. In den Romanen lauerte die Liebe hinter jeder Ecke.

Obwohl es dunkel wurde, saß Sofia immer noch im Café, umgeben von Bildern. Hier fühlte sie sich seltsam wohl. Der Besitzer hatte ihr einen Tee gebracht, denn auch drinnen war es nicht besonders warm. Bestimmt hätte Lorenzo viel erzählen können, über dieses sonderbare Tal, seine Familie, seine Herkunft. Doch das hätte nicht zu der stillen Einsamkeit dieses Nachmittags, zum Geräusch des Regens gepasst. Umringt von vielen Bildern stellte sich bei Sofia ein größeres, ein umfassenderes Bild ein. Während die Dämmerung draußen den Platz einhüllte, öffnete sich ihr eine Zeit, in der es nur eine Möglichkeit gegeben hatte, um zu überleben: die Familie.

~

Val di Zoldo, Italien, April 1899

An diesem Frühlingstag hätte Antonio Battaglia gern länger gearbeitet, aber das schwindende Licht ließ das nicht zu. Die Sonne verabschiedete sich früh aus dem Val di Zoldo. Der Kienspan gab nicht genügend Licht, um Nägel zu schmieden. Große, lange, viereckige Nägel waren Antonios Spezialität. Mit ihnen wurden Häuser gebaut, Brücken repariert, diese Nägel hielten ewig. *Tonino*, wie ihn alle nannten, stellte Nägel in großer Stückzahl her.

Er löschte die eben geschmiedeten rot glühenden Nägel im Wasserbottich und legte den Riegel vor die Luftzufuhr der Esse. Ohne Sauerstoff ging das Feuer in Minuten aus. Er prüfte, ob in der Werkstatt noch irgendwo ein Stück Kohle glomm, das aus der Esse gesprungen war. Er gab dem Lehrjungen den Auftrag, eine halbe Stunde länger zu bleiben und die Asche danach in den Bach zu schütten. Feuer war der Helfershelfer eines Schmiedes, zugleich die größte Gefahr.

Als er später sein Haus betrat, rief er: »Gerschtnsuppe?«

Das Haus hatte sein Urgroßvater auf der Höhe von Zoldo Alto mit eigener Hand erbaut. Bis auf das Fundament bestand es aus Holz. Blickte man aus dem Tal zu den Bergen hoch, schien die Welt nur aus Fels und Stein zu bestehen. Aber Steine waren schwer heranzuschaffen, um ein Haus zu bauen. Holz brauchte man dagegen nicht zu holen, Holz gab es überall. Der Reichtum des Zoldotales war sein Wald. Bis zur Baumgrenze bedeckten Wälder diese Hänge. Die Menschen lebten vom Holz, seit sie die Region besiedelt hatten. Der Wald regierte, herrschte über das Tal. Was der Mensch brauchte, schenkte ihm der Wald.

Tonino Battaglia war nicht nur Schmied, sondern auch Köhler und Holzlieferant. Damit gehörte er zu denen, die es besser hatten. Er fällte Bäume, schaffte sie auf dem Ochsenkarren nach Longarone, von wo ihre Reise auf der Piave weiterging. Vom Wildwasser durcheinandergeschleudert, oft zerbrochen, verließen die Holzflöße die Berge, erreichten sanftere Regionen, glitten durch die Poebene, bis die immer langsamer fließende Piave sie bei Venedig wieder ausspülte. Das Holz der Battaglias wurde in der Lagunenstadt gebraucht.

Stämme, die nicht gerade genug gewachsen waren, zerkleinerte Tonino, stapelte sie in einem Meiler und verwandelte sie in Holzkohle. Diese Kohle nahm ihren Weg per Ochsenkarren nach Udine.

An der Haustür schnupperte Tonino noch einmal. »Gerschtn-suppe«, sagte er zu sich selbst, da er keine Antwort bekommen hatte. Seine Frau musste draußen sein. Er folgte dem Geruch, nahm den Deckel vom Topf und nickte: Es war tatsächlich Gerschtnsuppe. Tonino setzte sich an den Tisch und betrachtete seine Hände. Ein leises Tropfen, das Pech tropfte vom Kienspan in die Schale darunter. Apollonia war sparsam. Sie zündete die Petroleumlampe erst an, wenn alle sich zum Essen setzten. Bis dahin musste es der Kienspan tun.

Hungrig, wie er war, hätte sich Tonino gern ein Stück Brot genommen. Doch wenn er vorher etwas aß, kränkte das Apollonia. Er blieb im Halbdunkel sitzen.

In Mailand verwendeten sie schon dieses neue Licht, sogar auf den Straßen. Es war angeblich hundertmal heller als die Gasbeleuchtung, die er in Udine bestaunt hatte. Als die Stadtverwaltung das neue Licht zum ersten Mal eingeschaltet hatte, waren die Pferde vor Angst verrückt geworden, hatten wegen der plötzlichen Helligkeit gescheut und ihre Reiter abgeworfen. Elektrizität schien aus Blitzen gemacht zu werden.

Nur Gott herrscht über den Blitz, dachte Tonino. Es tat nicht gut, wenn der Mensch Gott den Blitz stehlen wollte. In einem Dreivierteljahr begann das neue Jahrhundert, das *zwanzigste*. Vielleicht macht das die Menschen übermütig.

»Warum nimmst du dir kein Brot?« Wie lange stand Apollonia schon in der Tür? »Du bist früh dran. Die Suppe ist gleich fertig.«

»Ich habe in der Werkstatt nichts mehr gesehen.«

»Soll ich dir ein Brot schneiden?«

»Später zur Suppe gern.« Er sah seine schöne, ernste Frau an. Wenn sie zu ihm trat und ihm die Hand gab wie jetzt, war Tonino überzeugt, er sei der glücklichste Mann auf Erden.

Die Kinder kamen wie der Wind, wie ein Schwarm Vögel, wie eine geliebte Plage. Sie drängten sich um den Vater. Er legte seine Hände auf ihre Köpfe und nannte sie beim Namen. Sie stritten um die Plätze neben ihm, obwohl jeder wusste, dass der ältesten Tochter das Vorrecht zukam.

Apollonia rührte in der Suppe. »Wer macht das Licht an?«

Wieder gab es Geschrei, alle wollten die Petroleumlampe entzünden. Tonino winkte seinen Jüngsten zu sich.

»Tancredi, traust du dich schon?«

»Nein, Papa«, antwortete der Kleine ehrlich.

»Du willst die Lampe nicht anmachen?«

»Lass das lieber Giacinta tun.«

»Warum willst du nicht?«

»Weil es *buff* macht.«

»Natürlich macht es buff.« Tonino lächelte. »Wenn sich der Docht mit dem Petroleum vollgesogen hat und du die Flamme daranhältst, soll es ja buff machen. Sonst wird es nicht hell und wir sehen nicht, was wir essen.«

Das fanden alle lustig. Albernd führten die Mädchen die Löffel nicht zum Mund, sondern an die Nase. Nur Tancredi blieb ernst.

»Ich mache es mit dir zusammen«, sagte der Vater, stand auf und nahm den Kienspan aus der Halterung. Er wusste, indem er

Tancredi vorzog, degradierte er die Älteren. Doch der Sechsjährige sollte selbstbewusster werden.

»Du drehst zuerst den Docht nach oben«, sagte der Vater.

Tancredi stieg auf einen Stuhl, hielt die Lampe fest und drehte an der Stellschraube. Im Inneren wuchs der Docht empor.

»Nicht zu weit, sonst verbraucht es zwar Petroleum, gibt aber keine Helligkeit.« Tonino hob das bauchige Glas an und hielt die Flamme an den Docht. Alle verstummten. – Es machte buff. Tancredi lachte. Die blaue Flamme überzog den Docht. Antonio schloss die Lampe. Wie von Zauberhand wurde es in der Stube hell. Tonino konnte die kleinen, lachenden, ein wenig schmutzigen Gesichter seiner Kinder sehen. Er hob Tancredi vom Stuhl. »Gut hast du das gemacht. Morgen bist du an der Reihe, Giacinta.« Damit war die Gerechtigkeit wieder hergestellt.

Toninos schwarz gelocktes Nesthäkchen, sein einziger Junge neben vier Mädchen, zog sich auf seinen Platz zurück. Apollonia brachte die Suppe. Sie roch wunderbar, doch es fehlte etwas.

Tonino sah seine Frau an. »Kein Rauchfleisch?«

»Beim nächsten Mal.«

Er betrachtete ihr gutes, liebes Gesicht. Ohne dieses Gesicht lohnte das Leben nicht. Ohne diese Frau gab es die Liebe nicht. Er drückte ihre Hand. »Also beim nächsten Mal.«

Für die Gerschtnsuppe brauchte es kein Fleisch. Rollgerste, Kartoffeln und Karotten machten auch satt. Rauchfleisch war teuer. Apollonia hatte die Suppe stark gesalzen, so bekam man eine Ahnung von dem stark gewürzten Räucherfleisch.

Alle hielten ihre Holzlöffel bereit. Antonio faltete die Hände.

Sie dankten für die Mahlzeit, sie beteten mit gesenkten Köpfen. Das Amen war noch nicht verklungen, als der erste Löffel in die Gerschtnsuppe tauchte.

4

Äpfel

München, 1966

Das Kinderheim Fasangarten war weder Kindertagesstätte noch Internat noch Waisenhaus, sondern alles zusammen. Hierher brachten Familien ihre Kinder, wenn sie es sich nicht leisten konnten, ein Kind großzuziehen. Die Gemeinde München nahm ihnen die Aufgabe ab. Solche Eltern besuchten ihre Kinder, manche häufiger, manche seltener. Hierher wurden aber auch Kinder aus zerrütteten Verhältnissen gebracht, weil das Jugendamt es so bestimmte. Es gab Halbwaisen, deren einziger Elternteil sich von einer schweren Krankheit erholte, bevor er oder sie das Kind wieder zu sich nehmen konnte. Verschreckte, stille Kinder waren dabei, andere von übertriebener Fröhlichkeit. Ihnen allen war gemein, dass sie um das Vertrauen ins Leben rangen. Sofia empfand es als ihre einzigartige Aufgabe, den Kindern auf diesem Weg zu helfen und für sie da zu sein.

Es gab Zeiten, in denen sie sich fragte, ob ihre eigene Einsamkeit sie hierhergeführt hatte. Nein, dachte sie dann, es war ein Privileg, in Fasangarten arbeiten zu dürfen. Da das Heim nahe dem Perlacher Forst lag, glaubte man, mitten in der Natur zu sein. Zugleich war der Friedhof Perlach nicht fern. Sofia hatte das Gefühl, dass an diesem Ort junges Leben, der Tod und die Natur eine Verbindung miteinander eingingen.

Manchmal lief sie zu den Gräbern hinüber und spazierte zwischen jenen Menschen umher, die das große Abenteuer schon hinter sich hatten. Die Lebenden bemühten auf den Grabsteinen oft große Worte, um die Verstorbenen zu ehren. *Unvergessen für immer – Die Liebe währet ewiglich,* hieß es da, doch das Wort *ewiglich* war vom Efeu bereits überwuchert worden. Geißblatt und Efeu erwiesen sich stärker als große Worte.

Gerechtigkeit und Gleichheit waren im Heim die wichtigsten Prinzipien. Jedes Kind sollte spüren, dass es unter kleinen Schwestern und Brüdern gut aufgehoben war. Manche stellten sich geschickter auf dem Spielplatz an, andere malten und zeichneten gut, wieder andere fielen durch Klugheit oder Nachdenklichkeit auf. Es gab solche, die sich Führungsqualitäten anmaßten und eine Clique um sich scharten, andere blieben lieber allein. Die Gemeinschaft bot ihnen einen Raum, in dem jeder die gleichen Rechte besaß. Sofia war die Hüterin dieses Prinzips.

Trotzdem verteilte auch sie Zuneigung und Aufmerksamkeit unterschiedlich. Guido Rösler war fünf Jahre alt, ein Kind mit braunen Locken und neugierigen Augen. Sofia faszinierte seine Fähigkeit zur Konzentration. Wenn er sich einer Aufgabe, einer

Beobachtung widmete, versank um ihn die Welt. Guido war eher ernst als ausgelassen, eher ungeschickt als sportlich.

Hilde, seine Mutter, kam selten nach Fasangarten, manchmal wochenlang nicht. Trotzdem stellte sich Guido an jedem Besuchstag zu den Mädchen und Jungen, die mit der Anreise ihrer Verwandten rechnen konnten. Wenn es so weit war, liefen sie zu den ankommenden Autos, wurden begrüßt, in den Arm genommen und freuten sich über Geschenke.

Anfangs hatte Sofia angenommen, Guido würde nach den regelmäßigen Enttäuschungen in den Aufenthaltsraum zurückkehren und sich traurig in eine Ecke setzen. Sie täuschte sich. Der Junge lief abseits in die Büsche und spielte sich den Besuch seiner Verwandtschaft einfach vor. Er begrüßte nicht nur Hilde, seine Mutter, sondern eine ganze Schar von Leuten. Tanten und Großeltern waren darunter, Freunde und Cousinen. Guido rief: »Ach, wie schön, Papa! Ich danke dir für das Geschenk!«

Laut Auskunft seiner Mutter war Guidos Vater vor dessen Geburt gestorben. Sofia sprach mit dem Heimpsychologen, ob man in diesem besonderen Fall kindlicher Phantasie etwas unternehmen sollte. Da Guido sein Spiel als eine Art Theatervorstellung verstand und sich nicht dauerhaft in eine Traumwelt zurückzog, riet der Psychologe dazu, den Jungen praktische, konkrete Dinge tun zu lassen. Er sollte an dem neuen Baumhaus mitbauen oder im Garten helfen oder Fußball spielen.

Sofia dachte sich etwas Besonderes aus. Hinter dem Hauptgebäude, vom Perlacher Forst begrenzt, hatte das Heim einen Obstgarten. Dort wuchsen die üblichen Beerensorten. Im Sommer kamen die Kleinen oft mit rot verschmiertem Mund und Magengrimmen zurück, wenn sie von den unreifen Brombeeren genascht hatten. Dicht am Zaun stand ein Apfelbaum. Jeden Herbst hing er so voller Früchte, dass sich die Zweige bis zur Erde bogen. Die Äpfel schmeckten nicht besonders und wurden von den Kindern verschmäht. Sofia wollte nicht, dass sie einfach abfielen und auf der Erde verrotteten.

Letzten Herbst hatten Guido und sie sich zur *Aktion Apfelbaum* aufgemacht. Tagelang waren sie mit ihren Körben zu dem Baum gepilgert, hatten erst die Früchte vom Boden aufgesammelt, dann die Leiter angestellt und mit der Ernte in luftiger Höhe weitergemacht. Guido erwies sich als geschickter Kletterer, der selbst den unerreichbarsten Apfel pflückte.

»Lass den lieber hängen!«, rief Sofia ein ums andere Mal, aber Guido bewies ihr, dass kein Apfel vor ihm sicher war. Sofia, nicht schwindelfrei, war froh, nicht selbst hinaufzumüssen. Am Ende hatten sie mehrere Waschkörbe voller Äpfel gesammelt.

»Damit fahren wir jetzt zum alten Ludwig«, sagte Sofia.

Ludwig war ein Schnapsbrenner, dem man ansah, dass er im Leben schon viel von seinem eigenen Produkt genossen hatte. Er zeigte Guido die Behälter, wo die Früchte hineinkamen, wie ihr Saft gewonnen, vergoren und schließlich gebrannt wurde, bis nur noch der *Geist* einer Birne, einer Zwetschge oder Vogelbeere übrig war. Guido verstand nicht, was mit Geist gemeint war, aber er roch es. Der Geruch der Birne war noch da, zugleich hatte sie sich in etwas Hochprozentiges verwandelt.

»Machen wir das auch mit unseren Äpfeln?«

»Aber nein, wir brennen doch keinen Alkohol.« Sofia lud die Waschkörbe in den Lieferwagen des Heimes. »Wir bitten Ludwig nur, Saft daraus zu machen.«

In der Brennerei schätzte Ludwig die zu erwartende Ausbeute. »Hundert Liter, so viel dürften es schon werden.«

»Hundert!«, rief Guido. »Da können wir ja den ganzen Winter Apfelsaft trinken.«

»Nur, wenn ihr ihn sterilisiert«, gab Ludwig zu bedenken.

»Was ist *sterilisiert?*«

Eine Woche später lieferte Ludwig vier bauchige Behälter an das Kinderheim, 25 Liter Saft waren in jedem. »Ihr müsst euch beeilen«, sagte er. »Der *kippt* sonst bald.«

Die Heimleitung gab Sofia die Erlaubnis, einen Teil der Küche für ihre alchemistischen Künste zu benützen.

»Wir müssen verhindern, dass sich der Apfelsaft in Alkohol verwandelt«, erklärte sie Guido und Rosa, einem Mädchen, das auch helfen wollte.

»Was ist der Apfelsaft, wenn er zu Alkohol geworden ist?«

»Most«, antwortete Sofia. »Zuerst Süßmost, danach wird er immer saurer, und am Ende ist es Essig.«

Die drei kippten den Saft in Suppentöpfe und erhitzten ihn auf 80 Grad Celsius. Dabei wurden die Bakterien getötet, die den Gärungsprozess eingeleitet hätten. Rosa überprüfte die Temperatur mit einem großen Thermometer. Guido hielt die Flaschen bereit, setzte in jede einen Trichter, worauf Sofia den heißen Saft vorsichtig hineingoss. Guido verschloss die Flaschen luftdicht. Die Küche und das ganze Heim rochen tagelang nach heißem Apfel.

Es war eine wunderbare Arbeit. Alle drei waren traurig, als der letzte Behälter geleert war. Stolz standen sie um die Holzkisten, in die Guido die Flaschen einsortiert hatte. Es waren 95 Flaschen des besten, selbst gemachten Apfelsaftes. Die Heimleitung lobte Guido und Rosa. Alle Kinder bedienten sich gern, bekamen aber jeweils nur ein Glas, um Bauchgrimmen zu vermeiden.

5

Holz

Val di Zoldo, Winter 1900

Der Winter war lang und hart im Zoldotal. In Nordwestlagen türmte sich der Schnee manchmal vier Meter hoch. Im Haus der Battaglias wurde die Schneelast in den dunklen Monaten zur Bedrohung. Das alte Dach widerstand dem Wetter seit über hundert Jahren, doch in diesem Winter machte der nasse Schnee Tonino Sorgen. Alle paar Tage stiegen er und der Knecht hoch, hackten den vereisten Schnee auf und schaufelten ihn vom Dach. Unten lachten die Kinder, weil der Vater dort, wo sonst die Ziegenweide war, die Schräge der Schneewächte einfach hochlief, unter der das alte Haus kaum noch zu sehen war. Der Schnee begrub die Häuser, die Ställe und die Menschen. Mehrere brachen in diesem Winter in der Schneedecke ein und erfroren.

Im Keller und auf der Tenne stapelte sich Brennholz vom Boden bis zur Decke, um die Menschen über die eisige Zeit zu bringen. Im Herbst, nachdem sie das Schwein geschlachtet hatten, ließ Tonino sogar den Schweinestall mit Holz auffüllen. Das war eine Arbeit für die Kinder. Liebevoll dachte er daran, wie seine Mädchen und Tancredi sich mit den *Bengele* abgemüht hatten. So nannte man die dicken Äste von frisch gefällten Nadelbäumen. Die Kinder zerrten die nadelbehangenen Äste zu zweit, zu dritt von den steilen Hängen auf den Forstweg und warfen sie auf einen Wagen. War er voll, spannte Tonino ein Pferd davor. Die Kinder saßen auf. Die Kutschpartie zum Hof war Lohn und Freude für die Kleinen. Sie johlten, dass man es im ganzen Dorf hörte. Vor der Einfahrt zur Scheune hielt der Wagen. Die Äste mussten ins Trockene geschleppt und gestapelt werden. Immer wieder versicherten sie einander, dass die Familie diesen Winter nicht frieren werde, das sei das Verdienst der Kinder.

Frühmorgens wurde der Ofen mit seinen schönen, grünen Kacheln befeuert. Das Alter dieses Ofens war so lange nur geschätzt worden, bis Tancredi, der Kleinste, auf der Rückseite eine Fliese entdeckt hatte, in die etwas eingraviert war – 1789. Der Ofen war zur Zeit der Französischen Revolution gesetzt worden. Er hatte Napoleon überstanden, die italienische Nationalbewegung, die Angliederung der Provinz Belluno an die Lombardei, später an Südtirol und damit an das Reich der Habsburger. Die Unruhen des 19. Jahrhunderts waren auch durch das Zoldotal gezogen, und der grüne Ofen brannte noch immer.

Als Erstes zündete ihn die Magd mit kleinem Holz an, später schob der Knecht die ersten Bengele hinein, danach ganze Baumstämme. Das Feuer fraß sich in das trockene Holz, erhitzte die

Schamottsteine bis zu einem Punkt, an dem man die Kacheln nicht mehr berühren konnte. Schließlich wurde nicht weiter nachgelegt, das Feuer glomm noch bis zum Nachmittag. Die gespeicherte Wärme verströmte sich im ganzen unteren Geschoss, der Ofen heizte Küche, Stube, Toninos Arbeitszimmer und die Werkstatt.

Die oberen Zimmer wurden selbst im tiefsten Winter nicht geheizt. Zum Schlafen legten sich die Kinder zusammen in ein riesiges Bett und wärmten einander gegenseitig. Das Schlafzimmer der Eltern lag an der Westseite, das Gesinde schlief neben dem Stall, wo die Wärme der Tiere durch die dünne Holzwand den Aufenthalt angenehm machte.

Wenn das Thermometer draußen unter 20 Grad minus fiel, konnten die Kleinen nicht mehr oben schlafen. Solche Nächte waren eine besondere Freude für sie. Dann gab Tonino die Erlaubnis, dass sie auf die *Kunst* klettern durften. Die Kunst war ein mehrstufiger Fortsatz des Kachelofens, kleine Terrassen aus Speckstein, die vom Ofen Wärme zogen. Obendrauf rollten und kringelten sich die Kinder und schliefen manchmal ohne Decke; die Wärme des Ofens reichte aus. Wenn sie auf der Kunst übernachteten, wussten sie die Eltern in sicherer Entfernung. Dann wurde bis tief in die Nacht gelacht und geflüstert.

Der strenge Winter bereitete Tonino auch aus einem anderen Grund Sorge. Im März und April würde der Schnee schmelzen, die letzten weißen Flecken verschwanden erst im Mai. Solche Massen an Schnee bedeuteten, dass Bäche und Flüsse zu Wildwassern anschwollen. Überschwemmungen um die Stadt Belluno waren die Folge. Die sonst so sanfte Piave wurde zu einem ungebändigten Strom. Unter solchen Umständen war der Holztransport unberechenbar.

Das Holz wurde im Winter geschlagen, bevor die Bäume austrieben. Man rollte die gefällten Stämme von den Hängen ins Tal und schaffte sie auf Ochsenkarren an den Fluss, eine Strecke von nur 25 Kilometern, doch der Transport dauerte je nach Lust der Ochsen bis zu acht Stunden. In Belluno übernahmen die Flößer das Holz. Toninos Bruder Beppo, der mit seiner Familie an der Piave lebte, war einer von ihnen.

An einem Maitag des Jahres 1900 war alles Holz, das der Wald diesmal hergab, geschlagen, auf Karren geladen und zum Fluss geschafft worden. Auf dem letzten Wagen machte sich Tonino selbst auf den Weg. Er freute sich, seinen Bruder in Belluno zu besuchen. Als Kinder waren sie miteinander eng gewesen, sahen sich inzwischen aber nur selten.

»Es ist gefährlich«, sagte Tonino mit Blick aufs Wasser. »Gefährlicher als sonst.«

»Sie reizt uns.« Beppo nickte nachdenklich. »Sie lockt uns, unachtsam zu sein. Wer nicht aufpasst, den frisst sie«, setzte er hinzu, als spreche er von einem lebendigen Wesen. *Sie*, das war die Piave, die in seinem Leben die Rolle einer zweiten Frau einnahm. Jedes Jahr verbrachte er mehrere Monate auf dem Fluss. Seine Reise begann in den Dolomiten, dann durchquerte er die Tiefebene, bis die Holzflöße bei der Mündung in Cortellazzo das Meer erreichten. Venedig brauchte zu jeder Jahreszeit Holz. Die *Serenissima* kaufte alles, was Beppo lieferte.

Die Brüder schauten auf das schnellende, das sich umwälzende, das beängstigend rasante Wasser.

»Dieser Winter … « Tonino schüttelte den Kopf.

»Der Winter hat dem Wasser Kraft gegeben«, sagte Beppo. »Ich habe sie noch nie so hoch gesehen und so wild.« Er zeigte hinter sich, wo sich die Baumstämme meterhoch türmten. »Hier in den Bergen nützt uns das Holz nichts. In Venedig zahlen sie Höchstpreise. Du willst dein Geld, ich will mein Geld. Also muss ich fahren.«

»Pass auf dich auf. Und auf die anderen«, sagte Tonino.

Die Brüder begannen, zusammen mit zehn Männern, die Stämme ans Ufer zu rollen und zu einem gigantischen Floß zusammenzubinden. Es musste groß genug sein, um die Mannschaft zu tragen, die wochenlang auf dem Wasser leben sollte. Das Floß hatte ein Zelt, eine Feuerstelle und Laternen an jeder Ecke, da man auch nachts fahren würde. Die restlichen Bäume wurden mit Ketten aneinandergehängt, um sie hinterherzuziehen.

Tonino gab dem Bruder die Hand.

»Die Madonna wird mich beschützen«, sagte Beppo. »Ende Mai hast du dein Geld.«

Am nächsten Morgen beobachtete Tonino, wie der Bruder das Floß flott machte und die lange Reise antrat. Er sah ihm nach, bis Beppo mit seiner Fracht um die nächste Biegung verschwand. Auf den Ochsenkarren kehrten Tonino und die Knechte ins Zoldotal zurück.

Eine Woche später erreichte ihn die Nachricht, dass die Stromschnellen bei Santo Vito das Floß seines Bruders so mühelos zerschlagen hatten, als seien die schweren Stämme Streichhölzer. Von den zwölf Männern waren acht in die Tiefe gerissen worden und ertrunken. Beppo Battaglia war einer von ihnen.

6

Birne

München, 1966

An diesem Sonntag war Guido wieder einmal auf den Parkplatz gelaufen, wo die Autos der besuchenden Verwandten hielten. Er hatte zugesehen, wie Kinder und Erwachsene einander umarmten, es wurde gelacht, die Kinder stiegen ein und verließen das Heim für einen fröhlichen Sonntagnachmittag. Guido flüchtete diesmal nicht in seine Phantasiewelt. Er erfand keine Menschen, die ihn besuchten. Mit hängenden Schultern trottete er traurig in den Aufenthaltsraum zurück.

»Du könntest mir einen Gefallen tun«, sagte Sofia, nachdem sie ihn eine Zeit lang beobachtet hatte.

»Was denn?« Seine Stimme war kaum hörbar, als sei sie an einem anderen Ort.

»Ich gehe an jedem Wochenende ein Eis essen. Gestern hat es dafür zu stark geregnet. Aber heute ist ein wunderbarer Tag, genau richtig für ein Eis. Findest du nicht auch?«

Der Junge sah sie fragend an. Ihm war nicht klar, welche Art von Gefallen er der Erzieherin tun könnte.

»Ich kenne einen Eissalon, er liegt an einem stillen Platz, wo ein Kastanienbaum steht. Gerade dachte ich, dass ich heute keine Lust habe, dort allein zu sitzen. Wärst du so nett, mich dorthin zu begleiten, Guido? Zu zweit macht Eisessen einfach mehr Spaß.«

Sofia rechnete mit seiner Zustimmung, mit Begeisterung sogar. Liebte nicht jedes Kind Eis? Doch Guidos Reaktion überraschte sie. Er wurde vollkommen still. Ein zarter Glanz legte sich auf sein Gesicht, zugleich ein Ernst von solcher Heiligkeit, dass sie erschrak. Der Junge schien die Freude, eingeladen zu werden, derart zu genießen, dass er sie Sekunde für Sekunde auskostete. Schließlich nickte er.

»Ja«, sagte Guido. »Ja.« Nichts weiter.

»Ich bin für heute fertig.« Sofia nahm ihre Jacke. »Wir können aufbrechen.«

Verboten war es nicht, allerdings sah man es nicht gern. Ausflüge aus dem Kinderheim sollten für Gruppen oder Jahrgänge veranstaltet werden. Im Sommer waren das Fahrten ins Freibad, in der kühlen Jahreszeit der Besuch eines Museums oder eine Wanderung. Solche Sonderveranstaltungen mussten von mindestens zwei Erziehern begleitet werden. Heute waren Sofia und Guido zu zweit.

Hätten sie eine Reise durch einen Märchenwald angetreten, Guido hätte das Erlebnis nicht staunender in sich aufnehmen können als die nüchterne Fahrt mit der Bahn durch München.

Der April zeigte sich weiterhin grau und abweisend, kalter Wind blies Regenschwaden vor sich her. Die Menschen in der S-Bahn starrten missmutig aus den Fenstern. Sie hatten genug von der frostigen Jahreszeit und hofften, dass sich der Frühling endlich zeigte. Guido dagegen nahm das düstere München lächelnd in sich auf. Er erkundigte sich bei Sofia, was dieses oder jenes Gebäude sei, und konnte dabei kaum stillsitzen.

Sie stiegen zweimal um, verließen die Tram und liefen die Straße entlang, an deren Ende der stille Platz lag. Es hatte vorhin wieder zu regnen begonnen. Dort kam der Kastanienbaum in Sicht.

In diesem Augenblick geschah etwas, das einen glauben ließ, man sei tatsächlich in einer Märchenwelt unterwegs und nicht in der verregneten Wirklichkeit. Gerade war die schmale Gasse nass und triste gewesen, doch plötzlich tat sich über ihnen ein blauer Himmel auf, an dem die Sonne funkelte. Ihre Strahlen überzogen das Pflaster, die Dächer, die ganze Welt mit einem glitzernden Zauber. Guido lachte, weil das so schön war.

»So ein Glück«, lächelte Sofia. »Jetzt wird uns das Eis doppelt gut schmecken.«

Als sie den Platz erreichten, bemerkte sie eine kleine Frau, die dabei war, die Tische und Stühle trocken zu wischen. Sie trug eine auffällige Dauerwelle, das Bauwerk ihrer Frisur schien aus Beton gegossen zu sein.

»Guten Tag. Dürfen wir?« Sofia deutete auf zwei Stühle.

»Wenn ich fertig bin«, antwortete die Frau, als liege ihr gar nichts daran, dass Gäste das Café besuchten.

Sofia hatte sich gefreut, ihren kleinen Begleiter Lorenzo vorzustellen und war enttäuscht, den Besitzer weder im Freien noch in der offenen Tür zu sehen.

»Ist der Meister da?«, fragte sie scherzhaft.

»Wir haben keinen *Meister*.«

»Ich meine Lorenzo«, erklärte Sofia, um deutlich zu machen, dass sie Stammkundin war.

»Herr Battaglia ist nach Hause gefahren.« Die Frau wrang den Lappen aus.

»Wohnt Lorenzo hier in der Nähe?«

»Er ist nach Italien gefahren. Ich vertrete ihn so lange.« Sie wandte sich zum Eingang. »Ich bringe Ihnen die Karte.«

»Ich komme jede Woche her«, rief Sofia. »Immer bin ich von Lorenzo bedient worden.«

»Ich bin Frau Singerl«, gab die andere zurück. »Ich bediene Sie genauso gut.« Sie verschwand im Café.

»Wer ist Lorenzo?« Guido setzte sich auf einen Klappstuhl.

»Er macht hier das wunderbare Eis.«

»Macht jetzt die alte Schachtel das Eis?« Guido kicherte.

»Sei nicht so frech. Wenn sie zurückkommt, benimm dich. Dann darfst du dir den schönsten Eisbecher aussuchen.«

Die Dauerwelle tauchte wieder auf. Frau Singerl brachte das Drahtgestell, in dem die Eiskarte schwankte.

»Woher nehmen Sie das Gefrorene, wenn Lorenzo länger fort ist?« Sofia klappte die Karte auf.

»Er lagert einen Vorrat in der Kühltruhe. Wenn das aufgebraucht ist, soll ich zusperren.«

»Erstaunlich, dass er mitten in der Eissaison abreist.«

»Er musste zu einer Beerdigung.«

»Ein Begräbnis? Ach, das tut mir leid.«

»Ich weiß gar nicht, wer gestorben ist.« Frau Singerl wartete auf die Bestellung.

»Geben Sie uns ein wenig Zeit zum Aussuchen?« Sofia tippte auf die Karte. »Guido lernt dieses Jahr erst lesen.«

»Ein bisschen kann ich es schon!«

»Ich möchte ihm die Köstlichkeiten vorlesen.«

»Wie Sie wollen.« Frau Singerl machte kehrt.

»Hast du eine Lieblingsfrucht?«, begann Sofia. »Dann könnten wir die Eissorte dazu aussuchen.«

»Apfel«, antwortete er. »Wie die Äpfel für unseren Apfelsaft.«

»Apfel ist keine typische Eissorte. Wie wäre es mit Erdbeer oder Vanille? Oder, schau, es gibt Birneneis. – Komisch, dass mir das noch nie aufgefallen ist.«

»Wenn es Birne gibt, wieso nicht auch Apfel?« Guido senkte die Nase über die Karte, als könne er alles entziffern.

»Wie wäre es mit Birne?«

»Du hast gesagt, ich kriege einen Eisbecher. Gibt es einen Birnen-Eisbecher?«

Sofia sah nach. »Hier steht: *Birne Helene.*«

»Den will ich. Ich will Birne Helene.«

Eine schroffe Stimme erklang aus dem Café. »In der Birne Helene ist Likör drin!« Frau Singerl hatte ausgezeichnete Ohren. »Birne Helene kommt mit Birnenlikör!«

»Danke!«, rief Sofia zurück. »Dann wird das leider nichts.«
Sie las Guido die Liste der Eisbecher vor.

»Was hast du gesagt?«, unterbrach er sie.

»Heidelbeerbecher, Bananensplit, Haselnussbecher … «

»Davor.« Er tippte auf die Karte. »Davor, vor dem Heidelbeerbecher.«

»Eisbecher Allegra.«

»Den möchte ich.«

»Ich habe dir noch nicht vorgelesen, was da drin ist«, sagte Sofia verwundert.

»Allegra«, beharrte Guido. »Kann ich den haben?«

»Das scheint der Größte von allen zu sein«, erwiderte Sofia,
verwundert über die Treffsicherheit seiner Bestellung. *»Allegra –
was für ein zauberhafter Name.«*

»Allegra! Allegra!«, skandierte Guido.

»Frau Singerl?«

»Ja?« Die Betonfrisur tauchte auf.

»Ist im Eisbecher Allegra Alkohol drin?«

»Kein Tropfen«, rief die Frau quer über den Platz. »Nur
Früchte und Eis und Schlagsahne.«

»Dann nehmen wir den Eisbecher Allegra für Guido und für
mich ein Erdbeereis, zwei Kugeln und eine Extraportion Waf-
feln.«

»Kommt sofort.«

Danach wurde es still. Sofia nahm an, auch Guido genieße die
Atmosphäre unter dem Kastanienbaum, bis sie seine Unruhe bemerkte.

»Was ist denn?«

»Ich will es sehen«, sagte er mit leuchtenden Augen.

»Was willst du sehen?«

»Wie die Frau das Eis macht. Können wir nicht zusehen?«

»Warum nicht?«

Kaum hatte sie es ausgesprochen, rannte Guido schon auf das Café zu und verschwand im Inneren.

»Was ist das? Was ist denn das?«, rief er im nächsten Augenblick.

Sofia folgte ihm in den dämmerigen Raum. »Meinst du die Bilder?«

»Was sind das für Leute?« Er huschte von einer Fotografie zur nächsten. Die alten Schwarz-Weiß-Fotos schienen einen besonderen Eindruck auf ihn zu machen.

»Das sind die Leute bei Lorenzo zu Hause«, sagte Frau Singerl, während sie die Eiskugeln in eine Schale tat.

»Beim ersten Mal habe ich über die vielen Bilder auch gestaunt«, erklärte Sofia. »Lorenzo hat mir ein bisschen was dazu erzählt.«

»Was denn?«, rief Guido.

»Wolltest du nicht zusehen, wie Frau Singerl den Eisbecher zubereitet?«

Guido schien Sofia gar nicht zu hören. »Was hat diese Frau da in der Hand? Was hat sie auf dem Teller?« Er hielt die Nase dicht vor die Fotografie.

Sofia trat neben ihn. »Das weiß ich. Lorenzo hat es mir verraten.«

»Was ist es?«

»Kandierte Birnen. Es ist eine Spezialität aus dem Zoldotal.«

~

Nach ihrem Besuch mit Guido ließ Sofia zwei Wochen verstreichen, bevor sie das Bella Italia wieder aufsuchte. Bemerkungen Guidos, wie gut ihm der Eisbecher geschmeckt habe, Fragen, wann sie das nächste Mal dorthin fahren könnten, beantwortete Sofia damit, dass sie die anderen Kinder nicht benachteiligen dürfe.

Wie lange mochten Begräbnisfeierlichkeiten in Italien dauern? In einer katholischen Bergregion hatten die Totenrituale gewiss große Bedeutung. Sofia ertappte sich manchmal bei Gedanken, wie so ein Leben in den Bergen sein mochte, was Lorenzo dort machte, wie sein Tag aussah, sein Abend und wann er nach München zurückkommen würde.

Während der Wochen, in denen sie nicht ins Eiscafé fuhr, dachte sie oft an den Besitzer, der den stillen Platz zu Sofias Lieblingsplatz in München gemacht hatte. Als sie an einem Freitag die Tram bestieg, die sie dorthin bringen sollte, bemerkte Sofia ihr heftiges Herzklopfen. Sie erschrak, weil ihr der Eismacher mehr bedeutete, als sie sich eingestanden hatte. Fast wäre sie wieder ausgestiegen. Obwohl sie wusste, dass sie damit ihren Seelenfrieden aufs Spiel setzte, fuhr sie weiter.

Das Alleinsein war zu Sofias Freundin geworden, sie hatte sich in ihrem Leben aus exakten Tagesabläufen häuslich eingerichtet.

Dieses innere Haus war zugleich ihre Burg. Wenn sie heute loszog, um sich einem anderen Menschen zu öffnen, bedeutete das Gefahr. Das Haus konnte einstürzen, die Burg sich in Nichts auflösen. Sofia wäre dann wieder so weit wie damals, als Gabriel ihr das Herz aus dem Leib gerissen hatte und sie daran fast zugrunde gegangen wäre. Ein zweites Mal würde ihr unerfahrenes Herz das nicht ertragen.

Wenn sie aber an ihre stille Wohnung dachte, in der die Vorhänge gewaschen werden mussten, wo niemand auf sie wartete, außer der Sprecher der Fernsehnachrichten, wo ihr nur die Aussicht blieb, allein an ihrem Tisch eine hastig zubereitete Mahlzeit zu essen, graute ihr.

Sofia erreichte die vertraute Haltestelle und lief durch die Gasse, an deren Ende der stille Platz lag. Ihr Herzklopfen wurde stärker. Und wenn schon: Ein gesundes Herz schlug eben manchmal bis zum Hals.

Der Tag war hell, das Pflaster blank, die Kastanie trug ein freundliches Grün. Ohne zu wissen, ob Lorenzo da war oder Frau Singerl ihn immer noch vertrat, setzte sich Sofia an ihren Stammplatz im Freien. Sie hielt den Blick auf die Eiskarte gesenkt und wartete, wer aus dem Café treten würde.

»Ich habe schon geglaubt, Sie sind mir untreu geworden.« Das war sein erster Satz an sie. Und er änderte alles.

»Ich bin Ihnen nicht untreu«, antwortete sie leise.

»Sie waren lange nicht da.« Er hatte den Anorak abgelegt. Der Mai war mild, sein Hemd rot und weiß gestreift, er hatte die Ärmel hochgekrempelt. Sein Haar wirkte frisch geschnitten, das Gesicht war braun gebrannt. Die Düsternis schien von ihm abgefallen zu sein.

»Sie waren ja auch nicht da«, entgegnete Sofia verwirrt. »Als ich das letzte Mal hier war, sagte Ihre Vertretung, Sie wären … « Sie zögerte. War es richtig, ihn auf das Begräbnis anzusprechen? »Frau Singerl hat gesagt, Sie seien nach Hause gefahren.«

»Das stimmt. Ich habe die Familie wiedergesehen. Das war schön.«

»Aber jetzt sind Sie wieder da. Und ich bin auch wieder da.«

»Ja. Also sind wir beide wieder da.«

Beide nickten dieser erstaunlichen Erkenntnis hinterher.

»Sie wollen bestimmt ein Eis«, sagte er. »Und ich werde Ihnen ein Eis servieren.«

»Manchmal können die Dinge so einfach sein«, antwortete sie.

»Haben Sie einen bestimmten Wunsch?«

»Der Junge, der mich neulich begleitet hat, bestellte den Eisbecher Allegra. Den probiere ich diesmal auch.«

Einen Moment lang, schien ihr, verdunkelte sich seine Miene, doch der Schatten verschwand so schnell wieder, wie er gekommen war.

»Mit dem Eisbecher Allegra können Sie nichts falsch machen.«

»Bitte ohne Sahne.«

»Kommt sofort.« Mit leichten Schritten lief Lorenzo ins Café. Es war eine friedliche Zeit, es war eine angespannte Zeit. Es wurde ein Frühling voller Licht. Es wurde ein Sommer voll geheimnisvoller Schatten. Sofia verfiel ihrer Freude, Lorenzo zu besuchen, in einem Maß, dass sie das Vergnügen bald nicht anders denn als Abhängigkeit bezeichnen konnte. Im Mai und Juni, während die Sommerhitze zunahm, spürte sie nicht nur die wachsende Wärme ihrer Begegnungen, sondern auch die Kälte eines Geheimnisses, Lorenzos Geheimnisses. Eine Unmöglichkeit wuchs zwischen ihnen auf, die sie sich nicht erklären konnte.

Dieses ängstliche Gefühl dauerte nie lange, und Sofia gab sich ganz der Freude hin, auf dem stillen Platz zu sitzen und mit Lorenzo zu sprechen. Sie besuchte das Bella Italia längst nicht mehr nur einmal in der Woche. Irgendwann Anfang Juli führte ihr Weg sie jeden Tag dorthin.

Sofia erzählte Lorenzo vom Kinderheim, von den kleinen Menschen dort und ihrer Freude, für sie da zu sein. Er berichtete aus seiner Heimat. Sofia wusste nun schon eine Menge über das Val di Zoldo und hatte Einblick in Lorenzos Familiengeschichte bekommen. Nur in einem Punkt ließ er nicht in sich hineinschauen: warum er allein in München lebte. Er hatte Sofia sein Alter genannt. Wäre es für einen dreiunddreißigjährigen Italiener nicht das Natürlichste, eine Familie zu haben? Nie sprach er davon, ob Frau und Kinder ihn in Italien erwarteten. Sein jährlicher Aufenthalt in Bayern beschränkte sich auf die Eissaison. Für den Rest des Jahres verschloss er die blauen Läden und verbrachte den Winter in den Dolomiten.

Sofia drängte ihn nicht, mehr zu erzählen. Dass ein Mensch sein Herz in einem bestimmten Punkt verschloss, über den er nicht sprechen wollte, war ihr vertraut. Soviel sie Lorenzo auch offenbarte, kein einziges Mal erwähnte sie ihre Zeit mit Gabriel. Das waren die Regeln zwischen ihnen, und keiner von beiden brach sie.

7

Kastanien

Val di Zoldo, 1901

Niemand im Zoldotal wollte auswandern. Aber wie sollte ein Schmied wie Tonino sich gegen eine Entwicklung stellen, die die ganze Welt erfasste? Seit Jahrzehnten war auch in den Dolomitentälern die erbarmungslose Konkurrenz der Stahlfabriken zu spüren. Von Hand geschmiedete Nägel, wie Tonino sie herstellte, kosteten ein Mehrfaches der maschinell gefertigten. Man befeuerte die Hochöfen der Fabriken inzwischen mit Gas oder Öl. Damit hatte die mühevoll in Meilern produzierte Holzkohle ausgedient.

Mit Erfindung der *Verkokung,* des Prozesses, der Kohle in Koks verwandelte, verlor die Holzkohle bei der Gewinnung von Eisen an Bedeutung. In der Folge verwandelte sich das traditionelle Handwerk in den Eisenhütten rasch zur Hüttenindustrie. In den frühen Fabriken wurden maschinelle Produktionsmittel eingesetzt. England eröffnete die erste industrielle Baumwollspinnerei.

James Watt erfand die Dampfmaschine, die in kurzer Zeit die gewohnten Antriebsmittel ablöste. Auf Dampfschiffen, im Bergbau und durch das Aufkommen der Dampflokomotive veränderte Watts Erfindung die moderne Welt. Mit dem Ausbau des Eisenbahnnetzes trat auch die Stahlindustrie ihren Siegeszug an.

Deutschland und Italien hatten noch um 1800 als Agrarländer gegolten. Zwei Drittel der Bevölkerung waren in der Landwirtschaft beschäftigt. Diese Zahlen veränderten sich rasant: Aus den Agrarstaaten wurden in nur 50 Jahren Industrienationen.

Thomas Alva Edison erfand die Glühlampe, Werner von Siemens den Dynamo zur Stromerzeugung, Nicolaus Otto den Verbrennungsmotor. Nachdem Carl Benz das Automobil erfunden hatte, schloss sich die Autoindustrie dem allgemeinen Siegeszug der maschinellen Produktion an.

Und wo blieb Italien? Im Mittelalter war die italienische Papierherstellung führend gewesen. Die Seemacht Venedig hatte durch die Standardisierung von Bauteilen für den Schiffsbau die Voraussetzung für eine Massenproduktion geschaffen. Doch mit der industriellen Entwicklung des europäischen Nordens konnte Italien nicht mithalten. Erst 1839 wurde die erste italienische Eisenbahnstrecke gebaut. Da man weiterhin mit veralteten Produktionsweisen arbeitete, brach Italiens Erzproduktion zusammen. Zehntausende sahen sich zur Auswanderung gezwungen. Um die Jahrhundertwende 1900 kam es zur größten Emigrationswelle aller Zeiten.

Weder der Niedergang des Eisenhandwerks noch der Wegfall des Geschäfts mit den Kohlenmeilern hatten Toninos Zuversicht in die Zukunft schmälern können. Sein eigenes Gemüt war schuld daran. Die Familie, sogar Apollonia bemerkten es erst nach einer Weile. Dem Vater und Ehemann schien sein Lebensgeist mehr und mehr verlorenzugehen. Das Unglück mit den Holzflößen, der Tod seines Bruders wurden zu einem Gespenst, das Tonino nicht losließ. Stundenlang sah man ihn allein in der Schmiede sitzen und ins Feuer starren. Man hörte ihn im Wald unverständliche Dinge rufen, man sah den starken Mann auf offener Straße weinen.

»Was ist mit dir?«, hatte Apollonia anfangs gefragt und keine Antwort erhalten. Nach einer Weile, als Toninos Zustand schlimmer wurde, nahm sie ihn in den Arm, wiegte und streichelte ihn. »Wir brauchen dich. Wir brauchen deine Stärke«, beschwor sie ihn leise.

»Wozu?«, murmelte er. »Ob ich Nägel mache oder nicht, ist einerlei. Mittlerweile muss ich sie unter dem Preis der Herstellungskosten verkaufen.«

»Es kommen wieder bessere Zeiten.«

Er sah sie an. Sie erschrak über den müden, hoffnungslosen Blick. »Nein. Die besseren Zeiten waren einmal. Es wird schlimmer und immer schlimmer kommen. Du wirst sehen.«

»Hör auf. Die Kinder … «

»Ich kann das vielleicht überleben. Ich kann auf diese Weise weiterleben. Aber nicht die Kinder. Und du auch nicht. Du sollst so nicht leben.«

»Wir sind keine armen Leute«, widersprach sie. »Uns geht es besser als vielen im Tal.«

Er schüttelte den Kopf. »In Wirklichkeit geht es den Armen besser, denn sie haben schon lange keine Hoffnung mehr. Erst wenn die letzte Hoffnung verschwunden ist, gibt man die Heimat auf. Die Ärmsten sind bereits fortgegangen. Ich beneide sie.«

Noch nie hatte Apollonia ihren Mann so sprechen hören. »Du glaubst ja nicht, was du sagst. Du und ich, wir sind Zoldaner. Unsere Familien leben seit Generationen hier. Es hat immer wieder schwere Zeiten gegeben, aber die Heimat aufgegeben hat noch keiner. Du trauerst um Beppo, und das sollst du. Es macht auch nichts, dass du weniger arbeitest als früher. Aber die Kinder brauchen dich. Sie brauchen deine Freundlichkeit und Liebe.«

»Du zweifelst an meiner Liebe zu den Kindern?« Er wehrte ihre Umarmung ab.

»Sie ist kaum mehr zu spüren. Wenn du so bist wie jetzt … so traurig und unnahbar, dann fürchten sich die Kleinen vor dir, besonders Tancredi.«

»Hat er etwas gesagt?«

»Das würde er nie tun. Er bewundert dich. Für Tancredi kommt zuerst Gott, dann du und danach lange nichts. Er braucht dich, Tonino, wir alle brauchen dich so sehr.«

Er richtete sich auf. »Danke.«

»Wofür?«

»Dass du mir das gesagt hast. Mein Sohn, meine Kinder sollen sich nicht vor mir fürchten. Ich bessere mich. Ich bemühe mich, meine Liebe.«

Er küsste seine Frau. Es war ihr innigster Moment seit Langem.

»Was machen wir, wenn ich nicht mehr genug verdiene?«
Seine Augen hatten Glanz gewonnen.

»Darüber habe ich schon nachgedacht.« Apollonia stand auf.
»Was hältst du von *pericotti*?«

»Kandierte Birnen? So wie du sie zubereitest, mag ich sie. Was
hat es damit auf sich?«

Apollonia öffnete die Tür zur Küche. Ein schwerer, süßer Geruch drang in die Stube.

~

Apollonia strich das feuchte Haar aus der Stirn. Der Dampf, der
sich darin festsetzte, war süß und klebrig. Jedes Mal, wenn sie
pericotti gekocht hatte, musste sie nach draußen gehen und sich
in der Pferdetränke die Haare waschen. Apollonia rührte so kräftig, dass ihre Schultern schmerzten. Die Birnen waren noch nicht
fertig. Dabei würde der Zug, der die Lieferung von Belluno mitnehmen und nach Udine und Venedig bringen sollte, in wenigen
Stunden abfahren.

Apollonia Battaglia hatte ein solides, kleines Geschäft aufgebaut. Sie kochte die Birnenernte eines Jahres in Honigwasser,
fügte Zimt, Nelken und andere Gewürze bei. Die fertigen *pericotti* füllte sie in Einweckgläser, die in Holzkisten verpackt wurden, die man auf den Pferdewagen lud. In Belluno angelangt, wurden sie mit dem Zug weitertransportiert.

Apollonias Idee war aufgegangen. Was die Männer mit Holz
und Eisen nicht mehr erwirtschafteten, schaffte sie mit Köstlich

keiten aus dem Zoldotal. Was die Kinder sonst zu Weihnachten naschten und wovon sie honigtriefende Münder bekamen, das exportierte Apollonia in südliche Regionen, wo pericotti unbekannt waren.

Heute fürchtete sie, mit der Arbeit nicht rechtzeitig fertig zu werden. Der Sud köchelte und dickte ein, aber die Birnen hatten noch nicht die richtige Konsistenz. Giacinta, ihre Älteste, half beim Aufladen, Tancredi hatte sich bereits auf den Kutschbock geschwungen, um mit dem Knecht ins Tal zu fahren. Apollonia war allein in der Küche. Sie brauchte Hilfe. Vor dem Herd wandte sie sich um. Sollte sie es wagen?

Apollonia klopfte an seine Tür. »Tonino?«

Keine Antwort.

Sie öffnete. Er saß an dem kleinen Tisch, vor sich die Bibel. Die Kerze brannte. Er las nicht darin, hatte nur die Hand darauf gelegt.

»Kannst du mir bitte helfen?«

Er blickte auf. Sie erschrak vor seinen Augen. Kleine schwarze Augen, die hinter den Lidern kaum zu erkennen waren. Augen der Endgültigkeit, die in den Abgrund sahen.

»Der Wagen wird gleich abfahren, und die Gläser sind noch nicht gefüllt.«

Er stand auf. Kräftig war er immer noch, breit gebaut, doch er ließ die Schultern hängen, dass er ihr wie ein alter Mann erschien.

Sie ging in die Küche voraus. »Du hältst den Trichter, ich fülle ein.« Mithilfe des Schöpflöffels goss Apollonia die Birnen im Saft aus dem brodelnden Topf ins Glas. Die Gläser standen in heißem

Wasser, damit sie von der kochenden Flüssigkeit nicht zersprangen. Das erste Gefäß füllte sich, das zweite und dritte, bis es aus 20 Gläsern dampfte. Apollonia setzte die Gummiringe auf und verschloss die pericotti luftdicht. Sie rief nach den Mädchen. Alle halfen mit, die Kisten zu beladen, Tonino und Apollonia hievten sie auf den Wagen. Der Knecht schnalzte mit der Peitsche, das Pferd setzte sich in Bewegung.

Vom Kutschbock aus sah Tancredi sich nach seinem Vater um. Er ließ den Mann mit den hängenden Schultern so lange nicht aus dem Blick, bis Haus und Hof zwischen den Tannen verschwunden waren.

Nach den Birnen kamen die Kastanien an die Reihe. Geröstete Maronen hatten im Zoldotal eine wichtige Funktion. Der tägliche Schulweg der Kinder war lang und umständlich. Fahrzeuge gab es nicht, selbst die Kleinsten mussten Ranzen und Bücher in die Schule schleppen. Im Herbst und Frühling war es ein Vergnügen. Mit der frostigen Jahreszeit änderte sich das. Die Temperaturen fielen manchmal schlagartig unter den Gefrierpunkt. Handschuhe gab es nicht. Also legten die Mütter den Kleinen heiße, geröstete Maronen in die Hände. Sie wärmten während des Schulwegs und waren zugleich Wegzehrung.

Nicht nur die Kinder aus dem Zoldotal liebten Maronen, auch die verwöhnten Venezianer rissen sich darum. Apollonias Einfallsreichtum war das Überleben ihrer Familie zu verdanken.

An Tagen wie heute war Toninos Scham über seine Nutzlosigkeit stärker als sein Trübsinn. Er sah das Gesicht seines Sohnes noch vor sich, der den Vater vom Wagen aus angestarrt hatte.

Tancredi schämt sich für mich, dachte er. Ich schäme mich. Ich bin eine Schande.

»Ich gehe heute in die Schmiede«, sagte er.

»Gut«, antwortete Apollonia.

Bald darauf stand Tonino allein in der Werkstatt. Den Gesellen hatte er entlassen müssen. Aufträge hatte er keine mehr. Doch wenn er gleich einen Schock Nägel schmieden würde, konnte er versuchen, sie beim nächsten Wochenmarkt an den Mann zu bringen.

Tonino machte Feuer und blies die Holzkohlen mit dem Blasebalg bis zu jener Temperatur an, bei der Eisen weißglühend wurde. Darauf bearbeitete er das Material. Wenn er den Hammer schwang, das Zischen des roten Metalls im Wasserbottich hörte und den Dampf aufsteigen sah, fühlte er sich besser. Die düsteren Bilder, die ihn umgaben und seine Stunden verschlangen, zogen sich für kurze Zeit zurück. Dann dachte Tonino nicht an Beppo, den die Piave verschlungen hatte, nicht an die Familie, für die der Vater nutzlos war, er dachte nicht an seine mutige, kräftige Frau, die, ohne zu murren, die Lebenslast für sie alle auf sich genommen hatte. Toninos Konzentration galt dem glühenden Eisen.

Dass Apollonia Birnen kochte und Kastanien röstete, fand er großartig, doch es würde sie vor dem Ruin und in letzter Konsequenz vor dem Verhungern nicht retten. In dieser Höhe gab es nichts, was man im Garten anbauen konnte. Die Dolomiten waren eine majestätische, zugleich lebensfeindliche Region. Man musste die Dinge des täglichen Bedarfs, Mehl, Salz, Gries, im Tal kaufen, um warmes Essen auf den Tisch zu bringen. Wer Tiere im

Stall hatte, schlachtete sie. Toninos Familie hatte das letzte Huhn, den letzten Hasen längst verspeist.

Er betrachtete die schwarzen Nägel im Wasserbottich. Arbeit war etwas Gutes, sie gab dem Tag einen Sinn. Er hatte Lust, weiterzumachen. Als er die Esse neu befeuerte, merkte er, dass die Kohle zur Neige ging. Es war Monate her, seit er den letzten Kohlenmeiler zum Glimmen gebracht hatte. Tonino, der Schmied, verließ die Werkstatt und wurde zu Tonino, dem Köhler.

Jahrhunderte bevor der Mensch die Steinkohle aus den Bergen geholt hatte, war ihm die Holzkohle bekannt gewesen. Im Altertum galt sie als das einzige Befeuerungsmittel, mit dem man die nötige Hitze für die Eisenherstellung erlangte.

Tonino richtete den Kohlplatz her und säuberte die Meilerplatte. Der Wasserfall, der neben seinem Grundstück herabfiel, trieb das Hammerwerk an und bot zugleich die Wasserquelle, ohne die Köhlerei nicht möglich gewesen wäre.

Tonino markierte den Mittelpunkt des Meilers und dessen Radius. Er schichtete Scheite, Äste und Knüppel aus Buchenholz auf, die ein Jahr lang im Schuppen getrocknet hatten und errichtete den Feuerschacht, *Quandel* genannt. An den Quandel lehnte er einmetrige Scheite in zwei Etagen an. So entstand in der Mitte ein vom Boden bis nach oben durchlaufender Schornstein. Der Meiler gewann an Gestalt. Die äußere Schicht bildeten dünne Knüppel, die schneller zur Holzkohle verschmoren würden als die Scheite im Kern.

Tonino schaufelte so lange Laub und Erde auf den Meiler, bis er komplett ummantelt war. Den Feuerschacht verschloss er mit

Moos und Farnen. Darauf stach er am Fuße des Meilers Zuglöcher ein, die dem Feuer den nötigen Sauerstoff liefern würden, und stellte mehrere Eimer Wasser bereit.

Üblicherweise wurde das Feuer im Meiler erst gelegt, nachdem der Köhler einmal geschlafen hatte. Aber Tonino wollte und konnte jetzt nicht aufhören. Der Elan, sich aus seinem Elend durch eigene Kraft herausgezogen zu haben, beflügelte ihn. Er beschloss, den Meiler noch vor dem Abend unter Feuer zu setzen. Mit trockenem Kleinholz kletterte er auf die Meilerspitze und warf brennende Späne in den Schacht, wo sie am Fuße des Kegels weiterbrannten. Nach dem Entzünden verschloss er den Quandel wieder. Fürs Erste gab es nichts mehr zu tun.

In der Schmiede vergewisserte sich Tonino, dass kein Feuer in der Esse und kein Funkenflug zu befürchten war. Er packte die geschmiedeten Nägel in seine Tasche, um sie der Familie zu zeigen. Sie sollten sehen, dass es mit ihm wieder aufwärts ging. Als er aus der Werkstatt nach Zoldo Alto hinaufstapfte, fiel ihm eine Melodie aus seiner Kindheit ein, die er vor sich hinsummte.

~

Das Feuer war eingesperrt. Das Feuer puffte und blies. Durch die Zuglöcher, die Tonino gestochen hatte, drang zu viel Sauerstoff ein, er gab den Flammen Nahrung. Doch der Mantel war dicht, nichts konnte entweichen, weder Flamme noch Funke noch Rauch. Die Flammen schmorten, garten und verkohlten das trockene Holz. Bei einem ordnungsgemäß befeuerten Meiler war das sichere Zeichen für die Verkohlung, wenn das *Stoßen* begann. Kleine Explosionen fanden statt, die mit dem bereitstehenden Wasser zu regulieren waren. Wenn die Meilerabdeckung jedoch zu dicht war, konnte das Holzgas nirgends entweichen. Der Kohlenmeiler wurde zur Bombe.

Mit gewaltigem Donner zerriss das Gas den Meiler. Die brennenden Teile flogen zehn Meter hoch in die Luft. Funken stieben, glühende Kohle verteilte sich überall. Die Kohle fiel auf das Schindeldach der Schmiede. Sie flog bis zur Nachbarwerkstatt, die nachts leer stand. Glühende Holzstücke fielen auf fünf weitere Häuser.

Die Funken flogen, angefacht vom Nachtwind, durch die stille Gemeinde. Nicht überall fanden sie Nahrung, aber hier und da landeten sie auf einem Büschel Stroh, einer alten Zeitung, einem in Schmieröl getränkten Lappen. Die Funken waren nicht wählerisch. Das Dorf schlief. In Zoldo Alto gab es keine wache Seele.

Als die Feuerglocken durch das Tal schallten, war es längst zu spät. Der Spritzenwagen musste erst ins Freie geschoben und die Pferde davorgespannt werden. Bis der Wagen am Brandort eintraf, standen die Gebäude lichterloh in Flammen.

Die ganze Nacht hindurch kämpften die Zoldaner um ihr Hab und Gut. Die Eimerketten, mit der vom Großvater bis zu den Kindern alle löschten, konnten die Ausbreitung des Feuers mancherorts eindämmen. Bei anderen Häusern gaben die Menschen irgendwann auf. Es war zu gefährlich, es war zu heiß, man kam nicht mehr in die Nähe. Familienväter standen da, ihre Kinder im Arm, Mütter weinten mit aufgerissenen Augen, während alles brannte, was ihr Leben ausmachte.

In der Morgendämmerung war es vorbei. Leichter Regen setzte ein. Auf den ersten Blick schien das halbe Dorf verbrannt zu sein.

8

Der Teufel

Anders als die Leute aus der Stadt, die im Unglücksfall sofort einen Schuldigen suchten, hielten die Menschen im Zoldotal zusammen. Die Bergmenschen wussten seit Jahrhunderten, nur gemeinsam konnten sie in der lebensfeindlichen Welt bestehen. Niemand zeigte mit dem Finger auf Tonino. Keiner gab ihm die Schuld. Noch nicht.

Die Verpuffung eines Kohlenmeilers war schon öfter vorgekommen. Doch ein guter Köhler behielt seinen Meiler im Auge, er fachte das Feuer zu Tagesbeginn an und nicht, wenn die Nacht hereinbrach. Ein Köhler blieb stets in der Nähe seines Meilers. Tonino hatte alle Regeln missachtet.

Es war Ende März, der Frühling nicht mehr weit. In der wärmeren Jahreszeit würden sie mit dem Wiederaufbau gut vorankommen. Holz gab es genug, Arbeitskräfte ebenfalls. Wäre das Unglück im Winter passiert, hätte man das Dorf aufgeben und ins Tal ziehen müssen. Die Märzkälte schreckte die Zoldaner nicht. Wo sonst Öfen brummten, brannten jetzt Feuer im Freien, an denen sie sich wärmten, beisammensaßen und beratschlagten, was als Nächstes zu tun sei. Über Schuld wurde nicht gesprochen.

Noch nicht.

»Früher oder später wird einer es tun«, sagte Apollonia.

»Ich weiß.«

»Das Feuer hat sich bis in den Nordwald ausgebreitet. Wenn der Forstverwalter das nächste Mal heraufkommt, wird er wissen wollen, wer daran die Schuld trägt.«

»Ich weiß.« Tonino und Apollonia saßen nebeneinander im Bett. »Sofern der Schaden den Landkreis betrifft, muss der Verwalter einen Schuldigen benennen. Sobald er ihn benannt hat, wird das Gericht eingeschaltet«, sagte Tonino. »Das ist der Tag, an dem sie die Carabinieri zu uns heraufschicken werden.«

»Ja, das ist der Tag.« Sie nahm seine Hand. »An diesem Tag darfst du nicht mehr hier sein. Dieser Tag könnte schon bald sein.«

Er zog sie in seinen Arm. »Ich weiß, ich muss gehen. Aber die Kinder?«

»Mach dir keine Sorgen.«

»Du bist dann allein mit den Kindern. Der Knecht ist alt. Dein Vater ist alt. Sie können dir kaum helfen.«

»Die Kinder sind schnell groß geworden. Sie helfen mir.«

»Es ist zu viel für dich allein«, sagte Tonino nach einer Pause.

Apollonia rückte von ihm ab und sah ihn an. »Ich hatte in letzter Zeit auch nicht viel Hilfe.«

»Ich weiß.«

»Selbst wenn die Schmiede nicht verbrannt wäre, würde sie

nichts mehr abwerfen. Ob mit oder ohne Feuer …« Sie vollendete den Satz nicht.

»Ob mit oder ohne Feuer, ich hätte in jedem Fall fortgemusst.«

»Das Tal leert sich. Von dem, was unser Tal hergibt, können die Menschen nicht mehr leben.«

»Ich weiß«, antwortete er verzweifelt.

»Ich habe immerhin die Pericotti und die Maronen.«

»Auf Dauer genügt das nicht.« Er atmete tief durch. »Ich werde euch Geld schicken. Sobald ich Arbeit habe.«

»Finde erst einmal Arbeit. Mach dir keine Sorgen um uns.«

»Auswandern«, sagte er leise. »Ich wollte nie auswandern.«

»Alle sagen, im Norden ist es besser«, antwortete sie nach kurzer Pause.

»Wo?«

»Bei den Deutschen. Oder bei den Habsburgern. Irgendwo. Du findest etwas.«

»Ja.« Tonino küsste Apollonia.

In dieser Nacht schliefen sie zum letzten Mal miteinander. Am nächsten Morgen packte er das Nötigste in den Rucksack. Die Kinder und der Knecht standen am Eingang bereit. Die großen Mädchen hatten verweinte Augen. Der kleine Tancredi war bleich, wie erstarrt stand er da.

»Du bist jetzt der Mann im Haus.« Tonino bückte sich zu ihm.

Tancredi flog dem Vater um den Hals und hielt ihn so fest, als wollte er ihn erdrücken. So standen sie, bis Tonino vorsichtig die Finger seines Sohnes löste. »Es ist nur für eine Weile.«

Als der Junge nicht ablassen wollte, zog Apollonia ihn vom Vater weg. »Lass ihn. Der Weg ist weit. Bis zum Abend muss Papa Cortina d'Ampezzo erreichen.«

»Was machst du in Cortina?«, fragte Tancredi.

»Ich nehme die Eisenbahn.«

»Ich habe noch nie eine Eisenbahn gesehen.« Die Tränen drängten in Tancredis Augen. Mit jedem Satz versuchte er, seinen Vater noch ein bisschen länger bei sich zu behalten.

»Ich verrate dir etwas.« Tonino nahm seinen kleinen Kopf in beide Hände. »Ich auch nicht.«

»Es soll ein Ungeheuer sein, das Feuer speit.«

»Ich werde das Ungeheuer reiten.« Tonino lächelte. Sein Herz war zum Sterben schwer. »Und wenn ich zurückkomme, erzähle ich dir davon.«

»Ja, Papa, ja …« Der kleine Junge heulte Rotz und Wasser.

»Auf Wiedersehen euch allen.« Tonino wandte sich ab. Er konnte nicht mehr. Er hätte sie alle wieder und wieder in die Arme nehmen wollen.

Apollonia trat vor ihn. »Ich wünsche dir viel Glück«, sagte sie ernst. »Du bist mein Mann. Ich bin deine Frau.«

Er zitterte am ganzen Körper. Ein letzter Kuss. Tonino lief auf den schmalen Weg, der zu dem breiteren Weg führte, in den die Pferdewagen und Ochsenkarren tiefe Spuren eingegraben hatten. Sein Ziel lag im Norden.

Unten rannte Tancredi vom Haus weg, in den Wald hinein, wo er laut weinen konnte. Erst zur Mittagszeit kam er wieder zurück.

~

Unterwegs holte Tonino einen Mann ein, Gerber von Beruf, um einiges älter und gesprächig. Der Mann erzählte, die Gerberei würde ihn nicht mehr ernähren, die Ledermanufakturen nähmen ihm die Aufträge weg.

Als Schmied sei es ihm nicht besser ergangen, erwiderte Tonino. Nachdem sie Rast gemacht hatten und es nach Cortina nicht mehr weit war, änderte der Gerber seine Geschichte und bekannte, dass er wegen seiner Frau in die Fremde zog. Sie habe immer schon ein böses Mundwerk gehabt, doch seit es wirtschaftlich bergab ging, ließ sie kein gutes Haar mehr an ihm. Er hätte es nicht länger ausgehalten. Überall auf der Welt sei es besser als bei seiner Alten.

Tonino gefiel die Reiseunterhaltung, bei der einer redete und der andere zuhörte. Er gewann den Eindruck, dass sein Begleiter den Errungenschaften der neuen Zeit misstraute: Jene Werke von Menschenhand, die der Gerber begriff, ordnete er göttlichem Ursprung zu. Doch alles, was Wissenschaft und Technik zuletzt hervorgebracht hatten, hielt er für Teufelsspuk. Gott hatte dem Menschen beigebracht, was zu tun sei, um an den Füßen nicht zu frieren. Der Mensch zog den Rindern die Haut ab und bearbeitete sie, bis Stiefel daraus geworden waren. Die Gnade warmer Füße kam von Gott. Sobald der Mensch aber daranging, den göttlichen Funken des Blitzes in Licht zu verwandeln, war dies ein Blendwerk des Teufels. In der Welt des Gerbers war Gott ein gütiger Alter, der Teufel aber ein listiger Scharlatan, vor dessen Werken man einen Bogen machen musste.

»In Cortina sehen wir die Eisenbahn«, sagte Tonino in schnellem Schritt, da es bereits bergab ging.

»Gott behüte mich davor«, entgegnete der Gerber. »Es ist alles nur Blendwerk.«

»Die Bahn ein Blendwerk?«, lachte Tonino. »Sie haben sogar ein Loch durch den Berg geschlagen, um die Eisenbahn durchfahren zu lassen.«

»Teufelszeug. Es ist alles nicht wahr.« Der Gerber verlangsamte den Schritt, als wollte er mit diesem Ketzer nichts zu tun haben.

»Weshalb gehst du nach Cortina, wenn du von dort nicht weiterfährst? Wie willst du ins Habsburgerland und weiter in den Norden kommen?«

»Wozu hat Gott mir meine Beine gegeben?«

»Bis ins Deutsche Reich auf Schusters Rappen?«, fragte Tonino ungläubig.

»Vielleicht kann ich unterwegs auf einen Viehwagen aufspringen. Gott führt mich. Er kennt den Weg.«

Als sie Dogana Vecchia hinter sich gelassen hatten und hinabschauten ins Tal, in dem sich Cortina d'Ampezzo hinduckte, sahen sie entlang einer scharfen Linie einen braunen Wurm kriechen und darüber eine Wolke aus Rauch aufsteigen.

»Mein Herr und Heiland«, rief der Gerber. »Was ist das?«

Tonino schwieg und bemerkte, dass der andere schneller und immer schneller dem Tal zuzulaufen begann.

Noch bei Tageslicht erreichten sie die Niederung. Doch statt in die Ortschaft zu gehen, nahm der Gerber einen Weg, der ihn zu den unbekannten, schnurgeraden Linien führte, die von Nahem betrachtet aus Eisen waren und die man mittels hölzerner Schwellen in einem Schotterbett verankert hatte. Diese eisernen Leisten führten in ein kohlfinsteres, rundum ausgemauertes Loch, so groß, dass ein Haus darin Platz gehabt hätte.

Nichts hätte greifbarer und realer sein können als die Konstruktion des Tunnels, doch der Gerber murmelte mit gerunzelter Stirn: »Selbst wenn das eine dieser neumodischen Straßen sein sollte, glaube ich nicht, dass jemand wirklich in dieses Loch hineinfährt.«

Kalt wie Grabesluft wehte es ihnen aus der Öffnung entgegen. Bei schwindendem Licht konnte man nichts darin erkennen. Tonino drehte sich um und sah in der Abendsonne ein Häuschen stehen. Davor ragte eine hohe Stange auf, an der zwei rote Kugeln hingen. Plötzlich rauschte es in der Stange und eine Kugel ging wie von Geisterhand in die Höhe. Der Gerber bekreuzigte sich.

Auch Tonino wagte keinen Schritt weiter. »Spürst du das Brummen in der Erde?«

»Das muss ein Erdbeben sein. Im Friaulischen sind solche Erscheinungen häufig.« Plötzlich hielt der Gerber seine Hände vors Gesicht, war aber doch zu neugierig, um nicht zwischen den Fingern hindurchzuspähen.

Das Ungetüm war schwarz und so riesig, wie man noch nie etwas Bewegliches auf der Welt gesehen hatte. Während es sich langsam näherte, wurde es immer größer. Es schnaubte und pufftete, aus seinem Haupt stieg eine Rauchwolke.

»Da hängt ja … «, flüsterte der Gerber bebend.

»Sie haben eine ganze Stadt hinten drangehängt«, bestätigte Tonino.

Dem fauchenden Wesen folgte eine Reihe von Häusern, eines sah wie das andere aus. Sie hatten Fenster, aus denen Menschen herausschauten. Das Schauspiel wurde von einem Lärmen und Tosen begleitet, wie Tonino noch keines gehört hatte.

»Die bringt kein Herrgott mehr zum Stehen!«, rief der Gerber über den Lärm hinweg. Er hob die Hände und schrie mit verzweifelter Stimme: »Sie fahren in das Loch, mitten in das Loch fahren sie hinein!«

Ähnlich einem Tausendfüßler, nur mit tausend Rädern bewehrt, verschwand das Monster in der Tiefe des schwarzen Loches. Die Rückseite des letzten Hauses schrumpfte zusammen, nur ein magisches Licht sah man bis zuletzt glimmen. Schon war der Spuk verschwunden. Der Boden dröhnte, aus dem Loch stieg finster bedrohlich der Rauch.

Der Gerber strich das schweißnasse Haar zurück. »Hast du es auch gesehen?«

»Ich habe es gesehen. Ich habe es dir gesagt: In Cortina gibt es eine Eisenbahn, die fährt bis Toblach. Dort ist dann ein ganzes Netz von Schienen, die führen in die ganze Welt hinaus, wo immer man auch hinwill.«

»Dann war es kein Blendwerk?« Der Gerber rang um Fassung. »Ein Spiel des Teufels ist es so oder so.« Mit diesen Worten lief er auf die geschotterte Anhöhe zu, die das Loch im Berg begrenzte. Flink kletterte der Gerber hoch, bis er oben auf der Kuppe stand.

»Sie sind alle verloren!«, rief er zu Tonino hinunter.

»Wer ist verloren?«

»Die da drinsaßen! Sie kommen aus dem Berg nicht mehr heraus. Diese übermütigen Leute sind freiwillig in ihr Grab gesprungen!«

9

Die Karpaten

Der Gerber aß in einer Wirtschaft in Cortina zu Abend, Tonino begnügte sich mit der Wegzehrung, die Apollonia ihm eingepackt hatte. Er fragte einen Bauern, ob er im Heuschober schlafen dürfe.

Am nächsten Morgen ging er zum Bahnhof, wo ein Zug nach Lienz in Tirol angezeigt wurde. Tonino hielt dem Schalterbeamten einige Münzen hin und fragte, wie weit er damit komme.

»Für diesen Betrag müssten Sie hinter dem nächsten Tunnel aussteigen.« Auf Toninos enttäuschtes Gesicht setzte er hinzu: »Hinter dem Tunnel hält der Zug aber nicht. Damit können Sie bis Schluderbach fahren.«

Während Tonino das Billett löste, schnaufte die Bahn heran und stand mit Zischen und Ächzen genau vor der Schalterhalle still. Es brauchte eine Ermunterung des Beamten, damit Tonino einstieg. Der Zug wurde abgeläutet und setzte sich schwerfällig in Bewegung. Vorsichtig betrat der Reisende den Waggon und stellte staunend fest, dass sich darin Bänke befanden wie in einer

Kirche. Als er zum Fenster hinausschaute, entfuhr ihm der Ausruf: »Da draußen fliegt die ganze Stadt vorbei!«

Im nächsten Moment wurde es dunkel. Sie waren in das Loch im Berg eingefahren. An der Wand der knarrenden Stube brannte eine Öllampe. Draußen rauschte und toste es, als ginge ein Wasserfall nieder, schauerliche Pfiffe hallten durch den Zug. Tonino Battaglia reiste unter der Erde.

»In Gottes Namen.« Er nahm auf einer Bank Platz und ergab sich in sein Schicksal.

Nach einer Zeitspanne, in der man fünf Ave-Maria hätte beten können, lichtete es sich wieder. Telegrafenstangen, Bäume, ganze Ortschaften flogen an Tonino vorbei. Die Landschaft war nicht mehr schroff, wie auf der anderen Seite des Tunnels, er fuhr durch ein grünes Tal. Dem Reisenden begann das mehr und mehr zu gefallen. Die Eisenbahn, der Dampfwagen, das war doch etwas Wunderbares!

Nach einer halben Stunde kam er in Schluderbach an. Tonino fand, er könne sein Geld unmöglich schon abgesessen haben, und beschloss, sitzen zu bleiben. Er vertiefte sich in die Einzelheiten des Waggons, wie alles miteinander vernietet und verschraubt war, ließ den Blick ins Freie schweifen und freute sich, in ein Jahrhundert hinüberzurutschen, in dem es solche Wunder gab.

»Toblach!« Der Schaffner ging durch den Waggon. »Letzter Bahnhof vor der Grenze!«

Die Grenze, dachte Tonino. Selten im Leben war er weiter als bis Belluno gekommen, einmal hatte Beppo ihn nach Udine mit-

genommen. Doch jetzt passierte er die Grenze Italiens ins Kaiserreich Österreich.

Wenn sich Tonino Italien als Ganzes vorstellte, sah er einen
braun gebrannten Jungen, unbekümmert und lebensfroh. Die Österreicher dagegen stellte er sich als ernste Herren in Gehröcken,
mit steifen Krägen vor. Seit Jahrhunderten herrschten sie über ein
riesiges Reich, in das Tonino nun hineinfahren würde. Der Zug
stand still. Schwindelig von so viel Neuem taumelte er ins Freie.
Am Bahnsteig nahm ihm ein Kontrolleur den Papierschnitzel ab,
der von seinem Billett übrig geblieben war.

»Sie müssen nachzahlen. Die Karte hat nur bis Schluderbach
gegolten. Nach Toblach kostet es das Doppelte.«

»Ich habe aber nicht mehr Geld«, log Tonino. Unmöglich
konnte er das bisschen, das Apollonia und er zusammengekratzt
hatten, schon am ersten Tag ausgeben.

Unsanft nahm der Kontrolleur ihn in eine Kanzlei mit, wo
Tonino seine Taschen umdrehen sollte. Vorsorglich hatte er die
Geldscheine in seinen linken, die Münzen in seinen rechten
Strumpf geschoben. Der Beamte fand nichts, was er ihm abknöp-
fen konnte. Ein blaues Taschentuch, ein Stück Brot, eine Tabaks-
pfeife, Schwamm, Feuerstein und ein Taschenmesser waren die
ganze Ausbeute. Der Kontrolleur entdeckte ein Amulett mit dem
Bild Apollonias, das er dem Reisenden nicht abzunehmen wagte.
Er holte den Zugvorsteher hinzu.

»Mit diesem Billett hättest du gar nicht bis Toblach fahren dürfen.«

»Aber ich will ja noch viel weiterfahren«, rief Tonino. »Was soll ich denn in Toblach? Könnte ich vielleicht hier arbeiten, um mir eine Fahrkarte zu verdienen?«

Das entlockte dem Zugvorsteher ein Lächeln. »Von wo bist du, vom Mond? Weißt du nicht, dass viele Toblacher diesen Zug nehmen, um irgendwohin zu kommen, wo es noch Arbeit gibt.«

»Und wo ist das?«

»Im Osten«, antwortete der Zugvorsteher etwas freundlicher. »Draußen in der Halle ist ein Aushang. In Transsilvanien soll es Arbeit geben.«

»Transsilvanien kenne ich nicht.«

»Keiner kennt es, und die wenigsten wollen es kennenlernen.«

»Was für eine Arbeit ist das?«, fragte Tonino.

»Die haben dort Wälder und Berge, die Karpaten. Da werden Holzfäller gebraucht. Der Weg ist weit. Was bist du denn?«

»Köhler.«

»Da kannst du sicher mit einer Axt umgehen.«

»Aber wenn mein Geld nicht einmal bis Toblach reicht, wie soll ich dann in die Karpaten kommen?«

Der Zugvorsteher gab Tonino seine Habseligkeiten zurück. »Um Arbeiter dorthin zu kriegen, zahlen sie jedem die Fahrt dritter Klasse nach Transsilvanien.«

Tonino hatte plötzlich wieder Hoffnung. Er fand den Aushang und die Kanzlei, wo Arbeiter angeheuert wurden und unterschrieb den Vertrag noch am selben Tag. Überall auf der Welt, so kam es ihm vor, schien es besser zu sein als in Italien,

wo ein Mann seine Familie mit ehrlichem Handwerk nicht ernähren konnte. Der Zug Richtung Osten verließ Toblach in der
Nacht.

~

Transsilvanien, 1901

Holzarbeit in den Bergen war die kräfteraubendste Arbeit, die es
gab. Mit ihren Sägen und Äxten kletterten die Männer die steilen
Hänge hoch. Am Fuße eines Baumes entfernten sie die Rinde.
Zusammen setzten sie die Säge an. Bei dicken Bäumen musste
das Werkzeug zwei Meter lang sein. Sie sägten bis zur Mitte in
den Stamm hinein. Obwohl sie mit vereinten Kräften zupackten,
dauerte das Stunden. Gebückt, mit krummen Rücken standen sie
da, zogen und schoben, hundert-, tausendmal. Schließlich griffen
sie zur Axt und hieben an der Seite, wohin der Baum fallen sollte,
einen Keil ins Holz. War er tief genug, sägten sie dort weiter. Auf
der Gegenseite wurde eine Scharte gehauen, in die sie Metallkeile
trieben. So konnten sie die Richtung, wohin der Baum stürzen
würde, genau bestimmen.

Irgendwann knackte es, eine mächtige Tanne konnte sich nicht
länger halten, ein Zittern ging durch die Krone. Die Männer
brachten ihr Werkzeug und sich selbst in Sicherheit. Ein Schlag
noch, dann neigte sich der Baum, langsam erst, schneller und
schneller kippte er und raste in die Tiefe. Jetzt musste auch der

letzte Holzfäller zur Seite rennen. Manch einer war dabei schon zu spät gekommen. Beim Aufprall des Riesen bebte die Erde, der gefällte Stamm sprang in unvorhersehbare Richtungen. Es geschah, dass ein Holzfäller im Rücken getroffen wurde und starb.

Die Äste wurden vom Stamm gehauen. Noch vor Ort begann das Entrinden. Die Männer schoben das Flacheisen unter die Haut des Baumes und legten das helle Holz frei. Nur mit glatter Oberfläche würde er zu Tal gleiten. Sie hieben ihre Spitzhacken hinein und zerrten den tonnenschweren Stamm quer durch felsigen Wald, über Hindernisse, manchmal sogar ein Stück bergauf. Das Gelände war zu steil, um Pferde einzusetzen. Alles musste der Mensch selbst machen.

Sie gaben dem Baum einen Stoß und überließen ihn der Schwerkraft. Er rollte, hüpfte, er polterte zu Tal und walzte alles nieder, was sich ihm in den Weg stellte. Auf dem tiefsten Punkt angelangt sammelten sich weiße Stämme, während durch die Rodung oben allmählich eine Lichtung entstand.

Das Mittagbrot eines Holzfällers war keine gewöhnliche Mahlzeit. Seine Arbeit verschlang unglaubliche Kräfte. Ein solcher Mann – und zu ihnen zählte nun auch Tonino – musste an einem Tag das Sechsfache dessen essen, was die Leute in den Häusern zu sich nahmen. Das Schwerste und Nahrhafteste war gerade recht. Speck, dunkles Brot und Rüben, kalte Knödel und Würste. Dazu tranken sie verdünnten Most, manchmal Bier.

Wenn Tonino abends in die Unterkunft einrückte, setzte er sich mit den anderen rund um den Ofen. Keiner sprach ein Wort. Stumm blickten sie vor sich hin, bis die rumänische Köchin zum

Abendbrot rief. Knechte und Mägde, bei denen eine Rangordnung während der Mahlzeit hätte eingehalten werden müssen, gab es nicht. Hier waren alle gleich und aßen an einem langen Tisch. Die Küchenhilfen aßen Kartoffeln und Rüben, die Holzarbeiter bekamen Fleisch und Speck dazu. War das Mahl beendet, legten sie sich schlafen. Der nächste Tag begann um vier Uhr früh.

Nach Tagen auf der Eisenbahn war Tonino über Kronstadt und Bistritz in Moldvenesc angelangt, wo sich das Basislager der Holzfäller befand. Davor hatte er einen überraschenden Umweg gemacht. Da er nicht wissen konnte, dass ihn sein Weg nach Transsilvanien führen würde, musste er dorthin zurück, von wo er gekommen war. Über Belluno ging es entlang den Alpen nach Triest. Er durchquerte Slowenien und Ungarn, stieg in Budapest um und näherte sich der rumänischen Grenze.

Tonino war nicht der Einzige, den es aus der Ferne in das fremde Land verschlagen hatte. Im Lager gab es Ukrainer, Böhmen, Mähren, Moldawier, auch Tiroler fanden sich darunter, aber außer ihm kein einziger Italiener. Die meisten verständigten sich mit ihren slawischen Sprachen; Tonino verstand zwischen den geknurrten und gezischten Lauten wenig. Unter den Rumänen gab es manches klingende Wort, das ihm bekannt vorkam, doch meistens war er auf Gesten angewiesen. Viel gesprochen wurde im Übrigen nicht, und die Handgriffe bei der Arbeit ergaben sich von selbst.

»*Copacul cade!*«, bedeutete »*Baum fällt!*« auf Rumänisch. Dieser Ruf war jedem vertraut.

Der Vertrag, den Tonino unterschrieben hatte, band ihn auf ein ganzes Jahr. Nach sechs Monaten konnte er sich entscheiden, ob er um ein weiteres Jahr verlängern wollte. Die Bezahlung erfolgte einmal wöchentlich am Sonntag, dem einzigen Tag, an dem die Sägen und Äxte ruhten. In der einsamen Gegend konnten die Männer mit ihrem Geld kaum etwas anfangen. Viele gaben es dem Zahlmeister in Verwahrung, der darüber Buch führte. Einige versteckten ihre Barschaft im Wald. Sie gruben Löcher, packten die Geldscheine in ein Wachstuch und verwischten ihre Spuren. Es war vorgekommen, dass einer sein Versteck nicht wiederfand. Im Lager erzählte man sich, der arme Teufel sei von einem Felsen in die Tiefe gesprungen.

Einige der Holzfäller vertrauten dem neumodischen Zahlungsmittel *Banknote* nicht. Das war schließlich nur Papier. Sie ließen sich in Silbermünzen auszahlen. Andere überantworteten ihren Lohn der Post. Mithilfe des Zahlmeisters füllten sie Anweisungen aus, worauf das Geld auf eine Reise ging und an jenen Orten landete, wo ihre Familien lebten. Die Frauen erschienen auf dem Postamt, und wie durch Zauberei erwartete sie das bereits in die Landeswährung eingewechselte Geld.

Seinen hart verdienten Lohn auf einen Weg zu schicken, an dessen Ende er in Belluno auftauchen würde, war außerhalb von Toninos Vorstellungskraft. Er gab das Geld dem Zahlmeister und erhielt ein Lohnbüchlein, in das die Beträge, mit Stempeln bekräftigt, eingetragen wurden. Es war gutes Geld, anständiger Lohn.

Abends auf seiner Pritsche schlug Tonino das Buch auf, betrachtete die Zahlen und las sie sich leise vor. Er legte das Heft unter sein Kissen, während die Männer um ihn schnarchten. Tagsüber schenkte Tonino seiner inneren Welt wenig Beachtung. Sein Körper gehorchte, der Rhythmus des Sägens, die unausgesetzten Axthiebe machten Ausflüge in die Seele unmöglich. An den langen Abenden aber lauerte Gefahr. Manchmal, wenn er am Ofen saß, nickte er ein und erwachte dann in so namenloser Traurigkeit, dass er sich zum Essen zwingen musste. Die Karpaten, die Männerwelt, das Fehlen jeglicher Abwechslung machten Tonino zu schaffen. Die Kollegen waren freundlich, boten ihm Tabak oder einen Schluck Țuică an, den rumänischen Pflaumenschnaps. Doch abgesehen von den Kartenspielern, deren Zusammensetzung sich selten änderte, kümmerte sich hier jeder um sich selbst.

Einige liehen sich sonntags den Pferdewagen und fuhren in das entfernte Dorf, wo eine Frau lebte, bei der man mit kleinen Geschenken etwas erreichen konnte. Tonino schloss sich diesen Männern nie an. Mit der Zeit bemerkte er eine beunruhigende Veränderung seiner selbst. Und das erinnerte Tonino an die Kastanie.

Einmal hatte er seinem Sohn Tancredi gezeigt, wie ein Baum entstand. Er schnitt die Schale einer reifen Kastanie an mehreren Stellen ein, steckte Zahnstocher hinein und hängte die Frucht in ein Wasserglas. Eines Morgens war aus der Kastanie ein feiner Faden entsprossen, der bald so lang wurde, dass er sich im Glas kringelte. Nach einem Monat pflanzte Tonino die Frucht in einen Topf um. Ein winziger Trieb spross in die Höhe, ein Blättchen, ein zweites, bis nach einem halben Jahr ein kleiner Baum entstanden war. Tancredi pflegte ihn, die Kastanie gedieh. Im Sommer darauf ließ sie ohne erkennbaren Grund die Blätter hängen. Tonino nahm an, der Junge habe das Bäumchen zu stark gegossen. Sie düngten es mit Ziegendung und stellten es ins Freie. Es half nichts, der kleine Baum verkümmerte, verlor ein Blatt nach dem anderen und starb.

In der fremden Gebirgswelt verglich sich Tonino mit jenem Kastanienbaum. Er selbst hatte sich hier ausgepflanzt, er gedieh, seine Kräfte nahmen durch die schwere Arbeit eher zu als ab, trotzdem spürte er, dass er langsam abstarb. Er lebte ja nicht, er erfüllte nur eine Funktion und erkannte, dass ihn das Geld nicht am Leben erhalten würde. Wenn er zurückschaute, erschienen ihm die bereits abgedienten Monate beschämend kurz, während diejenigen, die noch vor ihm lagen, sich in die Unendlichkeit ausdehnten. Bald musste er die Entscheidung wegen einer Vertragsverlängerung treffen. Es schien unvorstellbar, noch länger in den Karpaten zu bleiben. Was er fühlte, war mehr als Heimweh, es war der Wunsch, nicht abzusterben wie die Kastanie.

Jeden Sonntag schrieb er an Apollonia. Sein Geld wollte er der Post nicht anvertrauen, doch seine Worte brachte er zur Poststation. Auf Apollonias erste Antwort wartete er sechs Wochen. Als ihr Brief kam, lief er damit in den Hochwald und las jede Silbe mit solcher Kostbarkeit, als wäre sie eine wunderbare Nahrung. Apollonia schrieb von alltäglichen Dingen, wie es den Kindern gehe, dass Tancredi mittlerweile die Milchzähne verloren habe, dass die Töchter brav und arbeitsam seien. Am Schluss gab sie in nur einem Satz der Hoffnung Ausdruck, dass es zu keinem Gerichtsverfahren gegen Tonino kommen werde. Man habe die Gebäude, die durch das Feuer vernichtet worden seien, neu aufgebaut. Während Tonino, Apollonias Brief in der Tasche, beschwingt ins Lager zurücklief, sah er seine Zukunft endlich wieder in helleren Farben. Am Ende dieses Jahres würde er als ein Mann ins Zoldotal heimkehren, der sich im Ausland eine stattliche Barschaft erwirtschaftet hatte.

Nicht mit jedem ihrer Briefe lief er in den Wald. Er las sie am Ofen oder auf der Pritsche. Auch den, der heute angekommen war. Mit dem Taschenmesser schnitt er das Kuvert auf, rückte die Kerze näher und sah Apollonias aufrechte Schrift vor sich. Er las ihre Nachricht von Anfang bis Ende, stand auf, packte den Brief in den Umschlag, ging zu seinem Bett, fasste unter das Kopfkissen und zog sein Lohnbuch hervor.

Der Zahlmeister hatte sich schon auf sein Zimmer zurückgezogen. Tonino klopfte und trat ein. In langen Unterhosen lag der Zahlmeister auf der Pritsche. Tonino sprach Italienisch, der Zahlmeister Rumänisch. Überdeutlich setzte Tonino seine Worte, dabei tippte er auf das Lohnbuch. Nach und nach begriff der Zahlmeister die Dringlichkeit und bemerkte auch Toninos Aufregung.

»Du willst dein Geld?«, fragte er auf Rumänisch.

»Ich brauche mein Geld sofort«, kam die italienische Antwort.

»Was willst du mitten im Jahr mit dem Geld?«

»Nein, nicht in einem Jahr. Ich brauche es sofort.« Tonino zeigte auf die addierte Summe im Heft.

»In unserem Geldschrank ist es in guter Verwahrung. Wenn deine Zeit vorbei ist, wird sich die Summe verdoppelt haben.«

»Ich fahre nach Hause. Gleich morgen.« Tonino zeigte zum Fenster hinaus.

Es dauerte eine Weile, bis beide begriffen. Der Zahlmeister klärte Tonino auf, falls er seinen Vertrag vorzeitig beende, werde ihm ein Teil des Lohnes abgezogen. Tonino ließ das nicht gelten: Dieser Lohn stehe ihm zu. Der Zahlmeister sprach mit dem Lagerkommandanten.

Vor dem Zubettgehen packte Tonino seine Habseligkeiten und zog sich zum Schlafen nicht einmal aus. Er dachte an Tancredi und seine geliebte Frau, die vor Sorge wahrscheinlich von Sinnen war. Nicht meine Apollonia, überlegte er dann, sie behält in jeder Lage ihre Besonnenheit. Er zog den Brief noch einmal hervor und betrachtete das Datum. Apollonia hatte ihm vor zehn Tagen geschrieben.

10

Franz-Josefs-Bahnhof

»Mit der Schwindsucht kenne ich mich aus«, sagte die Frau, die mit Tonino im gleichen Abteil saß. »Meine Schwester ist daran gestorben. Es ist eine tückische Krankheit. Die meisten rafft sie fort.«

»Meinen Jungen gewiss nicht«, entgegnete Tonino.

»Ich wünsche Ihrem Sohn allen Segen, aber da er noch so klein ist, fehlen ihm vielleicht die Kräfte ... «

»Nein! Nicht meinem Tancredi!«

Tonino, der vor Monaten die rasende Geschwindigkeit der Eisenbahn kaum hatte glauben können, verfluchte den Zug, der ihn nach Hause brachte, für sein Schneckentempo. Mit dem Pferdewagen war er bis Bistritz gelangt und hatte die Bahn in der Erwartung bestiegen, sie werden ihn wie der Wind zu Frau und Kind befördern. Doch allein bis Apahida hatte es fünf Stunden gedauert. Danach war der Zug in Florești, Huedin, Șuncuiuș, Aleșd und Oladea stehen geblieben. Jedesmal wartete der Zugführer, bis Ziegen, Schweine, Kleiderschränke, ein ganzes Schlafzimmer aufgeladen wurden. Einmal war Tonino ungeduldig auf den Bahnsteig gesprungen und hatte einem Ehepaar geholfen, seine Habseligkeiten zu verstauen. Er wünschte sich Siebenmeilenstiefel, um der Eisenbahn vorauszueilen. Besonders wenn es bergauf ging, war er überzeugt, den Zug zu Fuß überholen zu können.

Nach der ungarischen Grenze wurde es besser. Die Eisenbahn der Habsburger galt als eine der modernsten. In Szolnok bestieg eine Frau sein Abteil, sie war rundlich und ein wenig kurzatmig. Vom Korridor aus hatte sie zweimal in Toninos Abteil geschaut, bevor sie sich ein Herz fasste und um Erlaubnis bat, sich zu ihm setzen zu dürfen. Die Frau sprach ein wenig Italienisch. Ihre Großeltern stammten aus Sizilien und waren vor Jahrzehnten ins Kaiserreich ausgewandert.

Dieser Frau, sie hieß Zsófia, schüttete Tonino sein Herz aus. Sein einziger Sohn sei an Schwindsucht erkrankt. Seine Frau habe geschrieben, sie bringe Tancredi ins Krankenhaus. Um die Arztkosten zu begleichen, müsse sie den letzten Wald der Battaglias verkaufen. Das Geld, der Wald, jeglicher Besitz waren Tonino gleichgültig, solange nur Tancredi wieder gesund würde.

»Wenn es die Schwindsucht ist, steht Ihr Sohn in Gottes Hand«, sagte Zsófia.

Sie würde in Budapest aussteigen, doch bis dahin war noch Zeit, für Toninos Sohn zu beten. Zsófia nahm ihr Kruzifix ab und sank auf dem abgeschabten Boden auf die Knie. Bewegt tat Tonino das Gleiche. Sie beteten ein *Vaterunser* auf Italienisch, dann stimmte Zsófia ein *Gegrüßet seist du, Maria* auf Ungarisch an. Erschöpft rutschte sie auf ihren Sitz zurück.

»Danke. Das war … Ich danke Ihnen sehr«, stammelte er.

»Jetzt bin ich durstig. Ein Pálinka wird mir guttun.« Aus ihrem Mieder zog sie ein Schnapsfläschchen hervor, entkorkte es und setzte es an den Mund. »Wollen Sie auch?«

»Was ist das?«

»Ein Barack-Pálinka, er wird aus Äpfeln und Zwetschgen gebrannt.«

Tonino nahm einen kräftigen Schluck.

~

Als er erwachte, hatten sie Budapest schon wieder verlassen. Tonino konnte sich seinen tiefen Schlaf nur wegen eines Schlückchens Obstbrands nicht erklären. Er saß allein im Abteil, fühlte sich benommen und dabei wohlig. Die nächste Grenze rückte näher, und dahinter lag die Kaiserstadt, die Einmalige, Vielbesungene.

Obwohl er in Wien nur umsteigen würde, wollte Tonino auf dem Bahnhof Geschenke für die Familie kaufen und einen Blick auf die Stadt werfen. Von Wien aus sollte es über Klagenfurt und Villach in die Alpen gehen. Sobald er Tolmezzo erreicht haben würde, wollte er sich zu Fuß ins Val di Zoldo durchschlagen. Tonino fühlte sich wie ein Weltenbummler. Inzwischen kannte er Rumänien und Ungarn, er würde die österreichische Hauptstadt sehen. Der wohlige Zustand hielt an, er lehnte sich zurück und schlief weiter.

Der Name des Bahnhofs, in den sie einfuhren, stimmte den

italienischen Reisenden weihevoll. »*Franz-Josefs-Bahnhof!*«, schallte die Stimme des Kontrolleurs über den Perron. Aufgeregt und trotz seiner Sorgen fast glücklich, verließ Tonino den Zug.

»Fahrkarte«, sagte der Kontrolleur.

»Ich will mir gerade eine neue kaufen«, entgegnete Tonino und wurde wie üblich nicht verstanden.

»Zeigen Sie mir Ihre Fahrkarte.« Der Beamte wiederholte den Satz auf Ungarisch und Böhmisch, Sprachen, die in den Habsburgischen Ländern gesprochen wurden.

»Piano, piano, Signore«, entgegnete Tonino.

»Oh weh, ein Wallischer«, spottete der Kontrolleur und wechselte die Tonart: »Du mir zeigst Billetto, Signore, aber presto, presto! Hier wird nicht schwarzgefahren. Bei uns geht es Schwarzfahrern an den Kragen.« Dazu machte er die Geste des Erhängens.

»Ich zeige Ihnen mein Billett ja, bitte sehr.« Tonino fasste in seine Tasche. Er griff in die andere Tasche. Ihm fiel ein, er hatte den Fahrschein im Rucksack verstaut, um ihn nicht falten zu müssen. Er öffnete den Rucksack, kramte darin herum. Ihm wurde heiß und kalt.

»Nein – nein, das … Das kann doch nicht … Himmel, Madonna, nein … «

»Machen Sie kein Theater«, drängte ihn der Kontrolleur. »Sie haben keinen Fahrschein und müssen mich aufs Kontor begleiten. Dort will ich Ihre Papiere sehen.«

»Polizei«, murmelte Tonino. »Polizei, Polizei!«

»Mit der Polizei werden Sie noch früh genug Bekanntschaft machen.«

»Ich bin beraubt worden!«, schrie Tonino quer über den Bahnsteig. »Es war vor Budapest! Diese Frau, diese Diebin! Sie hat mir etwas zu trinken gegeben!«

»Ich verstehe kein Wort.« Der Kontrolleur packte Tonino an der Schulter. »Kommen Sie erst einmal mit.«

»Mein Geld!« Toninos Stimme steigerte sich zur Trompete. »Mein ganzes Geld ist weg, alles, wofür ich monatelang gearbeitet habe! All die Monate! Mein Geld! Alles gestohlen!«

11

Salami

Wien, 1902

Ein Telegramm zu verschicken, kostete das Vielfache eines Briefes. Doch Tonino besaß das nötige Geld und das verdankte er Herrn Steppan, dem Steinmetzen.

Wien befand sich im Rausch der neuen Zeit. Das Kaiserreich florierte. Indem der Kaiser die Bastei, die jahrhundertealte Befestigung der Inneren Stadt, schleifen ließ, wollte er seine Macht sichtbar machen. Eine moderne Prunkstraße sollte entstehen, für deren Errichtung das Beste gerade gut genug war.

Seit dem Altertum galt Marmor als kostbares Baumaterial. Die gigantischen Blöcke wurden teils aus Habsburgs Ländereien, teils aus Italien herbeigeschafft. Sie mussten zerschnitten, bearbeitet und geschliffen werden, um die Fassaden der Ringstraße zu schmücken. Zehntausende Arbeiter fanden hier Brot und Lohn. Herr Steppan erklärte Tonino, jeder, der in Wien arbeitswillig und kräftig genug sei, einen Schleifstein zu bedienen, sei willkommen.

Die Polizei am Nordbahnhof hatte den Fall aufgenommen. Der Inspektor, ein gebürtiger Triestiner, glaubte Toninos Geschichte von dem Diebstahl. So wie Triest zu Österreich gehörte, war auch die Region Belluno bis in die 1860er Jahre durch Habsburg regiert worden. Der Inspektor stufte Tonino nicht als unerwünschten Ausländer ein, sondern als *Alt-Österreicher*, dem man die Möglichkeit geben sollte, zu arbeiten. Er vermittelte Tonino an Herrn Steppan, der den Italiener gut gebrauchen konnte.

Steppan beschäftigte Ungarn, Tschechen und Galizier, außerdem einen Burschen aus Südtirol, Josef genannt. Josef übersetzte das Problem des neuen Marmorschleifers für Herrn Steppan: Tonino müsse so schnell wie möglich an seine Frau telegrafieren. Der Steinmetz streckte ihm das Geld vor.

»*Bin beraubt worden – Geld gestohlen – Verdiene neues Geld in Wien – Komme, so schnell ich kann – Tonino*«

Das einzige Telegrafenamt seiner Heimatprovinz stand in Belluno. Da Tancredi dort im Hospital lag, hoffte Tonino, Apollonia werde die Nachricht bald erhalten. Wie glücklich war er, als ihn bereits am dritten Tag eine Antwort erreichte.

»*Tancredi besser – Doktor gut – Aussicht auf Heilung – Keine Eile – Brauchen dringend Geld – Lieben dich alle*«

Über die sonderbare Kombination von »*Keine Eile*« und »*Brauchen dringend Geld*« dachte Tonino nach. Natürlich brauchte Apollonia Geld, doch wieso hatte es keine Eile, dass er zurückkehrte? Weil ein abgebrannter Mann, der ärmer zurückkam, als er fortgezogen war, der Familie nichts nützte. Sie liebten ihn, aber er sollte vorerst in Wien bleiben und Geld verdienen.

Er würde es ihnen zeigen! Beweisen wollte er, dass er Geld machen konnte. Doch obwohl Herr Steppan anständig zahlte, rechnete sich Tonino aus, dass es Monate dauern würde, einen anständigen Betrag zusammenzubekommen. Es müsste noch andere Möglichkeiten geben. Schließlich konnte man nicht nur tagsüber, sondern auch bei Nacht arbeiten.

~

»Salami«, sagte Josef.

»Wie soll Salami mir weiterhelfen?« Tonino war in Josefs Zimmer eingezogen. Die beiden schliefen im Hause Herrn Steppans in Ottakring, einem Wiener Arbeiterbezirk.

Josef bestärkte Tonino darin, dass sich auch anders Geld machen ließe als durch die Plackerei mit dem Marmor. »Die Wiener lieben Salami. Ich kenne einen Pferdeschlächter, der betreibt eine Metzgerei. Seine Salami kannst du von echter ungarischer nicht unterscheiden. Wir kleben ungarische Etiketten auf die Würste.«

»Du willst sie fälschen?« Mit nacktem Oberkörper lag Tonino auf dem Bett. Der Sommer in Wien war brütend heiß.

»Wer kann sagen, was falsch ist und was echt? Wenn eine Salami aussieht wie ungarische und schmeckt wie echte ungarische, dann sind alle glücklich, oder?«

Tonino leckte den Schweiß von der Oberlippe. »Ich weiß nicht.«

Josef schlüpfte in seine Hosen. »Ich kann zehn Stangen erstklassige Salami kriegen.«

»Und was machen wir damit?«

»Wir verkaufen sie.«

»Ich möchte arbeiten, habe ich dir gesagt, und zwar nachts.«

»Mein Freund, du wirst nachts arbeiten, das garantiere ich dir. Und du wirst gutes Geld verdienen.«

Josef nahm ein Schneidebrett, ein scharfes Messer und eine Stange Salami aus der Schublade. Er pellte die Haut ab und schnitt hauchdünne Scheiben von der Wurst. Eine davon gab er Tonino zum Probieren.

»Ich kann nicht sagen, ob das echte Salami ist.« Er kaute unbeeindruckt.

»Deine Meinung zählt nicht. Den Kunden im Prater muss unsere Salami schmecken.«

»Was ist ein Prater?«

»Ein Vergnügungspark.«

Im Jahr 1162 schenkte Kaiser Friedrich *Barbarossa* einem Adeligen namens Conrad di Prato ein Waldareal unweit Wiens. Im 16. Jahrhundert wurde zwischen dem kaiserlichen Palais Augarten und den Jagdgründen im Prater eine schnurgerade Hauptallee gezogen. Das Areal war allein dem Jagdvergnügen des Monarchen vorbehalten. Kaiser und Erzherzöge jagten jahrhundertelang Hirsche, Füchse, Wölfe, Wildschweine und Bären.

Nachdem der letzte Hirsch geschossen worden war, gab Kaiser Joseph II. den Prater zur allgemeinen Benutzung frei. An Sonn- und Feiertagen strömten Wiener und Wienerinnen auf das Gelände, allerdings erst nach zehn Uhr morgens, damit der Prater dem Frühgottesdienst keine Konkurrenz machte. Joseph II. ge-

91

nehmigte die Ansiedlung von Kaffeesiedern und Wirtshäusern; das war die Geburtsstunde des Praters als Vergnügungspark. Dort gab es das größte Kaffeehaus der Monarchie, wo *gut besetzte Harmoniemusik* den Besucher erfreute. Es gab die Möglichkeit, Vögel zu schießen, und eine kaiserliche Schwimmschule.

All das wurde durch den ersten Themenpark der Welt noch übertroffen: *Venedig in Wien.* Auf der Kaiserwiese bildete man die Lagunenstadt im Miniaturformat nach, mit echten Kanälen, Gondeln und Palazzi. Um die Illusion vollständig zu machen, wurden in den Sommermonaten kleinwüchsige Männer und Frauen engagiert, die in historischen Kostümen als Venezianer auftraten. Alle Wunder des Praters fanden im Schatten des 1896 errichteten neuen Wahrzeichens Wiens, des Riesenrades, statt.

Mit der Straßenbahn erreichten Tonino und Josef die Leopoldstadt, wo der Wurstelprater seinen Ausgang nahm. Fasziniert blickte Tonino zu dem sich langsam drehenden Riesenrad hoch.

»Wer sich so etwas ausgedacht hat, das muss ein Riese gewesen sein.«

Josef lachte über die naive Begeisterung des Freundes, doch Tonino hatte recht. Wer es bis Wien geschafft hatte, der durfte behaupten, im Paradies gelandet zu sein.

Josef marschierte auf den Vergnügungspark zu. »Jetzt bauen wir unseren Stand auf.«

»Dürfen wir das?«

»Wer fragt danach?«

»Die Polizei.« Tonino folgte mit raschen Schritten. »Wenn in

Belluno jemand auf dem Markt Waren anbietet, braucht er eine Lizenz.«

»In Belluno vielleicht. In Wien nimmt man solche Sachen nicht so ernst.«

Eine richtige kleine Bude zauberten die beiden aus ihren Taschen und Rucksäcken hervor. Josef, gelernter Schreiner, hatte einen Klapptisch zurechtgezimmert, darauf kamen Schneidebrett und Messer. Die Salamistangen blieben im Rucksack verborgen. Von anderen Schaustellern hatte Josef sich die Idee abgeguckt, ein Plakat aufzuhängen. Tonino, der bisher nur für seine Kinder gezeichnet hatte, malte eine leuchtend rote Salami auf ein Brett. Darunter schrieb er die Worte: *Salami aus der Puszta!* Auf diese Weise, versicherte Josef, sei ihnen kein Betrug nachzuweisen.

Das Plakat hing. Josef schnitt die ersten hauchdünnen Salamischeiben auf. Einige Wiener machten neugierig vor der unbekannten Bude halt.

»Was soll das sein?«, fragte einer, dessen Uhrkette über dem Bierbauch spannte.

»Wir bieten eine kleine Mahlzeit für zwischendurch an, mein Herr.«

»Ein Radl Salami?«, kicherte seine Gattin. »Sie wollen uns ein Radl Salami andrehen?«

»Gern auch zwei oder drei, gnädige Frau. Wenn Sie unsere ungarische Salami erst probiert haben, werden Sie nicht genug davon kriegen.«

Tonino verstand von dem im Wiener Dialekt geführten Dialog so gut wie nichts, beobachtete aber, wie sein Freund dem Ehepaar fünf Rädchen Salami auf einem Fettpapier servierte und wie darauf fünf Kreuzer in Josefs Kasse wanderten. So einfach ging das?, dachte Tonino, während er die nächsten Scheiben schnitt.

Kunden kamen und gingen und zogen andere Neugierige an. Bald bildete sich eine Menschentraube vor dem unscheinbaren Klapptisch. Die erste Salamistange war aufgebraucht, Tonino schnitt eine zweite, eine dritte auf. Ihre Kasse füllte sich in einem Maß, dass Josef die Kreuzer bald in einen Beutel kippte, um vor Dieben sicher zu sein.

»Die tragen wir morgen zur Wechselstube«, raunte er Tonino zu. »Dort wechseln sie uns blanke Kronen dafür.«

Tonino war überwältigt. Bisher hatte er sich für jede Krone im Schweiße seines Angesichts krumm machen müssen, hatte den Schmiedehammer geschwungen, tonnenschwere Baumstämme geschleppt, auf Marmor eingehämmert. Jetzt tat er nichts, als Wurstscheiben zu schneiden, und verdiente damit genauso gut.

»Kriege ich auch etwas?«, fragte ein Fräulein, das als Nächstes an die Reihe kam.

»Du kriegst, soviel du willst, schönes Kind«, lächelte Josef.

»Aber zahlen mag ich nichts.« Sie erwiderte sein Lächeln auf eine Weise, die Tonino stutzig machte.

»Wieso nicht?«

»Weil ich glaube, dass du eher mir etwas bezahlen wirst, mein schöner Junge.« Sie blinzelte und klimperte mit den Lidern und zog ihren rot geschminkten Mund frech in die Breite.

»Du willst mit mir eine gute Zeit erleben?«, entgegnete Josef.

»Eine unvergessliche Zeit, mein Schatz.«

»Also, da nimm schon.« Er reichte ihr ein Salamistück am Zahnstocher. »Aber jetzt kann ich noch nicht. Ich hab zu tun.«

»Bis später, mein Schatz. Du findest mich in der Hauptallee. Frag nach Tusnelda.« Sie wandte ihm ihr ausgepolstertes Hinterteil zu und zog ab.

»Wenn die Tusnelda heißt, heiße ich Foitl«, sinnierte Josef.

»Das war …«, staunte Tonino. »Eine Dame von zweifelhaftem Ruf?«

»Du merkst auch alles. Aber eine *Dame* war die Holde ganz gewiss nicht.«

Eine Stunde später gesellte sich ein untersetzter Mann zu ihnen, der aus dem danebengelegenen Weinkontor trat. »Ich bin Sepp Köber. Ihr verkauft hier ohne Verkaufslizenz«, begann er.

Tonino hob den Blick. *Köber Sepp's Wein-Ausschank* stand auf einem bunt verzierten Schild.

»Was wir anbieten, ist so klein, dass man es eigentlich nicht als *Verkauf* bezeichnen kann«, gab Josef zurück, versteckte aber sicherheitshalber den Gelbeutel.

»Klein oder groß, ihr treibt Handel.« Sepp Köber war ein Mensch von enormer Körpergröße. »Ihr treibt Handel neben meinem Weinausschank.«

»Wir werden sofort weiterziehen«, beeilte sich Josef zu sagen.

»Eine Scheißdreck werdet ihr«, rief der Köber Sepp.

»Ach nein?«

»Nein.« Er stützte sich auf den Klapptisch, der bedenklich knarrte. »Ihr bleibt genau da, wo ihr seid, und zwar von jetzt an jeden Abend. Habe ich mich klar ausgedrückt?«

»Ich verstehe nicht ganz«, entgegnete Josef verwirrt. »Gerade haben Sie doch wegen der Lizenz …«

»Lasst das mal meine Sorge sein. Wer unter dem Schutz des Köber Sepp steht, der braucht keine Lizenz.« Er deutete auf das Schneidebrett. »Lass mich kosten.«

Eilig gab ihm Tonino ein Stück Salami auf einem Zahnstocher.

»Salzig ist sie, das ist das Wichtigste«, sagte Köber. »So salzig wie möglich.«

»Das ist echte ungarische …«

»Mir egal, woher sie kommt. Solange sie salzig ist.« Er zeigte zu seinem Kontor. »Die Leute, die mit eurer Salami zu mir gekommen sind, haben mehr Wein verkonsumiert als die ohne Salami. Ihr Schlawiner belebt mein Geschäft!« Er klopfte Tonino so derb auf die Schulter, dass der Italiener regelrecht zusammensackte.

Eine Geschäftsidee, mit der weder Tonino noch Josef gerechnet hatten, war geboren, die Symbiose von Weingenuss und Salamikonsum. Seit Tonino den Beruf des Schmiedes aufgegeben hatte, stand er zum ersten Mal wieder auf eigenen Beinen. Er war Unternehmer, ein Freiberufler, nicht irgendwo in einem entlegenen Dolomitental, sondern im Herzen der Millionenstadt, der Kaiserstadt, mitten in Wien.

12

Blätter

München, Spätsommer 1966

Ein Blatt löste sich vom Kastanienbaum und schwebte in eigenwilligen Kapriolen herab. Über Sofias Scheitel vollführte es eine kleine Wendung, bevor es sich auf ihrem Haar niederließ.

»Du hast da …« Lorenzo entfernte das Blatt aus ihrem Haar.

»Schon erledigt.«

»Danke.«

Seit einiger Zeit servierte er Sofia nicht mehr, was auf der Karte stand, sondern zauberte jedes Mal eine neue Kreation für sie.

»Kastanieneis?«, hatte sie erst gestern gestaunt.

»Die Maronen sind noch nicht reif, darum habe ich Zuckersirup dazugetan.«

Sein Vanilleeis aromatisierte er mit einer Prise Chilli und Krokantsplittern, das Schokoladeneis umrahmte er mit in Rum eingelegten Himbeeren. Sofia wusste bald nicht mehr, mit welchen Superlativen sie seine Erfindungen noch loben sollte. Sie konnte sich nicht recht erklären, was der Grund für Lorenzos bevorzugte Behandlung war. Eine bestimmte Hoffnung daran zu knüpfen, eine Sehnsucht gar, fand sie vermessen und tat solche Gedanken als Hirngespinst ab.

Lorenzo schaute in die Baumkrone hoch. »In Deutschland werden die Blätter der Kastanien als Erste braun.«

»Ich dachte, das ist überall so.«

»Bei uns geschieht das erst, wenn der Herbst beginnt.«

»Der Herbst.« Seufzend ließ sie sich das Eis auf der Zunge zergehen. »Und dann kommt der Winter. Sechs lange, graue Monate. Sechs Monate ohne das Bella Italia.«

»Die Zeit vergeht rasch.«

»Sie vergeht langsam, schrecklich langsam. Bis Weihnachten ist es noch auszuhalten, sogar bis Dreikönige, aber an die Zeit danach mag ich nicht denken.«

»Kommst du denn nie aus München hinaus?«

»Ich mache Ausflüge mit den Kindern. Manchmal sehen wir sogar einen Igel oder ein Reh.«

Er setzte sich auf den Stuhl neben sie. »Aber es gibt nicht nur die Umgebung von München. Es gibt … «

»Die große, weite Welt, ich weiß.« Achselzuckend nahm sie den nächsten Löffel. »Die werde ich wohl nie kennenlernen.«

»Warum?«

»Weil ich ein Hosenscheißer bin.«

»Ein Hasenschießer?«, fragte er verblüfft.

Sofia lachte laut heraus. »Nicht Hasenschießer! Hosenscheißer!«

»Was ist das?«

»Ein Hosenscheißer ist ein Feigling.«

»Du und feige? – Deine Arbeit erfordert Mut.«

»Mut? – Ich bin Kindergärtnerin.«

»Bei mir zu Hause sind alle Familien kinderreich. Es braucht Mut, diese Rasselbande zu bändigen.« Er musterte sie von der Seite. »Vielleicht können wir ja etwas dagegen tun, dass du so selten aus München hinauskommst.«

»Was denn?«

»Was hältst du von einer Reise?«

Ungläubig sah sie ihn an. »Reisen ist schrecklich teuer. Dazu fehlt mir das nötige ...« Sie machte die Geste, die sie öfter bei ihm gesehen hatte, rieb Daumen und Zeigefinger aneinander.

Lorenzo sah sie warmherzig an. »Es gibt viele Arten zu reisen. Reisen nach innen und nach außen.«

»Die nach innen kenne ich fast ein bisschen zu gut.«

»Wenn du wählen könntest, wohin möchtest du am allerliebsten?«

»Nach Venedig«, sagte sie, ohne einen Moment nachzudenken. »Aber das wird wohl immer ein Traum bleiben.«

Mit geheimnisvollem Lächeln lehnte er sich zurück. »Sieh mal an, die *Serenissima* hat es dir also angetan.«

»Träumen wird man wohl noch dürfen.« Verwundert über seine veränderte Stimmung betrachtete sie ihn. »Was hast du?«

»Ich stamme aus dem Val di Zoldo.«

»Ich weiß.«

»Unser Tal liegt in der Provinz Belluno.«

»Das hast du mir schon erzählt.«

»Und von Belluno führt die Eisenbahn südlich bis Treviso.«

»Ja, und?«

»Von Treviso ist es nur noch ein Katzensprung in die Lagunenstadt. Die Fahrt von Belluno nach Venedig dauert kaum drei Stunden.«

»Für dich und die Italiener muss es wunderbar sein, das Meer so nahe zu wissen. Von München aus ist das eine halbe Weltreise. Ich habe mich erkundigt: Der Zug fährt zehn Stunden und eine Fahrkarte könnte ich mir sowieso nicht leisten.«

»Ich möchte dir einen Vorschlag machen, Sofia.«

Nach dem Krieg mussten die Deutschen das Reisen erst wieder lernen. Ins Ausland zu fahren, lag selbst fünfzehn Jahre nach Kriegsende außerhalb ihrer finanziellen Möglichkeiten. Die Deutschen nahmen Kurzurlaub am Badesee, im Schwimmbad, oder sie besuchten die Verwandten auf dem Land. Erst das Wirtschaftswunder bescherte ihnen ein Einkommen, mit dem sie sich Wünsche erfüllen konnten. Allerdings tauchte das Reisen auf der Wunschliste erst auf den hinteren Plätzen auf. Man wollte lieber einen Kühlschrank oder eine Waschmaschine. An ein eigenes Auto dachte noch kaum jemand.

In den sechziger Jahren gelang es den Gewerkschaften, die Fünftagewoche durchzusetzen und längere Urlaubszeiten auszuhandeln. Den Menschen ging es in den Ferien vor allem um den Kontrast zum Alltag. Österreich war immer schon Vorreiter für den Tourismus gewesen. Im 19. Jahrhundert gehörte es für die europäische Aristokratie zum guten Ton, Urlaub in Wien zu machen. In der ersten Hälfte des 20. Jahrhunderts florierte der Österreichtourismus, bis er nach dem Zweiten Weltkrieg zusammenbrach.

Bis in die fünfziger Jahre waren Pizza und Spaghetti Gerichte, von denen niemand in Deutschland etwas gehört hatte. Die Küsten Italiens, auch die Städte Rom, Venedig und Florenz blieben unerreichbare Sehnsuchtsziele. Doch Jahr für Jahr überwanden mehr Deutsche in Bussen, Zügen und mit dem Käfer die Alpen Richtung Süden. Rimini und Bibione galten als begehrte Fernziele. Die Vorstellung, mit dem Schlauchboot in der Adria zu paddeln, war gleichbedeutend mit Luxus pur.

Lorenzos Vorschlag war so wunderbar, so großzügig, dass Sofia es immer noch kaum glauben konnte.

»Du nimmst dir Urlaub«, hatte er gesagt. »Wäre das möglich?«

»Vielleicht, ich glaube schon.« Die nächste Frage war kaum über ihre Lippen gekommen. »Warum soll ich denn Urlaub nehmen, Lorenzo?«

»Weil du mich begleitest.« Ein scheuer Blick von ihm. »Natürlich nur, wenn du möchtest.«

Ihr wurde heiß und kalt. »Wenn ich *möchte*?« Sofia wusste nicht, welche verbotenen Gedanken sie sich zuerst verbieten sollte. Sie konnte nichts dagegen tun, dass sie plötzlich zu lachen begann, ihr ganzer Körper, ihr ganzes Wesen lachten.

»Was hast du?« Er rückte ein Stück ab. »Kommt dir mein Vorschlag so komisch vor? Lachst du mich etwa aus?«

»Aber nein, Lorenzo, nein!«

Er erklärte ihr seinen Plan. »Bald werde ich meine Sachen in den VW-Bus packen und losfahren. Meinem Bus ist es egal, ob ich allein oder zu zweit fahre. Aber …« Er stockte.

»Ja?«

»Aber mir ist es nicht egal«, erwiderte er ungewohnt herzlich. »Ich würde dich abholen, und dann fahren wir Richtung Süden. Zuerst nach Innsbruck, von da über den Brennerpass, und dort kann ich das Val di Zoldo praktisch schon riechen.«

Sofia scheute plötzlich vor ihren eigenen Gefühlen zurück. Schließlich wollte Lorenzo nur hilfreich sein, dachte sie. Er nahm sie nach Italien mit, wie man einen Koffer oder eine Lieferung mitnahm. Es wäre verrückt, mehr dahinter zu vermuten.

»Ich verstehe noch nicht …«, sagte sie in plötzlicher Verwirrung.

»Was gibt es da nicht zu verstehen? Du willst nach Venedig?«

»Ja.«

»Aber du kannst es dir zurzeit nicht leisten.«

»Nicht in hundert Jahren.«

»Na siehst du. Wenn du mitkommst, schlagen wir zwei Fliegen mit einer Klatsche.«

»Was … sind denn die zwei Fliegen, Lorenzo?«, fragte sie zart.

»Liegt das nicht auf der Hand? Du sparst die Reisekosten und ich …«

»Ja?«

»Ich habe die Freude deiner Gesellschaft.«

»Danke. Ich danke dir sehr«, antwortete Sofia kaum hörbar.

Er suchte in ihren Augen. »Du scheinst dich nicht besonders darüber zu freuen.«

»Doch, aber … Mir fehlen einfach die Worte. Weil meine Freude so groß ist.«

13

Buongiorno

»Ich bin nicht sicher, ob die Idee wirklich so gut ist«, sagte Sofia.

»Aber ich«, antwortete Frau Schuster, die Heimleiterin, eine energische Frau mit gefärbtem Haar. Sie fand es zum Verzweifeln, dass eine junge, hübsche Frau wie Sofia Gottlieb so wenig aus ihrem Leben machte. Die Heimleiterin kannte Sofias Geschichte und die Umstände, unter denen sie sich von ihrem früheren Mann getrennt hatte. Frau Schuster war der Überzeugung, dass jeder Mensch schlimme Erfahrungen im Leben machte. Der Trick lag darin, sie mit möglichst vielen schönen Erlebnissen aufzuwiegen.

Seit einiger Zeit hatte Frau Schuster den Eindruck, als sei jemand Besonderes in Sofias Leben getreten. Sie wirkte wie neu erwacht und hatte ein geheimnisvolles Leuchten in den Augen. Auch blieb sie nicht wie sonst als Letzte während ihrer Schicht im Heim, neuerdings wurde Sofia nachmittags zappelig, sah häufig auf die Uhr und lief bei Dienstschluss als Erste los, um die nächste Bahn zu kriegen. Das gefiel Frau Schuster.

Noch besser gefiel ihr Sofias heutige Eröffnung: Fräulein Gottlieb wollte Urlaub machen! Das kam einem Naturereignis gleich. Und sie plante nicht etwa Ferien im Allgäu oder in Salzburg, gleich bis nach Venedig sollte es gehen! Ein italienischer Mann hatte Sofia angeboten, sie im Auto mitzunehmen. Was in letzter Zeit mit Sofia passierte, klang für Frau Schuster verdächtig nach – tja, nach was? Nach Liebe, wonach sonst?

Sofia hatte versichert, es sei nichts zwischen ihr und Lorenzo, da er ein ziemlich verschlossener Charakter sei. Offenbar nicht zu verschlossen, um Sofia gleich mal über die Alpen zu chauffieren, dachte Frau Schuster. Und Fräulein Gottlieb war aufgeschlossen genug, in ein fremdes Auto zu steigen und auf Abenteuerfahrt zu gehen. Frau Schuster war begeistert.

Heute waren allerdings wieder Zweifel bei Sofia aufgetaucht. Zweifel? Das war pure Angst, Lebensangst war es. Sofias Ausreden, warum sie die Urlaubsidee nicht mehr gut fand, trieben Frau Schuster auf die Palme.

»Ich habe für so eine Reise nichts anzuziehen. Den alten Badeanzug mit den ausgebleichten Margeriten kann ich unmöglich am Lido tragen.«

»Dann kaufen Sie sich eben ein paar hübsche Sommersachen«, wandte Frau Schuster ein.

»Wie soll ich das machen? Die Kaufhäuser hängen bereits die Winterkollektion in die Auslagen. Und es geht auch nicht so sehr um die Badesachen. Ich habe in meinem Kleiderschrank nur ausgewaschene Pullis, karierte Röcke und ausgelatschte Schuhe. Das ist nichts für einen Abend am Lido oder einen Spaziergang über den Markusplatz.« Ernsthaft sah Sofia Frau Schuster an. »Und gerade im Herbst ist bei uns im Heim so viel zu tun. Die Kinder würden mich vermissen.«

»Quatsch, Quatsch, Quatsch!«, rief die Heimleiterin. »Ich habe in Ihrer Personalakte nachgesehen. Bei Ihnen sind bereits neun Wochen ungenutzter Urlaub aufgelaufen. Sie müssen mir helfen, Fräulein Gottlieb. Wir können es uns nicht leisten, Ihnen das alles als Überstunden zu bezahlen.« Sie gab Sofia das Gefühl, dass sie gewissermaßen auf Urlaub fahren *müsse,* zum Wohle des Kinderheims.

»Na schön. Ich werde es Guido und den andern erklären«, sagte Sofia schließlich.

»Was gibt es da zu erklären? Sie sind drei Wochen lang fort und Schluss. Danach kommen Sie zurück und haben den Kindern eine Menge zu erzählen. Die werden mächtig stolz auf Sie sein, wenn Sie sagen: Ich war in Venedig.«

~

»Was hast du da?« Guido sprang neben Sofia her.

»Ein Buch.« Sie ging weiter. »Es ist ein Buch, aus dem ich gerade lerne.« Sofia hätte auch sagen können: »Guido, wir werden uns drei Wochen lang nicht sehen.« Stattdessen weckte sie seine Neugier.

Während die anderen Kinder Mittagsschlaf hielten, hatte sie den Jungen zu einem Ausflug auf die *Heide* mitgenommen, eine größere Wiese, die an das Heim grenzte, mit Erlensträuchern und hohen dürren Gräsern. Manchmal grasten hier Kühe. Lief man über die Heide, musste man aufpassen: Nach jedem Regen sanken die Hufe der Rinder tief ein und hinterließen heimtückische Löcher. Vorsichtig setzte Sofia Schritt um Schritt.

»Was lernst du aus dem Buch?«, wollte Guido wissen.

»Eine Sprache.«

»Aber du kannst doch schon eine Sprache.«

»Es gibt viele andere Sprachen. Eine der schönsten will ich lernen.«

»Welche ist die schönste? Welche ist die schönste Sprache?«

Sie zeigte ihm das Buch. Der Einband war in Rot, Weiß, Grün gehalten. »Italienisch!«

»Ooooh«, machte Guido. »Und die ganze Sprache steht da drin?«

»Es ist ein Sprachführer für Anfänger. Da findet man nur die wichtigsten Sachen.«

»Was ist wichtig, Sofia?«

»Wie man einen Kaffee bestellt oder eine Pizza zum Beispiel.«

»Was heißt *Pizza* auf Italienisch?«

Sie stutzte. »Es heißt Pizza.«

»Und Kaffee?«

»Kaffee heißt Caffè.«

»Das ist ja ziemlich einfach, Italienisch zu lernen.«

Sofia schlug das Buch auf. »Wie sagen die Italiener zum Beispiel *Guten Tag*?«

Er senkte die Nase über die Buchseite. »Na, wie?«

»*Buongiorno.*«

Er wiederholte es leise, dann lauter. »Buongiorno, buongiorno«, rief er über die Heide. »Und wie sagt man guten Morgen?«

»Buongiorno.«

»Ich glaube, ich würde Italienisch ganz schnell lernen.« Er machte zwei Sprünge und blieb stehen. »Warum lernst du Italienisch?«

»Weil ich mich verständlich machen möchte.«

Guido tippte auf den Buchumschlag. »Diesen Turm habe ich schon gesehen.«

Sofia betrachtete das Bild des Campanile. In der Buchhandlung hatte es Sprachführer mit dem Kolosseum auf der Titelseite gegeben oder dem Petersdom. Natürlich hatte sie diesen gekauft. »Das ist der Glockenturm von Venedig. Wo willst du den schon gesehen haben?«

»Das weiß ich nicht mehr.«

»Auf einem Bild? Der Campanile ist unzählige Male fotografiert und gemalt worden.«

»Ich mag diesen Turm. Lass uns weiter Italienisch lernen. Was heißt zum Beispiel *Fasangarten*?«

»Ich fürchte, das heißt Fasangarten.«

»Dann etwas Schwereres. Was heißt *Weißwurst mit Senf*?«

Umsonst schlug Sofia es im Wörterbuch nach. »Das steht da nicht.«

»Das ist kein besonders gutes Buch«, urteilte er. »Die meisten Sachen heißen auf Italienisch gleich wie bei uns, aber wenn man eine Weißwurst will, ist man mit dem Buch aufgeschmissen.«

»Das kommt daher, weil man in Italien andere Sachen isst als bei uns. Guido, ich werde das italienische Essen bald selbst probieren.«

»Fährst du denn nach Italien?«

»Erraten.«

»Das ist toll, Sofia. Erzählst du mir dann, wie es war?«

Mit so manchem hatte sie gerechnet, nicht, dass er es so gelassen nehmen würde. Sie ging in die Hocke und nahm seine Hände. »Ich erzähle dir alles. Ich werde Postkarten kaufen mit bunten Bildern, die zeige ich euch dann.« Ein Blick auf die Uhr. »Wir müssen zurück. Die anderen sind bestimmt schon aus dem Mittagsschlaf aufgewacht.«

Guido lief ein paar Schritte voraus. »Was heißt *Mittagsschlaf* auf Italienisch?«

»Was du alles wissen willst.« Im Gehen senkte Sofia den Blick auf das Buch. »Schlafen heißt *dormire*. Aber Mittagsschlaf ... Au! Au!«

Guido kam zurückgerannt. »Was ist?«

»Ich bin ... Ich habe ...« Sie zog ihren Fuß aus dem Loch, in das sie getreten war. Der Fuß sah seltsam aus, war irgendwie zur Seite gedreht. »Nein ... Nein, bitte nicht«, stammelte sie. »Bitte nicht das ...«

Der kleine Junge war stumm vor Schrecken.

14

Mut

Der Oberarzt hielt die Röntgenaufnahme gegen das Licht. »Die Sehne ist gerissen.«

Von der Behandlungsliege starrte Sofia den Arzt an. »Gerissen?« Es war die schlimmste mögliche Diagnose.

»Eindeutig.«

»Und wenn sie gerissen ist«, fragte sie kaum hörbar. »Was passiert dann?«

»Ich muss operieren.«

»Wenn ich mir erlauben darf ... « Ein junger Mann in Weiß meldete sich. »Es ist nicht ganz eindeutig.«

»Was meinen Sie damit?«, gab der Oberarzt gönnerhaft zurück.

»Der Riss ist nicht zu sehen. Die Sehne könnte also nur ... gezerrt sein«, vollendete der Assistenzarzt vorsichtig.

»Unmöglich. Das Sprunggelenk hat zu viel Spiel. Die Sehne ist gerissen.«

»Wenn sie nur gezerrt wäre, was bedeutet das?«, schaltete sich Sofia ein.

Der Oberarzt schenkte ihr einen Blick, der ausdrückte, dass Patienten besser den Mund zu halten hätten. »Wenn sie gezerrt ist, kann man nur warten und beten.«

»Sonst nichts?«

»Die Sehne heilt dann von selbst.« Er deutete auf das Röntgenbild. »Aber nicht diese Sehne. Die ist gerissen.«

Der Assistenzarzt schüttelte den Kopf, getraute sich aber nichts mehr zu sagen.

Sofia ließ den furchteinflößenden Blick des Oberarztes an sich abperlen und wandte sich an den Assistenzarzt. »Wie würden Sie mich bei einer gezerrten Sehne behandeln? Kriege ich einen Gips oder so?«

Ehe der Oberarzt es verhindern konnte, antwortete der junge Mann. »Bei einer Distension wird kein Gipsverband angelegt, sondern eine elastische Schiene, die Ihnen die Möglichkeit gibt ... «

»Danke, Kollege«, wies ihn der Vorgesetzte in seine Schranken.

»Könnte ich mit einer elastischen Schiene laufen?«, fragte Sofia den Assistenzarzt, der ihre einzige Hoffnung darstellte.

»Sie würden zum Gehen Krücken brauchen.«

»Aber ich könnte laufen?«

»Humpeln, würde ich eher sagen.«

Sofia wandte sich an den Oberarzt. »Warum wollen wir das nicht erst mal versuchen, das mit der Schiene, meine ich? Sollte die Sehne gerissen sein, komme ich reumütig zu Ihnen zurück, Herr Doktor.«

»Ihre Sehne ist gerissen«, beharrte der Oberarzt. »Je später wir die Operation durchführen, desto schwieriger wird sie.«

Sie nickte. »Das Risiko gehe ich ein.« Sie warf dem jungen Mann einen dankbaren Blick zu. »Wo bekomme ich diese Schiene?«

~

Lorenzo schloss die blauen Läden und sperrte den Eissalon zu.

»Was machst du?« Gestützt auf ihre Krücken sah Sofia sich um. Sonst saßen um diese Zeit noch Gäste hier, heute schien sie die Einzige im Bella Italia zu sein.

»Ich mache zu.«

»Es ist gerade erst fünf Uhr. Kriege ich kein Eis?«

»Du wirst in Venedig so viel Eis essen, da kommt es auf einmal mehr oder weniger nicht an.« Er nahm den Autoschlüssel zur Hand.

»Was hast du vor?«

»Ich fahre dich.«

»Wohin?«

»Wohin du willst.«

Sie suchte in seinen Augen, fand aber keine Antwort auf sein merkwürdiges Verhalten. »Lorenzo, wohin willst du mich fahren – und warum?«

»Weil ich dich tapfer finde. Den meisten anderen wäre es zu riskant, in deinem Zustand eine Reise ins Ausland anzutreten.«

»Stimmt. Der Oberarzt, sogar der Assistenzarzt sagten, es sei davon abzuraten, im Ausland krank zu werden.«

Lorenzo lächelte. »Haben sie wirklich *im Ausland* gesagt?«

»Sie sagten: *in Italien.*«

»Und gedacht haben sie: *Bei den Spaghettifressern.*« Er hob die Hand. »Das macht nichts. Vorurteile gibt es überall. Wir Italiener nennen die Deutschen Sauerkrautfresser. Man soll nicht heimzahlen.« Er half ihr, sich zu setzen. »Die waren also der Meinung, du solltest die Reise verschieben?«

»Sogar Frau Schuster ist nicht mehr sicher, ob es richtig wäre.«

»Und du?«

»Ich bin sicher. Vorausgesetzt, dass du mich humpelnde Krähe noch mitnimmst.«

»Siehst du, das meine ich mit *Mut.*« Bewundernd sah er sie an.

Was man in einen Blick, eine Geste, eine Situation alles hineindeuten konnte! Sofia deutete in Lorenzos Blick hinein, dass er Sympathie, ja Zuneigung für sie empfand. Wie nett wäre es, träumte sie, wenn er ihr aus diesem Gefühl heraus einen kleinen Kuss gäbe. Schließlich sah es ja niemand, der Kastanienbaum gab einen trefflichen Sichtschutz ab. Stattdessen redete er weiter über die Deutschen, die Italiener und Sofias Mut. Warum nahm er sie nicht einfach in den Arm? Vielleicht, weil Sofias Krücken dazwischenlehnten? Unauffällig schob sie sie beiseite.

»Wohin willst du mich denn fahren, Lorenzo?«

»Du hast gestern von Besorgungen erzählt, die du vor der Abreise machen willst.«

»Ja, es gibt noch einiges zu tun.«

Er zeigte auf die Schiene aus schwarzem Kunststoff an ihrem Bein. »So willst du Einkäufe erledigen, willst durch München humpeln und dich mit den Sachen abschleppen? Ich fahre dich.« Er deutete auf den VW-Bus.

Für einen Moment war sie geneigt, ihm zuzustimmen. »Das ist lieb, Lorenzo, aber ich nehme es nicht an.«

»Warum?«, entgegnete er verblüfft.

»Es hat etwas mit … mit *Heiligkeit* zu tun.«

»Was ist denn so heilig?«

»Für mich – « Sie nahm seine Hand. »Für mich ist unsere Reise das größte und schönste Abenteuer seit Langem. Wenn ich in diesen Bus steige, wird sich meine Welt verändern. Ich werde etwas tun, was größer ist als eine Fahrt ans Meer oder nach Venedig. Für mich beginnt damit ein neues Leben, Lorenzo. Und deshalb – «

»Deshalb willst du in meinen alten Bus erst steigen, wenn die Reise wirklich beginnt.«

»Genau so ist es.«

»Ich glaube, ich habe dich verstanden.« Er zog seine Hand zurück. »Aber versprich dir nicht zu viel: Mein altes Ungetüm knattert und stinkt und feuert Schüsse aus dem Auspuff. Es ist auch nicht besonders schnell.«

»Das hört sich himmlisch an.« Sie griff nach der Krücke. »Dann mache ich mich jetzt mal auf den Weg ins Kaufhaus.«

»Nicht, ohne vorher ein Eis gegessen zu haben«, widersprach er.

»Du hast gerade abgeschlossen.«

»Dann schließe ich eben wieder auf. Was darf's denn sein?«

»Ein Erdbeereis wäre genau das Richtige.«

15

Der röhrende Toto

In ihrem nass geschwitzten Schlafanzug lag Sofia da. Normalerweise, wenn sie aus einem Alptraum erwachte, seufzte sie erleichtert, und draußen ging die Sonne auf.

In der Nacht vor ihrer Abreise wurde Sofia im Traum von Gabriel heimgesucht, dem schnittigen, dem angriffslustigen Gabriel.

»Du glaubst, du hast deine Freiheit wieder?« Er saß mit Sofia in einem Ruderboot, ruderte aber nicht selbst, er ließ sie sich an den Riemen abmühen.

Sie tauchte die Ruder ins Wasser. »Ich fahre in den Süden.«

»Noch bist du nicht da.« Gabriel saß im Heck, er trug seine Lieblingsjacke und das Hemd mit dem Monogramm.

»Du wirst schon sehen. Ich steige in den VW-Bus und fahre los.«

»Ohne mich?«

»Ja, ohne dich!«

»Zusammen mit diesem Eisverkäufer?«

»Lorenzo nimmt mich mit.«

»Glaubst du, Lorenzo liegt etwas an dir?«

»Weshalb hätte er mich sonst eingeladen?«

Gabriel überschlug die Beine. »Hat er dich schon mal geküsst?«

Sie ruderte aus Leibeskräften. »Nein.«

»Wie lange kennt ihr euch?«

»Nähergekommen sind wir uns diesen Frühling.«

»Nähergekommen?« Er lachte das gemeine Gabriellachen. »Von April bis Oktober hat er dich noch kein einziges Mal geküsst? Weißt du, wie mir das vorkommt? Das fühlt sich für mich wie Mitleid an. Dieser Mann nimmt dich aus Mitleid mit.«

»Er will mir sein Heimattal zeigen.«

»Will er dich etwa seiner Mutter vorstellen? – *Hallo, Mama, das ist Sofia, die ich nach sieben Monaten noch nicht geküsst habe.*«

»Mit ihm zu fahren, ist eine einmalige Gelegenheit. Ich würde sonst nie nach Venedig kommen.«

»Was habe ich gesagt? Mitleid«, gab Gabriel zurück. »Die bedauernswerte Kindergärtnerin soll endlich mal was erleben.«

Im Traum erkannte Sofia, dass es stimmte. Hatte Lorenzo ihr nicht mit den gleichen Worten das Angebot gemacht? »*Wir sollten etwas dagegen tun, dass du so selten aus München hinauskommst.*« Wieso erinnerte sie sich erst im Traum daran? Kein einziges Mal hatte er gesagt: »Ich freue mich, mit dir zu verreisen.« Er bot ihr eine *Transportmöglichkeit* an. Was immer sich Sofia dazu ausgemalt hatte, existierte nur in ihrer Phantasie.

»Dann fahre ich eben nicht mit«, sagte sie im Traum. »Denn wenn ich nicht mitfahre … «

»Dann passiert dir nicht das Gleiche, was dir mit mir passiert ist«, vervollständigte Gabriel.

»Ich bleibe in München.«

»Bei deinen Kindern, die dich anhimmeln und nie demütigen werden.« Gabriel nahm ihr eines der Ruder ab.

»Ich fahre nicht«, sagte sie und sah zu, wie er das schwere Holzruder hob und auf ihren verletzten Fuß niedersausen ließ.

Schreiend fuhr Sofia hoch. Sie hatte im Schlaf eine ungeschickte Bewegung gemacht und war mit dem Fuß gegen die Wand gestoßen. Nachts legte sie die Beinschiene ab. Sofia schlug die Decke zurück und machte Licht. Der Fuß war geschwollen. Die Stelle über dem Gelenk hatte sich blau verfärbt. Sie hielt den Fuß ins Licht und betastete ihn. Der Schmerz war schlimmer als gestern. Sollte sie eine Schmerztablette nehmen? Sollte sie Lorenzo anrufen und ihm sagen, dass sie nicht mitkomme, weil sie ernster verletzt sei, als sie geglaubt hatte? Der Doktor behielt recht, die Sehne musste gerissen sein. Mit einer gerissenen Sehne nach Italien zu fahren, war Wahnsinn. Lorenzo würde das verstehen.

Andererseits hatte er seine Abreise tagelang verschoben, um Sofia genügend Zeit für die Vorbereitungen zu geben. Wie ein Jammerlappen würde sie ihm vorkommen, wie ein wankelmütiger, ängstlicher Mensch. Und das war sie, das brauchte ihr nicht erst Gabriel im Traum zu sagen. Sofia hatte Angst vor dem Abenteuer und dazu einen Fuß, der langsam blau wurde.

Sie legte die Schiene an und hinkte zum Telefon. Als sie den Hörer hob, musste sie sich an der Wand abstützen. Sie schlug ihr Adressbuch auf. Sofia drehte die Wählscheibe.

Toto röhrte über die Bergstraße. Wenn es steiler wurde, musste Lorenzo in den ersten Gang zurückschalten.

»Ach, ist das schön«, murmelte Sofia. »So schön ist das.«

»Aber es regnet.« Konzentriert starrte er auf die verschwommene Straße.

Es schüttete regelrecht. Totos Scheibenwischer flitzten nicht hin und her, wie es nötig gewesen wäre, sie schlichen vielmehr von links nach rechts, dazwischen tauchte für Sekunden die Straße auf.

Sie hatten Oberbayern im Regen durchquert. Der Beamte an der Grenze fand es nicht der Mühe wert, bei dem Sauwetter aus seinem Häuschen zu treten, und winkte den VW-Bus einfach durch. Sie erreichten Österreich, ohne dass sich an den Umständen etwas änderte. Wiesen, Wälder, Abhänge und Flure, die in den ersten Herbstfarben hätten leuchten sollen, kannten heute nur eine Farbe: Grau. Manchmal Graubraun, manchmal Grüngrau. Selbst Tirol zeigte sich nicht als das Land, in dem angeblich Gott wohnte, stattdessen durchquerten sie eine Wasserwelt, bestehend aus Schemen, Schatten und Nebel.

Rund um sie erhoben sich Bergriesen, die bei klarem Wetter ihre zerklüfteten Felsgipfel und schneebedeckten Nordflanken präsentiert hätten. Doch auch die Riesen hüllten sich ein, selbst die allernächste Umgebung blieb im Nebel verborgen. Selbst bei funktionierenden Scheibenwischern hätte man die Hand nicht vor Augen gesehen. Mit vor Konzentration gerunzelter Stirn kämpfte sich Lorenzo Meter um Meter voran.

»Du willst es mir nicht sagen?«, fragte Sofia.

»Was?«, knurrte er.

»Wieso du den Bus Toto genannt hast.«

»Nicht jetzt.«

»Auch bei uns geben die Leute ihren Autos Namen. Sie nennen sie zum Beispiel … Vorsicht!«

Der Bus nährte sich gefährlich dem Straßenrand.

»Ich sehe es ja«, murmelte Lorenzo.

»Entschuldige, ich wollte dich nicht …«

Er zog das Lenkrad nach links. »Du brauchst dich nicht zu entschuldigen. Ich bin nur …«

»Ja?«

»Ich ärgere mich, weil wir so schlechtes Wetter haben.«

»Da kannst du doch nichts dafür.«

»Aber ich habe gutes Wetter bestellt.« Missmutig schlug er auf die Armatur.

»Bei wem?«

»Beim Wettergott natürlich«, antwortete er mit großem Ernst. »Ich habe bestellt, dass du ins Paradies hineinfährst. Denn das ist es. Unsere Berge sind ein Paradies.« Er schüttelte den Kopf. »Und jetzt das.«

»Ich genieße es trotzdem.«

Trotz der Höhe, in die sie sich hinaufarbeiteten, war es nicht kalt. Als Lorenzo kurz im Wald verschwinden musste, stieg auch Sofia aus. Ihre Schuhe waren aus festem Leder, kreuzweise zu schnüren und groß genug, um sie trotz der Fußschiene zu tragen. Staunend stellte Sofia fest, dass sie ihre Verletzung kaum noch spürte. Lag es an den vielen neuen Eindrücken? Genüsslich trat sie in den Matsch, fasste nasse Blätter an und schnupperte in den Wald hinein. Das roch nicht wie ein Wald, den sie kannte, das war Berggeruch, Geruch der Fremde.

Sofia hatte den großen Schritt tatsächlich getan, mit Lorenzo, dem Eismacher, in die Fremde zu fahren. Für sie fühlte es sich an wie ein Aufbruch zum Mond! Das konnte sie Lorenzo natürlich nicht sagen. Für ihn lag nichts Sensationelles in dieser Fahrt, er fuhr nach Hause, mit dem einzigen Unterschied, dass er diesmal eine *Mitfahrerin* dabeihatte.

An den Moment ihrer Entscheidung erinnerte sich Sofia genau. Auf den Krücken, die jetzt hinten im Wagen lagen, war sie in München durch die Wohnung gehumpelt und sich wie der größte Feigling der Welt vorgekommen. Das Leben bot ihr die Chance, mit einem Menschen, der ihr etwas bedeutete, diese großartige Reise anzutreten, und sie lamentierte über eine gezerrte Sehne und ein bisschen Schmerzen im Fuß.

Auf Krücken trat sie vor den Spiegel. »Reiß dich zusammen«, fuhr sie sich an. »Wenn du nicht laufen kannst, wirst du eben humpeln. Aber du wirst diesmal nicht kneifen, wie schon so oft in deinem Leben!« Mit einem bangen, zugleich hoffnungsvollen Gefühl hatte Sofia darauf ihren Koffer gepackt und Lorenzo mitgeteilt, dass sie mitfahre.

Ein Schemen tauchte aus dem Nebel auf. Für einen Moment erschrak sie.

»Können wir weiter?«, fragte Lorenzo.

»Ich schaue mir gerade den Regen an.«

Er wollte nicht nach Innsbruck hineinfahren, weil das nur unnötig Zeit kosten würde, war aber zuversichtlich, den Brenner noch bei Tageslicht zu schaffen.

Doch als sie Mieders, Matrei und Steiners durchquerten, war es bereits stockdunkel. Von dem berühmten Pass, der Österreich von Italien trennte, sah Sofia nicht das Geringste. Toto ächzte und röhrte die Steigung hoch. Bei jeder Serpentine fühlte es sich an, als sollte es seine letzte sein. An der Passstelle kontrollierte der italienische Beamte lediglich Sofias Ausweis. Lorenzo fuhr in seine Heimat ein. In der Finsternis ging es bergab.

»Wir müssen irgendwo rasten«, sagte er. »Wir müssen ausruhen.«

»Natürlich.« Sie starrte auf das schwach beleuchtete Band, das Totos Scheinwerfer der Dunkelheit entrissen.

»Die Fahrt hat länger gedauert, als ich dachte. Viel länger.«

»Das macht nichts.«

Er schaltete einen Gang hoch. »Ich habe geglaubt, wir schaffen es, aber bei dem Regen … «

Plötzlich hob Sofia den Kopf. »Welcher Regen? Fahr mal langsamer.« Sie öffnete das Fenster. »Es hat aufgehört!«, rief sie in die Nacht.

Leise quietschend gingen die Scheibenwischer hin und her. Es gab nichts mehr zu wischen. Mit einem Mal war die Nacht sternenklar.

»Wie schön«, flüsterte sie.

»Italien«, antwortete er.

»Regnet es in Italien nie um diese Jahreszeit?«

»Nicht, wenn eine junge Frau aus München zum ersten Mal zu Besuch kommt. In diesem Fall weiß Italien, wie es sich zu benehmen hat.«

16

Eiszapfen

Die Herberge hieß *Zum Engel*. Von Sterzing, wo sie hielten, wären es nur noch vier bis fünf Stunden ins Val di Zoldo gewesen.

»Toto braucht eine Pause.« Lorenzo sah selbst zum Umfallen müde aus.

Es ging auf neun Uhr abends. Sie mussten klingeln, damit ihnen im *Engel* noch aufgetan wurde.

»Was willst du?«, fragte Frau Engel.

Lorenzo erkundigte sich, ob sie zwei Zimmer haben könnten. Frau Engel ging voraus.

»Sie spricht ja Deutsch«, raunte Sofia ihm zu.

»In Südtirol sprechen alle Deutsch.«

»Wieso duzt sie uns?«

»Weil die Tiroler alle Menschen auf der Welt duzen.« Lorenzo bedeutete Sofia, nicht weiter zu fragen, solange die Wirtin in der Nähe sei.

»Das Bad ist um die Ecke«, sagte Frau Engel, nahm die Pässe entgegen und händigte ihnen zwei Schlüssel mit kiloschweren

Anhängern aus. Sie musterte die Reisenden. »Ihr werdet essen wollen.«

»Hätten Sie denn noch etwas?«

»So kannst du nicht ins Bett gehen mit deiner jungen Braut. Ich mach euch was.« Sie verschwand in der Küche.

Sofia sah ihn fragend an. »Braut?«

»Sie hat unsere Pässe gesehen. Ich wollte nicht sagen, dass du meine Schwester bist.«

»Ich bin ja auch nicht deine Schwester.«

Sie aßen Speck und harte Eier und saure Gurken und Käse. Sie aßen Brot, das beim Beißen krachte. Frau Engel servierte unaufgefordert Rotwein.

»Willst du ein Schnapserl?«, fragte sie nur Lorenzo. Er ließ sich einen Haselnussgeist einschenken.

Sofia war vom Rotwein ungewohnt wohlig zumute. Als sie Lorenzo durch den Korridor zu ihren Zimmern folgte, blieb sie plötzlich stehen.

»Was ist denn?« Er drehte sich um. »Tut dir der Fuß weh?«

»Nein. Ich bin ... «

»Was?«

»Ich bin glücklich, Lorenzo.«

»Auf einmal?«

»Ja, auf einmal.«

»Und das fällt dir hier auf dem kalten Flur auf?«

»Ja, ich bin hier auf diesem kalten Flur glücklich.«

»Das ist der Wein.«

»Wird man vom Wein glücklich?«

»Manche Leute sagen, dass der Wein so etwas kann.«

»Dann sollten wir in nächster Zeit öfter Wein trinken.« Sie wollte aufsperren, aber irgendwie gelang ihr das mit dem schweren Schlüssel nicht.

Lorenzo half ihr. »Du hast ja einen Kleinen sitzen.«

»Ich habe schon einen Größeren sitzen, glaube ich.«

Er machte Licht. Bett, Tisch, Stuhl, Kruzifix. »Das Bad ist draußen um die Ecke. Soll ich dir mit der Schiene helfen?«

»Meine erste Nacht in Italien!«

»Gute Nacht, Sofia.«

Sie blieb in der Tür stehen. Lorenzo konnte nicht an ihr vorbei. »Lorenzo?«

»Ja?«

»Erzählst du mir noch etwas?«

»*Erzählen*?«

»Irgendetwas. Ich mag nicht gleich schlafen.«

»Aber was denn?«

Das klang nicht gerade begeistert. Normalerweise hätte Sofia klein beigegeben und gesagt: »Entschuldige, es ist spät. Leg dich hin. Ich habe vergessen, dass du den ganzen Tag durchgefahren bist.« Aber Sofia war beschwipst, eine Entschuldigung stellte sich nicht ein. Stattdessen sagte sie: »Eine kleine Geschichte. Bitte. Über deine Leute.«

»Meine Leute?«

»Die *Gelatieri*«, antwortete sie mit leichtem Zungenschlag. »Erzähl mir, wie aus den Menschen aus dem Zoldotal Gelatieri geworden sind.«

»Das ist aber keine *kleine* Geschichte, sondern eine längere.«
Er schloss hinter ihnen die Tür.

～

Wien, 1906

Seit fünf Jahren verkaufte Tonino Battaglia schon Salami im Herzen der Monarchie. In den Jahren nach der Jahrhundertwende waren die Menschen davon überzeugt, dass sich an ihrer fröhlichen, zugleich larmoyanten, ein wenig wehmütigen Welt im Reiche Franz Josephs I. niemals etwas ändern werde. Der Kaiser, mittlerweile 78 Jahre alt und seit 60 Jahren an der Regentschaft, werde selbstverständlich ewig leben. Kaum einer im Reich konnte sich noch daran erinnern, wie das Leben vor dem alten Kaiser gewesen sein mochte. Die meisten waren erst geboren worden, während er regierte.

Wien, auch davon waren alle überzeugt, würde immer die schönste Stadt auf Erden sein und jeder Österreicher ein Liebling der Götter. Das Blut ging leise in dieser Epoche, der Wein gedieh auf den sonnendurchfluteten Hängen. Er machte die Wiener froh und sentimental, darum sangen sie bei jeder sich bietenden Gelegenheit schmalzige Lieder.

Dass es in der Monarchie auch Armut, Rassenhass, Korruption und Unterdrückung gab, dass die meisten Völker des Vielvölkerstaates nicht die gleichen Rechte hatten wie die Österreicher, dass

Frauen in ihrem Rang weit unter den Männern standen, solche Tatsachen lächelte der Wiener bei einem Gläschen Gumpoldskirchner einfach weg. Es hatte für ihn keine Bedeutung. Bedeutend war das Gefühl des *Mir san mir – wir sind eben wir!* Damit ließ sich jeder Missstand leicht ertragen.

Der zugewanderte Italiener Tonino Battaglia profitierte von dieser Atmosphäre zu Beginn des Jahrhunderts. Tonino und sein Partner Josef hatten den Salamiverkauf professionell aufgezogen und arbeiteten mittlerweile mit Gewerbeschein. Aus dem Klapptisch, auf dem die Wurst geschnitten wurde, war ein ansehnlicher Wagen geworden, den die beiden nicht etwa selbst in den Prater zerrten. Tonino hatte ein Pferd erworben, mit Zaumzeug und allem Zubehör. Er und Josef hausten nicht länger in der Unterkunft des guten Herrn Steppan. Sie hatten die Arbeit als Marmorschleifer aufgegeben. Denn nicht nur nachts strömten die Menschen in den Prater, sondern auch tagsüber; früh und spät wollten sie Salami zum Wein genießen.

Josef hatte inzwischen seine Jugendliebe aus Südtirol nachgeholt und geheiratet. Das junge Paar war in eine Wohnung am Rennweg gezogen. Tonino blieb allein. In den ersten Jahren in Wien war er in der kühlen Jahreszeit, wenn die Praterbuden eingewintert und die Besucher selten geworden waren, ins Zoldotal zurückgekehrt. Dort staunten alle über die Summen, die man mit dem Verkauf von Wursträdchen machen konnte. Vorbei die Zeit, in der Tonino in Zoldo Alto angefeindet wurde. Er gab jenen etwas von seinem Reichtum ab, die damals durch das Feuer zu Schaden gekommen waren.

Jedes Jahr, wenn der Frühling kam, wurde ihm schwer ums Herz. Die Kinder waren so schnell groß geworden. Er sah sich längst nicht mehr umringt von einer Rasselbande, sondern von adretten Mädchen, die sich herausputzten und die Blicke der Burschen auf sich zogen.

Tancredi war ein kleiner junger Mann geworden, dabei immer noch der ernste, vorsichtige Knabe, schmal und wohlerzogen. Er hatte die Folgen seiner schweren Krankheit noch nicht ganz überwunden. Wenn er rannte oder es steil bergauf ging, kam er rasch ins Keuchen. Seine Augen lagen tief in den Höhlen, seine Arme strotzten nicht vor Kraft wie bei den Gleichaltrigen. Tonino hatte jedes Mal ein wenig Sorge, wenn er seinen Jungen sah.

Was die Tuberkulose betraf, war Tancredi außer Gefahr, er konnte sich an die schlimme Zeit während der Schwindsucht kaum noch erinnern, und doch nahm der Vater seinen Sohn oft in den Arm, drückte ihn lange, ohne viel zu sagen, und gab Tancredi das Gefühl, über alle Maßen geliebt zu werden.

Apollonia freute sich an diesen Momenten. Sie liebte ihren Mann, der sich aus großer Not herausgearbeitet und etwas aus sich gemacht hatte. Sie liebte ihn für seine Liebe zu den Töchtern und verübelte ihm nicht, dass er Tancredi privilegiert behandelte.

In jedem Winter waren Tonino und Apollonia froh und zufrieden miteinander, bis zu jenem unvermeidlichen Tag im Frühling, wenn er seinen Rucksack packte und sich auf den Weg nach Belluno machte, wo er die Eisenbahn bestieg. An diesem Tag war die ganze Familie traurig, denn es hieß wieder auf Monate Abschied nehmen.

»Nein«, sagte Tonino an einem Märztag des Jahres 1909. »Von nun an nicht mehr. So wie es ist, will ich es nicht mehr. Darum ändern wir es.«

Apollonia fand die Idee überlegenswert, zeigte aber nicht die gleiche Euphorie wie ihr Mann. Wenn Toninos Geschäftspartner Josef seine Braut nach Wien geholt hatte, sei das etwas anderes als die vielköpfige Familie Battaglia aus der Heimat in die Monarchie zu verpflanzen. Was sollte dann mit Apollonias altem Vater geschehen? Wer würde auf das Haus schauen? Und vor allem: Was sollten Apollonia und die Kinder in Österreich anfangen? Auch in Wien hatte der Tag 24 Stunden. Keiner von ihnen sprach Deutsch, mit Ausnahme von »Servus«.

»Als ich anfing, habe ich auch kein Deutsch gesprochen«, gab Tonino zu bedenken.

»Du bist ein Mann. In Wien haben sie Arbeiter gesucht«, hielt sie dagegen. »Wer braucht mich und die Kinder?«

»Das findet sich alles. Wenn ihr erst einmal da seid … «

Auf einem derart unsoliden Fundament wollte Apollonia keinen Neubeginn wagen. Die Sache wurde um ein weiteres Jahr verschoben. Im Januar 1910 verstarb ihr Vater. Diesmal war es nicht Tonino, der die Dinge ins Rollen brachte, sondern seine kluge Frau.

»Ich weiß jetzt, was ich beginne. Und die Kinder helfen mir dabei. Ich werde Geld verdienen, Tonino.«

»Das brauchst du nicht. Wien ist teuer, aber ich kann für uns alle sorgen. Wir suchen uns eine neue Wohnung, am besten nicht weit vom Prater, und werden ein schönes Leben führen.«

»Es geht nicht darum, ob du uns ernähren kannst«, entgegnete sie.

Sie saßen im Freien. Überall lag noch Schnee. Selbst im März hingen die Eiszapfen von der Dachrinne.

»Du und Josef, ihr hattet die Idee mit der Salami. Aber ich habe auch eine Idee.«

Er legte den Arm um ihre Schulter. »Willst du wieder *pericotti* einkochen? Wir werden in der Stadt der süßen Köstlichkeiten leben, Apollonia. Nirgends machen sie so wunderbare Mehlspeisen wie in Wien. Ich fürchte, da kommst du mit deinen kandierten Birnen zu spät.«

Ihr gefiel das gönnerhafte Lächeln nicht, mit dem er seine Worte begleitete. »Was ich vorhabe, haben sie in Wien noch nie gegessen.«

»Was soll das sein?«

Sie löste sich aus seinem Arm und stand auf. »Was haben wir im Zoldotal im Überfluss?«

»Ich weiß nicht. Steine, Felsen?«

»Falsch.«

»Bäume, Wälder? Was denn nur?«

»Bei uns gibt es fast das ganze Jahr über etwas Besonderes. Und es kostet nichts, keinen Kreuzer.«

»Spann mich nicht auf die Folter«, sagte er mit dem geduldigen Lächeln eines Ehemannes, der seiner Frau ihre Überraschung nicht verderben mochte.

Apollonia trat unter die Dachrinne und brach einen eisigen Zapfen ab. »Das haben wir, mein Lieber. Und das werde ich den Wienern verkaufen. Sobald wir angekommen sind.«

~

Da die Erdbeeren am frühesten reiften, war es natürlich, dass das erste Eis der ersten Wiener Eissaison Erdbeereis werden sollte. Im Übrigen brauchte Apollonia nur Eier, Milch und Zucker.

Nach ihrer Ankunft in der Donaumetropole benötigte Toninos Frau weniger als einen Monat, bis sie ihr Produkt auf den Markt bringen konnte. Die eigene Familie stellte ihre erste Kundschaft dar. Dem Familienoberhaupt kam die Ehre zu, die Kostprobe zu eröffnen.

»Ich kenne Gefrorenes«, sagte Tonino. »Bei uns kennt das jedes Kind.«

Apollonia gab ihm den Löffel. »Bei uns vielleicht, aber nicht in Wien.«

Er tauchte ihn in das cremige, zugleich feste Eis, hielt die Zunge daran und kostete. Tonino bekam große Augen. »Das ist … Also das ist ja … Wie hast du das gemacht?«, fragte er überrascht.

»Das habe ich mit meiner Maschine gemacht«, antwortete sie schlicht.

»Natürlich.« Er nahm den nächsten Löffel. »Aber wie hast du *das* gemacht? Es schmeckt besser als alles, was ich je gegessen habe.«

»Ich musste ein bisschen experimentieren. Tancredi hat mir

dabei geholfen. Dein Sohn besitzt einen feinen Geschmackssinn. Ich habe so lange herumprobiert, bis Tancredi sagte: Jetzt ist es richtig.«

»Dann bist du also der Zauberer?« Tonino löffelte weiter.

»Ich habe oft von Mamas Eis gekostet«, antwortete der Junge.

Apollonia gab ihm einen Klaps. »Sei nicht so bescheiden. Du hast die Zuckermenge immer wieder korrigiert. Du hast mir mit dem Salz zum Konservieren des Stangeneises geholfen.«

»Das stimmt.« Tancredi nickte. »Entweder es war zu fest oder zu flüssig, oder es hat nur nach Zucker geschmeckt statt nach Erdbeeren. Aber dann hat Mama das Geheimnis entdeckt.«

»Was ist das Geheimnis?« Tonino kriegte gar nicht genug vom Erdbeereis.

»Das verrate ich dir, wenn du mir einen Laden einrichtest.«

»Einen Laden?«, rief er verblüfft. »Du bist vier Wochen in Wien und willst schon einen eigenen Laden?«

»Besser zu früh als nie«, antwortete sie leichthin. »Es muss nichts Großes sein, nur zwei Räume. Vorne verkaufe ich das Eis, und hinten stelle ich es her.«

Toninos männlicher Stolz erwachte. »Ich arbeite seit Jahren in Wien und betreibe mein Geschäft immer noch mit einem Wagen, ein paar Stangen Salami und einem Messer. Und du willst gleich einen ganzen Laden?«

»Auf einem Wagen kann ich kein Eis machen. Ich brauche meine Maschine. Ich brauche ein Zimmer. Ein ebenerdiges Zimmer zur Straße. Man wird doch irgendwo ein ebenerdiges Zimmer mieten können.«

Tonino sah sie verwirrt, überfordert, verliebt an. Einen Tag später begann er sich im 2. Wiener Gemeindebezirk nach einem Ladengeschäft umzusehen.

17

Marillen und Bananen

Italien, 1966

Lorenzo hätte nicht sagen können, wann Sofia während seiner Erzählung eingenickt war. Zu Beginn hatte sie noch Fragen gestellt, dann war ihr kalt geworden. In ihren Kleidern hatte sie sich unter die Bettdecke gelegt.

Lorenzo saß auf dem Stuhl gegenüber. Leise stand er auf. Der Stuhl knarrte, seine Schuhe knarrten, die Türklinke knarrte.

»Hm … ?«, machte Sofia im Bett. »Oh … «

»Schlaf nur weiter.« Er öffnete die Tür.

»Bin ich eingeschlafen?«

»Tut dir gut. Und das mache ich jetzt auch.«

»Ich weiß gar nicht, wie ich einschlafen konnte.« Sie setzte sich auf. »Tut mir leid, Lorenzo.«

»Was ist das Letzte, woran du dich erinnerst?«

»Das Letzte? Ich weiß noch, dass Apollonia einen Eiszapfen abgebrochen hat, von der Dachrinne.«

»Da hast du aber eine ganze Menge verpasst.« Er lächelte müde.

»Wie dumm. Entschuldige ...« Sie fasste sich an die Stirn. »Mein Kopf tut weh.« Schuldbewusst sah sie ihn an. »Kann das vom Wein kommen? Ich vertrage anscheinend nicht viel.«

»Es ist nicht der Wein.«

»Was sonst?«

»Die Berge. Wir haben uns in fast 2000 Meter Höhe hinaufbegeben. Mein alter Toto ist wagemutig über die Alpen geklettert. Das merkt dein Körper. Morgen geht es dir bestimmt besser.«

»Ja, morgen ... morgen«, murmelte sie.

»Schlaf gut.« Er stand schon auf dem Flur. »Du solltest dich vielleicht noch ausziehen. Und die Schiene ablegen.«

Sofia hob die Decke an. »Richtig.« Ein müder Blick. »Schlaf du auch gut.«

Die Tür schloss sich knarrend.

Um sechs Uhr früh stand das Frühstück bereit. Frau Engel gab Lorenzo außerdem zwei Hartwürste und ein Stück Brot mit auf den Weg.

Er bedankte sich, wollte ihr Geschenk aber nicht annehmen. »Das ist sehr freundlich, aber in ein paar Stunden sind wir zu Hause. Dort werden wir essen.«

»Nimm es«, sagte Frau Engel. »Hinter Natz hat es geschneit, und du hast Sommerreifen. Wenn ihr über den Sattel nicht drüberkommt, braucht ihr eine Wegzehrung.«

Sie hatte recht. Der Sattel hinter dem Pfulser Joch war nicht zu unterschätzen.

»Um diese Jahreszeit schneit es hier schon?«, fragte Sofia beim Einsteigen.

»Manchmal haben wir sogar Schnee im August.«

»Da habe ich die falschen Sachen eingepackt. Einen Badeanzug werde ich kaum brauchen. Dabei ist mein neuer Badeanzug ...« Sie verstummte.

»Für Venedig ist ein Badeanzug das Richtige.« Er startete den Wagen.

»Weißt du, was mich wundert? Wie nahe hier alles beieinanderliegt.«

»Was denn?«

»Die Berge, das Meer, Venedig und der Schnee.«

»Das ist Italien.« Lorenzo lachte.

Sofia freute sich, dass er lachte, dass er glücklich war, weil er seiner Heimat näher kam. Mit frischer Kraft knatterte Toto auf die Landstraße hinaus.

～

Schon das antike China hatte Speiseeis gekannt. Damals nahm man Gletscherschnee und übergoss ihn mit Honig oder Rosenwasser. Auch Alexander der Große beschrieb den Genuss, *Schneeeis* zu essen. Die römischen Kaiser ließen sich von Schnellläufern Eis aus dem Apennin herbeischaffen. Mit dem Untergang des Römischen Reiches ging das Rezept jahrhundertelang verloren.

Nachdem US-Präsident George Washington sich 1783 von einem italienischen Händler eine primitive Eismaschine hatte aufschwatzen lassen und fortan im Weißen Haus Speiseeis servieren ließ, verbreitete sich die private Eisherstellung im Osten der Vereinigten Staaten.

In Europa waren es von Anfang an die italienischen Emigranten gewesen, die Speiseeis mitbrachten und in der neuen Heimat verbreiteten, zunächst vor allem in Großbritannien. 1903 hatte sich ein Italiener in Amerika eine Maschine zur kontinuierlichen Kälteerzeugung patentieren lassen. Seit 1906 gab es sogar die ersten Eismaschinen mit Elektromotor. Die Welt hatte also schon vor dem Auftritt der Battaglias *Gefrorenes* genossen. Doch für das kaiserliche Wien stellte es eine Premiere dar.

Die Maschine, mit der Apollonia das bewerkstelligte, war brandneu, zugleich uralt. Man hatte die Methode des Eismachens im Zoldotal von Generation zu Generation weitergegeben, ohne zu ahnen, dass sie das Tal eines Tages verlassen sollte.

Apollonias Wiener Maschine war ein Nachbau, den sie bei einem Fasszieher in Auftrag gegeben hatte. Ihren Angaben folgend konstruierte er ein Fass ohne die üblichen gebauchten Dauben. An den Innenwänden befand sich Raum für das Stangeneis. In der Mitte wurde ein Kupferkessel eingesetzt. Mithilfe eines Kurbelrades außerhalb des Fasses übertrug man die Drehungen über eine Zahnstange ins Innere, wo die Eismasse in einem Bottich gemischt wurde. Rund um den Kupfereinsatz wurden zerkleinertes Stangeneis und Kristallsalz eingefüllt. So erzeugte man während des Rührvorgangs eine gleichmäßige Kälte.

Seit Apollonia ihren Laden eröffnet hatte, waren die Marillen, wie die Wiener die Aprikosen nannten, und die Kirschen reif geworden. Sie erstand außerdem eine Ladung Bananen, die auf einem Donauschiff sonst verdorben wären, und konnte drei verschiedene Fruchteissorten anbieten. Dagegen waren Vanilleschoten 1910 auf den Wiener Märkten so teuer, dass Apollonia darauf verzichtete und stattdessen Zimteis produzierte.

All das geschah in der Leopoldstadt, Zirkusgasse Nummer 7, im Vorderhaus. Dort gründete die Firma Battaglia ihren Stammsitz. Das Ladenschild dafür sollte der halbwüchsige Tancredi entwerfen.

»Es muss alles draufstehen, was die Leute bei uns bekommen«, lautete Apollonias Anweisung.

»Aber es muss auch gut aussehen«, gab Tancredi zu bedenken.

»Unser Name sollte am größten zu lesen sein«, schlug Tonino vor.

»Den Namen kennt keiner«, widersprach seine Frau. »Nein, dass wir Gefrorenes verkaufen, muss oben stehen, und zwar riesengroß.«

»Aber es soll auch gut aussehen«, beharrte Tancredi.

Tonino schüttelte den Kopf. »Wenn die Leute sich zum Eisessen verabreden, sollen sie sagen können: ›Wir gehen heute zu Battaglia.‹ Der Name muss oben hin.«

»Um sich zum Eisessen zu verabreden, müssen die Wiener erst einmal erfahren, was wir verkaufen. *Gefrorenes* musst du oben hin schreiben«, wies Apollonia den Jungen an.

»Es muss auf jeden Fall gut aussehen.« Tancredi begann zu zeichnen.

Apollonia sah ihm über die Schulter, Tonino guckte ihm über die andere Schulter.

»Lasst mich in Ruhe.« Tancredi winkte seine Eltern aus dem Zimmer, holte die Buntstifte hervor, die er zum Geburtstag geschenkt bekommen hatte und malte insgesamt zehn Entwürfe. Sieben davon zerriss er, die besten drei zeigte er seinen Eltern. Als der Junge die Blätter auf den Esstisch legte, kamen auch die Schwestern dazu. Es brach ein Streit aus. Die Mädchen stellten sich gegen den Vater, Apollonia gegen ihre Töchter und Tancredi gegen alle. Jeder Entwurf gefiel ihnen, doch jedem aus anderen Gründen.

»Wir könnten das Plakat von Zeit zu Zeit wechseln«, schlug Giacinta vor.

»Wir haben kein Geld für drei Ladenschilder.«

Zuletzt sprach Tancredi, der Jüngste, ein Machtwort. »Ich male dieses hier. Weil es das Beste ist.«

»Du willst es selbst malen?«, fragte Apollonia verwundert.

»Wozu sollen wir jemanden bezahlen, der es dann verpfuscht?«

Es wurden drei Farbeimer gekauft, mit schwarzer, gelber und blauer Farbe. Da es sich um Gefrorenes handelte, sollte das Schild Kühle ausstrahlen. Aus Blau und Gelb mischte Tancredi dann noch Grün. Mit einer Länge von drei Metern bekam die Holztafel, auf die er malte, die gewünschte Dimension. Eltern und Schwestern wollten helfen, er warf sie alle hinaus. Drei Tage lang blieb das Kinderzimmer geschlossen. Als Tancredi das Ergebnis schließlich präsentierte, waren die Battaglias überwältigt.

»Er malt wie ein Künstler«, sagte Tonino.

»Er hat nicht nur einen feinen Geschmackssinn«, fügte Apollonia hinzu. »Wir haben einen ungewöhnlich begabten Sohn.«

An den Blicken der Mädchen erkannte sie, dass hier ausgleichende Gerechtigkeit verlangt war. »Und wir haben begabte und außergewöhnlich hübsche Töchter.«

Toninos Kompagnon Josef brachte eine Seilwinde. Gemeinsam hievten sie Tancredis Werk über das Portal des Ladens. Da stand es also: *Gefrorenes-Salon,* darunter *Antonio Battaglia – und Familie.* Damit konnte nun wirklich jeder zufrieden sein.

Die Battaglias redeten sich ein, dass die Wiener zu Beginn zögerlich kamen, doch in Wahrheit kamen die Wiener gar nicht. Wenn ein Italiener, ein *Wallischer,* ein *Ittaker* im Prater Salami verkaufte, war das in den Augen der Einheimischen etwas anderes, als wenn er ein eigenes Geschäft mit protzigem Ladenschild eröffnete. Dem Straßenhändler im Wurstelprater kaufte man seine Ware ab, dem Geschäftsinhaber des *Gefrorenes-Salons* stand man skeptisch, ja feindselig gegenüber.

Was sollte das sein, Gefrorenes? Eiswasser wahrscheinlich. Das schmeckte bestimmt nach gar nichts. Zu sehen bekam man Apollonias Produkt bedauerlicherweise nicht. Sie musste ihre Köstlichkeiten vor dem Schmelzen schützen und hielt die Sorten unter vier kupfernen Kuppeln verborgen.

Zwei volle Tage vergingen, bevor jemand fragte, was er für den unverschämten Preis von vier Kreuzern eigentlich bekommen sollte. Apollonia bot dem Mann und seiner Verlobten eine Kostprobe umsonst an. Die Idee erwies sich als geschäftsfördernd. Von nun an standen Giacinta und ihre Schwester Maria vor dem

Laden und boten in gebrochenem Deutsch Battaglias Gefrorenes zum Probieren an. Vor allem junge Männer ließen sich anlocken. Einige fragten, ob sie den jungen Damen ein Eis spendieren dürften. Nachdem Giacinta und Maria acht Portionen hatten essen müssen, lehnten sie dankend ab.

Im 2. Wiener Gemeindebezirk verkehrte nicht die feine Wiener Gesellschaft, dort wohnten Handwerker und Kleingewerbetreibende. Doch da Battaglias Gefrorenes ein erschwingliches Vergnügen war, stellten sich die Einwohner nach den Anfangsschwierigkeiten in immer größerer Zahl ein. Das Lokal wurde zu einem neuen Mittelpunkt des Viertels. Dienstmädchen kamen mit jungen Soldaten, Großväter machten ihren Enkeln eine Freude. Manchmal hatte ein Familienausflug nur das Ziel, bei Battaglia ein Eis zu schlecken.

Der Erfolg des Unternehmens kam so plötzlich und war so umwerfend, dass Tonino bereits in der Eissaison 1911 einen kühnen Plan fasste.

»Wollen wir nicht lieber bis nächstes Jahr warten?«, versuchte Apollonia ihren Mann zu bremsen. Sie hatte seit Monaten praktisch Tag und Nacht gearbeitet und wäre trotzdem ohne die Hilfe der Kinder nicht zurande gekommen. Sie war müde und ausgelaugt. Vom täglichen Kurbeln der Maschine drohte ihr Schulterleiden chronisch zu werden.

»Bis nächstes Jahr wird es unzählige Nachahmer geben«, hielt Tonino dagegen. »Jetzt schon schießen überall Eisstände aus dem Boden. Im Prater sind drei Eiswagen unterwegs. Sie alle wollen sich ein Stück von deinem Erfolg abschneiden.«

»Unserem Erfolg.« Tonino hätte zum Friseur gemusst. Sie strich ihm das Haar aus der Stirn.

»Ehre, wem Ehre gebührt. Du hast im Juli fast das Doppelte von dem verdient, was ich mit Salami eingenommen habe. Ich mache dir diesen Vorschlag nur deshalb, weil ich einen wunderbaren Laden auf den Tuchlauben gesehen habe. Die Miete ist zwar höher als im 2. Bezirk, aber die Tuchlauben sind der traditionelle Spazierweg der betuchten Wiener. Ob man vom Stefansplatz, über den Graben oder vom Kohlmarkt kommt, jeder flaniert gern über die Tuchlauben. Das Geschäft liegt nur einen Steinwurf vom *Demel* entfernt, dem Hofzuckerbäcker. Eine elegantere Adresse gibt es in ganz Wien nicht. Wir könnten unsere Einnahmen ... ich weiß nicht, wahrscheinlich verzehnfachen.«

»Wozu brauchen wir das? Geht es uns nicht jetzt schon so gut wie noch nie?«, gab Apollonia zu bedenken. »Giacinta will das Lyzeum besuchen, und wir können ihr diesen Wunsch erfüllen. Wir haben eine Wohnung mit sechs Zimmern. Ich muss mir meine Kleider nicht mehr selbst nähen. Wir haben Tancredis Zähne richten lassen. Wenn einer von uns krank wird, können wir Arzneien kaufen und müssen nicht im Wald Kräuter und Wurzeln suchen. Ich habe von so einem Leben nie geträumt, Tonino, es hat sich einfach eingestellt. Das Glück ist zu uns gekommen, und ich danke Gott jeden Tag dafür.«

Er nickte zu allem, was seine Frau vorbrachte, legte die Hände auf den Rücken und ging im Zimmer auf und ab. »Anschauen kannst du es dir ja wenigstens, meine Liebe.«

»Was denn?«

»Das Geschäft auf den Tuchlauben.«

»Wann denn? Ich weiß vor Arbeit nicht ein noch aus.«

»Der Wagen wartet unten.« Er wagte ein Lächeln.

»Du hast eine Droschke bestellt?«

»Wenn ich mit meiner Frau in die Innenstadt fahre, kann ich mir wohl eine Droschke leisten.« Er bot ihr seine Hand.

»Du bist verrückt.«

»Verrückt nach dir, meine Liebe. Ich habe eine äußerst geschäftstüchtige Frau geheiratet.«

18

Der Kaiser

Wien, 1908

Es war ein unscheinbares, dunkles Kontor, darin stand ein schlichtes Stehpult. Ein Tintenfass und mehrere Federn lagen ordentlich auf einer ledernen Schreibunterlage. In das Leder war der vergoldete k. u. k. Doppeladler eingearbeitet worden. Das Schreibpult in dem nüchternen Kontor stellte die Machtzentrale der Monarchie da.

Der Kaiser stand jeden Morgen um 4.30 Uhr auf und wusch sich flüchtig an der Waschschüssel. Die Kaiserin hatte in einigen Räumen von Schloss Schönbrunn bereits fließendes Wasser installieren lassen. Für sich persönlich erachtete der Kaiser das als verzichtbaren Luxus.

Er wurde von Ketterl, seinem Kammerdiener, angekleidet, der dabei die Kunstfertigkeit besaß, unsichtbar zu bleiben. Nicht ein einziges Wort wurde gesprochen. Darauf nahm der Kaiser sein kleines Frühstück ein, Tee und eine Kaisersemmel mit Butter und

Marillenmarmelade. In seiner Alltagsuniform betrat er das Kontor, stellte sich hinter das Pult und arbeitete zwei bis drei Stunden, ohne aufzublicken. Dabei hatte das Zimmer im Schloss eine wunderbare Aussicht auf die Gloriette, doch der Kaiser sah sie nie. Er las und unterzeichnete Akten, viele hatten mit dem Bau der Ringstraße zu tun. Manche mit Erhebungen in den Adelsstand, er unterzeichnete auch Todesurteile.

Um 8.30 Uhr nahm er sein zweites Frühstück ein, ein Ei im Glas, manchmal eine Brezel, manchmal Schwarzbrot. Er genoss die erste Tasse Kaffee mit etwas Milch, ohne Zucker. Danach empfing der Kaiser die angemeldeten Besucher nacheinander zur Audienz.

»Sagen Sie, ist da was dran, Orsini-Hohenberg?«, fragte er im Gespräch mit seinem Minister für die Belange der norditalienischen Provinzen.

»Woran sollte etwas dran sein, Majestät?«, erkundigte sich der erst vor wenigen Jahren assimilierte Triestiner Graf, der sich des Vertrauens des Kaisers erfreute.

»Unsere Damen erzählen sich dies und das.«

»Die Damen, Majestät?«

»Die Fürstin Grayn und die Comtesse Pistritz.«

»Interessant, Eure Majestät. Was erzählen einander die Hoheiten Grayn und Pistritz denn so?«

»Dass sie jetzt häufig auf den Tuchlauben spazierengehen.«

Der Graf war für den Moment verwirrt. »Majestät, auf die Tuchlauben gehen doch so viele. Was soll es dort denn geben?«

»Das frage ich ja Sie.«

Orsini-Hohenberg hatte keine Ahnung, was der Erlauchte

meinte und stand energisch auf. »Ich werde sofort Erkundigungen einholen, was auf den Tuchlauben Besonderes ist, Majestät.«

»Bleiben Sie sitzen, Graf. Wenn – also ich meine, nur wenn das wirklich so außergewöhnlich sein sollte, wie die Damen behaupten, will ich es auch haben.« Zum Zeichen seiner unumstößlichen Absicht stützte der Kaiser den Zeigefinger auf den josephinischen Teetisch, an dem er Besucher empfing.

Orsini nahm wieder Platz. »Bitte verzeihen Sie meine Unwissenheit, Majestät, was wollen Majestät denn haben?«

»Das Gefrorene von den Tuchlauben.«

»Gefroren, Majestät?« Bei Orsini-Hohenberg fiel der Groschen. »Ach, Majestät meinen das *Gefrorene Battaglia*«, rief der Graf erleichtert.

»Davon rede ich die ganze Zeit. Ist das wirklich so gut?«

»Man sagt es in der Tat.«

»Haben Sie das Gefrorene schon selbst gekostet, Graf?«

»Noch nicht, Majestät. Werde mich aber sogleich in die Innere Stadt begeben, um mir persönlich ein Urteil zu bilden, das ich Majestät hinterbringen werde.«

»Hinterbringen Sie mir kein Urteil, Orsini, bringen Sie mir lieber ein Eis.« Der Kaiser legte die Fingerspitzen aufeinander.

Zum zweiten Mal sprang Orsini auf. »Ein Eis für Eure Majestät? Das wäre aber eine besondere Auszeichnung für den Gewerbetreibenden auf den Tuchlauben.«

»Sie brauchen es ja nicht hinauszuposaunen, wem Sie es bringen. Schauen Sie nur, dass es nicht schmilzt, bis sie wieder in Schönbrunn sind.«

»Das will ich tun, Majestät.«

Ehe der Graf den Rückzug antrat, fragte der Kaiser: »Und diese Eismacher, das sind Italienische?« Er legte den kahlen Kopf ein wenig schief. »Sind es nicht vielleicht doch Leute aus unseren Provinzen?«

»Ich bedaure, sagen zu müssen, dass die Provinz Belluno derzeit nicht der Monarchie angehört.«

Der alte Kaiser erhob sich. »Schon erstaunlich, dass so ein zugereister Italiener sich anmaßt, mitten in meiner Hauptstadt ein Geschäft zu eröffnen, und dann noch solchen Erfolg hat.«

»In der Tat, unglaublich, Majestät«, erwiderte Orsini, der herauszuhören suchte, ob der Kaiser für oder gegen den Eismacher sei. »Sehen Majestät eine Möglichkeit, den Produzenten des Gefrorenen in den Stand eines k. u. k. Hoflieferanten zu erheben?«

»So weit kommt es noch, dass die Italiener jetzt auch noch den Hof beliefern sollen«, entgegnete der Kaiser streng. »Nein, Orsini. Ich bin nur neugierig, wie das Gefrorene schmeckt, von dem die Grayn und die Pistritz so schwärmen. Das wäre alles, Graf.«

Indem der Triestiner Schritt für Schritt rückwärts setzte, erreichte er die Tür, ohne Seiner Majestät den Rücken zuzuwenden.

Der Kaiser kehrte ans Stehpult und an die Arbeit zurück. Punkt 12 Uhr wurde ihm das Mittagessen serviert, Tafelspitz mit Wurzelgemüse und gerösteten Erdäpfeln, dazu eine Schnittlauchsoße. Der Kaiser konnte sich nicht daran erinnern, wann er zu Mittag je etwas anderes gegessen hatte.

19

Der Kuss im Schnee

Val di Zoldo, 1966

Lorenzo kniete im Schnee. Er fluchte auf Italienisch. Sofia wusste nicht, wie sie sich verhalten sollte. Ihre Kenntnisse aus dem Reiseführer reichten nicht aus, um ihn zu verstehen.

»Maledetto carrello.« Kniend war es Lorenzo unmöglich, an die Vorderachse des VW-Busses zu kommen. »Avrei dovuto scartarti molto tempo fa!« Er legte sich auf den Rücken.

»Soll ich dir etwas unterlegen, eine Decke vielleicht?« Sofia stand frierend im Schneegestöber. Der Wind wehte die Flocken so dicht vor sich her, dass man keinen Meter weit sah. Ihr Fuß machte sich schmerzend bemerkbar.

Lorenzo ließ ihr Angebot unbeantwortet und kroch unter den Bus. »Che sfortuna, che sfortuna!«

»Was sagst du?«

»Dass ich auf dieser Fahrt noch nie so viel Unglück hatte«, hörte sie von unter dem Wagen.

»Vielleicht bringe ich dir Unglück.« Sie sagte es halb im Scherz, um ihn aufzuheitern.

Erst nach Sekunden kam die Antwort. »Nein.« Er ächzte, während er hantierte. »Ich hätte Toto längst reparieren lassen müssen.« Man hörte das Klirren von Metall auf Metall. »Schau dir die Reifen an, die sind selbst für den Sommer zu abgefahren.« Er rutschte von unten wieder hervor. »Ein verdammtes Pech ist es.«

Sein Gesicht tauchte unter dem Wagen auf. Sofia musste lachen.

»Cos'è?«

Seine Nase war schwarz, von Schmieröl, vom Schmutz der Straße, wer konnte das sagen?

»Du hast da … «

Er ließ sie nicht ausreden. »So, die Kette sitzt. Jetzt können wir nur hoffen, dass die Vorderachse das aushält.« Er kam auf die Knie. Als Sofia ihm aufhelfen wollte, wehrte Lorenzo sie ab.

»Was hast du?«, fragte sie erschrocken. »Es ist nichts Ernstes passiert, und wir werden heute noch bei dir zu Hause sein.«

Er wischte sich die Hände an einem Lappen ab und blies in die Handflächen. Der Schneefall wurde dichter. »Nichts passiert? Erst regnet es von München bis zum Brenner, und jetzt geraten wir in den schlimmsten Schneesturm, den ich in der Gegend je erlebt habe.« Er zeigte die Straße hoch. »Diese Steigung ist völlig harmlos, aber Toto kommt bei dem Schnee einfach nicht hoch!«

»Du hast selbst gesagt, in den Dolomiten schneit es manchmal im August.«

Er trat dicht vor sie und sah sie mit funkelnden Augen an. »Aber nicht, wenn ich mit dir eine Reise unternehme. Dann hat es nicht zu schneien und nicht zu regnen. Ich will dir meine Heimat so zeigen, wie ich sie kenne!«

Seine Art schüchterte sie ein. »Es gefällt mir doch trotzdem, dass wir ...«

Diesmal verschloss er ihr den Mund mit einem Kuss. Lorenzo umfasste Sofias Rücken und presste seine Lippen so fest auf ihre, dass es schmerzte. Er hielt sie, er küsste sie. Es tat weh und es tat so herrlich wohl.

Er ließ sie los. »Mi scusi«, sagte er und wandte sich ab. Er nahm die schwere Kette und zog sie zu dem Besitzer des Ochsenkarrens weiter, der im dichten Schneefall wartete. Die Italiener sprachen miteinander.

Sofia hörte nicht hin. Sofia fasste keinen Gedanken, sie machte keine Bewegung. Sofia war gefangen in Lorenzos Kuss. Hatte sich auf dieser sturmumtobten Bergstraße je etwas Weltbewegenderes abgespielt? An diesem Punkt zwischen München und dem Zoldotal, am Fuße dieser Anhöhe, an der ein VW-Bus gescheitert war, bedankte sich Sofia. Wem sie dankte, war nicht ganz klar, Gott vielleicht oder dem Weltgeist, möglicherweise dem Kälteeinbruch, der Lorenzo gezwungen hatte, stehen zu bleiben.

Wären sie vorhin nicht durch den Schnee geschlittert, hätten sie nicht mehrere Anläufe genommen, die Steigung zu bezwingen, hätte Sofia nicht bei offenem Fenster das Durchrutschen der Räder beobachtet, wäre Lorenzo schließlich nicht unter den Wagen geklettert, um die Kette zu montieren, das Wunder wäre nicht geschehen. Der Eismacher mit der schwarzen Nase hätte Sofia in diesem Fall nicht geküsst. Nun hatte er es getan. Was immer ihre Reise noch bringen würde, es konnte nur Gutes und Schönes sein.

Der Einheimische hatte die Kette an der Hinterachse seines Karrens befestigt. Lorenzo kam zurück. Mit blanken Augen sah sie ihm entgegen.

»Kannst du fahren?«, war sein erster Satz nach dem Erdbeben, das er mit seinem Kuss ausgelöst hatte.

»Bitte?«

»Kannst du Auto fahren?«

»Ich … Ich habe den Führerschein«, antwortete sie verwirrt.

»Wirklich?«

Seine Überraschung ärgerte sie. »Ich mache täglich Besorgungen für das Kinderheim. Der Führerschein war Voraussetzung für meine Anstellung.«

»Aber du bist immer mit der Straßenbahn zu mir gekommen«, gab er zurück.

»Denkst du, ich kann mir ein Auto leisten?« Ihr Ton war aggressiver, als sie wollte. »Was soll ich tun?«

Er zeigte nach vorn. »Die Ochsen werden Toto nicht allein ziehen können. Ich muss schieben. Du müsstest daher fahren.«

»Dann fahre ich also.« Ernüchtert durch seinen Stimmungswechsel stieg Sofia ein.

»Die Gangschaltung ist … «

»Ich kenne mich mit der H-Schaltung aus.«

»Wenn du startest, nicht zu viel … «

»Gas. Sonst säuft er ab.« Dicht vor Lorenzos Nase schloss sie die Fahrertür. »Der Lieferwagen im Kinderheim ist auch ein VW.« Sie startete, und Toto gehorchte ihr. Der Motor tuckerte.

Lorenzo überlegte, ob es noch etwas zu sagen gäbe. »Ich gehe nach hinten. Auf mein Zeichen fährst du an.«

»Gut.« Sie legte nicht den ersten, sondern den zweiten Gang ein.

Erstaunt sah er sie an. »Woher weißt du das nun wieder?«

»Dass der Wagen im ersten Gang durchrutschen würde? Auch in München haben wir Schnee, weißt du?«

»Va bene. Also auf mein Zeichen.« Er winkte dem Mann mit dem Ochsenkarren. »Andiamo! Al mio segno!«

Der Ochsenmann hob die Peitsche. Lorenzo verschwand hinter dem Wagen und stemmte sich gegen das Heck.

»Andiamo!«, rief er.

Sofia gab Gas.

~

Das Schneetreiben hatte aufgehört, die Straße war trocken. Toto schnaufte eine Kuppe hinauf.

Im nächsten Moment sah Sofia das Zoldotal. Das Licht dort kam ihr so blendend vor, weil die Bergriesen ihre Schatten in das Tal hineinschnitten. Seit Jahrtausenden standen diese Giganten da, gestaltet und zerklüftet durch das Wasser.

Bis an den Dorfrand drängte sich der Wald, dunkle Tannen, die im nachmittäglichen Sonnenschein glitzerten. Die Wiesen hell-

grün, wie sie im Herbst manchmal wurden. Uralte Häuser, hin-
geduckt in jede Senke, die sich bot, riesige Häuser, das waren ja
Festungen. Von Lorenzo wusste sie, dass in ein Dolomitenhaus
alles hineinpassen musste, was man einen langen Winter über
brauchte. Vorräte für die Menschen, Futter für die Tiere und
Brennholz. Manchmal war ein Haus wochenlang eingeschneit.
Dann blieben sie drinnen und warteten auf den Frühling, der
in dieser Höhe erst im Mai kam. Vorgelehnt saß Sofia da und
schaute.

»Wegen vorhin – « Lorenzo hatte eine ganze Weile nicht gesprochen.

»Ja?«

»Ich habe das nicht … Dass ich dich vorhin … Das war dumm
von mir.«

»Das war es nicht«, antwortete sie freundlich. »Das war nicht
dumm.«

»Ich möchte mich trotzdem entschuldigen.«

»Entschuldige dich nicht«, sagte sie mit bangem Herzen. Er
durfte den Kuss, diesen ersten Kuss, nicht zurücknehmen. »Lassen wir es einfach, wie es ist.«

Er dachte nach. »Einverstanden.«

Sie kamen an einem verwitterten Schild vorbei. *Zoldo Alto*
stand darauf. Sofia nickte dem Ortsschild zu. Dahinter stand ein
zweites Schild. Es verkündete, dass sich der Ort bis zu einer Höhe
von 3220 Metern erhob.

Ich bin im Himmel, dachte Sofia. So nahe war ich dem Himmel
noch nie.

20

Der Onkel auf dem Tisch

Es war nicht der Himmel, aber die Hölle war es auch nicht. Die Wahrheit lag dazwischen. Jemand war gestorben. Die Begräbnisfeierlichkeiten wurden vorbereitet. Sofia kam ausgerechnet an einem Tag nach Zoldo Alto, als ein Onkel Lorenzos aufgebahrt auf dem Tisch in der Stube lag. Man wollte der unbekannten Deutschen das Ritual der Trauer nicht zumuten. Man wollte die Deutsche nicht dabeihaben. Deutlicher als erwartet fühlte sie sich als Fremde.

»Am besten, du fährst gleich nach Venedig weiter.« Das Ereignis überforderte Lorenzo. Da die Stube von dem Toten besetzt wurde, führte er Sofia in einen ungeheizten Raum.

»Ich wollte ein paar Tage bleiben. Du hast gesagt, du zeigst mir dein Tal.«

»Du siehst doch … Es ist nicht die beste Zeit.«

»Ich störe bestimmt nicht.«

»Du bist hier … « Er vermied das Wort *fremd*. »Du kommst von außerhalb. Wenn meine Leute jemanden zu Grabe tragen, wollen sie unter sich sein.« Er erwartete, dass sie es verstand und sich den Verhältnissen fügte.

Sie verstand es, sie wollte sich auch rücksichtsvoll zeigen, aber hinauswerfen ließ sie sich nicht. Nach der mühsamen, zweitägigen Reise sollte sie nun nach Venedig abgeschoben werden?

»Ich bleibe bis übermorgen.«

»Hast du nicht gehört, was ich gesagt habe?«

So ratlos, wie er dastand, gefiel er ihr nicht. Es musste doch einen Weg geben, den Respekt vor dem Toten und den Respekt vor Sofia zu verbinden.

»Ich habe mein Hotel in Venedig erst für übermorgen gebucht.«

»Ich könnte dort anrufen und Bescheid geben … «

»Nein, Lorenzo«, entgegnete sie. »Ich bleibe bis übermorgen. Auf deine Einladung bin ich mitgekommen. Bitte benimm dich jetzt, wie man sich einem Gast gegenüber benimmt.«

Er verstummte und machte ein betretenes Gesicht. Sofia konnte nicht sagen, woher ihre plötzliche Klarheit, ihr Durchsetzungswillen kamen. Nur weil jemand gestorben war, ließ sie sich aus dem Tal der Eismacher nicht vertreiben.

»Ich bleibe und gehe in eine Pension.«

»Es gibt in Zoldo Alto keine Pension.«

Wortlos führte er sie in den ersten Stock, dort betraten sie einen großen Raum. Die Wände waren aus breiten, geschwärzten Balken. Bei jedem Schritt schwankte und knirschte der Dielenboden. Im Alkoven stand ein Bett. Ein mächtiges Fell lag darübergebreitet.

»Hier kannst du bleiben.«

»Wessen Zimmer ist das?«

»Es war die Werkstatt des Bruders meiner Großmutter. Als er krank wurde, wollte er das Zimmer nicht mehr verlassen. Nach seinem Tod haben wir alle Geräte hinausgeräumt.«

Sofia fielen die vielen Nägel in den Wänden auf, dort hatte das Werkzeug gehangen.

»Das Fenster nach Norden kannst du aufmachen.« Lorenzo zeigte es ihr. »Aber nie das kleine hier.«

»Was ist damit?« Sie stellte ihre Tasche ab.

»Es war ein Fehler.«

»Es sieht wie ein normales Fenster aus.«

»Es zeigt nach Westen. Du wirst im ganzen Dorf nirgends sonst ein Westfenster finden.« Der Nachmittag war fortgeschritten. Vor ihnen stand eine bleiche Herbstsonne. »Mein Großonkel wollte vor seinem Ende jeden Tag die Sonne untergehen sehen. Deshalb hat er diese Öffnung aus der Wand herausgeschnitten.«

»Und dann?«

»Beim nächsten Gewitter gab es einen gewaltigen Wasserschaden von hier bis in den Keller.« Lorenzo prüfte den festen Sitz der Riegel. »Jede Gefahr kommt bei uns aus Westen, Sturm, Regen, Hagel und Schneegestöber.« Er zeigte auf einen Birnbaum, der alt, aber nicht besonders hoch war. »Dieser Baum steht seit Ewigkeiten da. Er wächst nicht, weil er sich in einem fort gegen den Sturm stemmen muss.«

»Warum habt ihr das Fenster nicht wieder geschlossen?«

»Weil meine Leute abergläubisch sind. Sie wollen den verstorbenen Toto nicht ärgern.«

»Dein Großonkel hieß Toto?«, rief sie überrascht.

»Jetzt hast du es endlich erfahren.« Lorenzo klang nun offener, zugänglicher. »Mein VW-Bus hat früher Toto gehört. Als seine Augen immer schlechter wurden, hat er ihn mir geschenkt.« Lorenzo machte ein paar Schritte durch das Zimmer. »Bei uns sind die Toten nicht wirklich tot. Sie bleiben im Zoldotal und leben mit uns.«

Nun wurde Sofia doch ein wenig unheimlich zumute. Das Zimmer mit den rauchgeschwärzten Wänden, das verbotene Fenster, das Bärenfell auf dem Bett, sie überlegte, ob eine rasche Abreise in den hellen, freundlichen Süden dieser Atmosphäre nicht vorzuziehen wäre.

»Danke, dass ich bleiben kann«, sagte sie, gegen ihr Gefühl ankämpfend. »Ich werde euch nicht stören.«

»Du musst etwas essen.«

»Warum bringst du es mir nicht herauf?« Sie wollte es ihm leicht machen. Er war müde, hatte Hunderte Kilometer in dem klapperigen Bus hinter sich gelassen.

Sonderbarerweise gab er ihr die Hand. »Du hast recht, Sofia. Du sollst sie alle kennenlernen. Ich hole dich in einer Stunde.«

Sie sah sich um. »Wo gibt es hier ein Bad?«

»Ich habe befürchtet, dass du danach fragst«, antwortete er bekümmert. »Ein richtiges Bad haben wir nicht. Dort sind ein Krug und eine Schüssel. Wenn du aufs Klo musst …«

»Ja?« Sie befürchtete Schlimmes.

»Siehst du das Häuschen dort drüben?«

»Ihr müsst jedes Mal da hinaus? Was macht ihr im Winter?«

Nach all den finsteren Gesichtern, die Lorenzo zuletzt geschnitten hatte, schmunzelte er zum ersten Mal. »Selbst bei Eis und Schnee wird die Schneise zu diesem Haus immer freigehalten.« Er ließ sie allein.

Wenn Sofia sich das Val di Zoldo bisher vorgestellt hatte, dachte sie an eine wundersam abgeschiedene Welt. Nun erlebte sie die Wirklichkeit. Die Drei- und Viertausender, die das Tal umstanden, beschützen die Menschen zwar vor dem Lärm und der Rastlosigkeit da draußen, doch es drang auch nichts Neues zu ihnen herein. In diesem Tal waren die kandierten Birnen erfunden worden, die gerösteten Kastanien, das Speiseeis, Produkte, die durch die Not der Einwohner den Weg in ferne Länder gefunden hatten. Doch im Tal selbst hatte sich nichts geändert, seit Jahrzehnten, vielleicht seit Jahrhunderten nicht. Merkwürdigerweise erschien ihr Lorenzo anders als sonst. Als Münchner Unternehmer hatte sie ihn kennengelernt, als zwar verschlossenen, aber sympathischen Mann seiner Zeit. Bereits in den ersten Sunden ihres Aufenthalts erkannte sie: Wer aus dem Val di Zoldo kam, war anders als die Menschen im Norden. Langsam ließ sich Sofia auf das Bärenfell sinken.

Am Abend kamen die Trauerfrauen. Im Haus wurde gesungen, es war kein richtiger Gesang, eher eine Litanei. Die Phrasen wiederholten sich zu einem Singsang von Gebeten. Die Holzwände übertrugen alles so deutlich zu Sofia herauf, als stünden die Frauen im Zimmer. Sie bemühte sich, die Worte zu verstehen, es musste ein altes, liturgisches Italienisch sein.

Lorenzo trat ein, er trug einen schwarzen Anzug.

Sie erschrak. »Es tut mir leid, ich habe nichts Dunkles dabei. In Venedig, dachte ich, würde ich so etwas nicht brauchen.«

Er präsentierte ihr ein schwarzes Mantelkleid. »Wenn du das überziehen könntest – «

Sie schlüpfte hinein. Es war zu weit, hatte aber einen Gürtel. Wem mochte das Kleid gehören? Lorenzo war in seinen Dreißigern, Vater, Mutter und Geschwister mussten also noch leben. Wo waren sie? Der einzige Verwandte, von dem Sofia verlässlich wusste, war der aufgebahrte Mann einen Stock tiefer. Er lag nicht in seinem Sarg. Im Sonntagsanzug, umgeben von Blumen und Kerzen, war er auf den Tisch gebettet worden.

Sofia raffte das schwarze Mantelkleid enger, trat über die Schwelle und folgte Lorenzo, um seine Familie zu begrüßen.

21

Rhabarber

Wien, Sommer 1913

»Sie verwehren den Gelatieri den Gewerbeschein.« Tonino blickte durch seine Auslage ins Freie.

Die gesamte Familie Battaglia bemühte sich, den Ansturm zu bewältigen. Es war Sommer in Wien und was für ein herrlicher Sommer! Seit Wochen stand kein Wölkchen am Himmel. Es schien, als wollte Gott, dass jeder Wiener und jede Wienerin ein Eis genießen sollten. Deshalb strömte die Wiener Bevölkerung auf die Tuchlauben. Denn das beste Eis, das war bekannt, gab es bei Battaglia. Das von Tancredi gemalte Ladenschild *Gefrorenes-Salon* sah nach mehreren Sommern bereits mitgenommen aus, aber sie hatten einfach keine Zeit, die Farbe aufzufrischen.

»Das verstehe ich nicht.« Apollonia kippte frisches Zitroneneis in den Behälter. »Auch wir sind Gelatieri. Und wir haben einen Gewerbeschein.«

»Wir waren aber die Ersten in Wien«, antwortete Tonino.

»Und warum beschäftigt dich das?«

»Weil das unsere Landsleute sind. Sie wollen hier ihr Glück machen, genau wie wir.« Tonino öffnete einem Familienvater die Tür, der, beladen mit fünf Eistüten, das Lokal verließ. »Die jungen Gelatieri erinnern mich daran, wie ich damals im Prater angefangen habe.«

»Du hast Salami verkauft. Das haben die Praterwirte gern gesehen.« Apollonia lief ins Hinterzimmer zur Eismaschine.

»Da liegt das Problem!«, rief er ihr nach. »Die neu angekommenen Italiener fahren mit ihren Eiswagen durch den Prater.«

»Wo liegt das Problem, Papa?«, fragte seine Tochter Giacinta, nachdem sie bei einer Dame abkassiert hatte.

»Durch meine Salami war ich als Partner der Praterwirte anerkannt. Die Eiswagen stellen eine Konkurrenz dar.«

Giacinta nahm ein neues Stanitzel vom Stapel, eine zur Tüte gedrehte Waffel. »Das musst du mir erklären.«

»Wer ein Eis gegessen hat, kauft sich danach keinen Apfelstrudel mehr, auch keine Powidltascherl und erst recht keine Marillenknödel. Das ärgert die Praterwirte.«

»Was können sie denn dagegen tun?«, fragte die jüngere Schwester Andrea.

»Zur Polizei gehen«, antwortete Apollonia, als sie mit dem neuen Eisbehälter zurückkam. »Die Polizei prüft den Gewerbeschein. Wenn der nicht in Ordnung ist, geht der Eisverkäufer im schlimmsten Fall ins Gefängnis.«

»Gut, dass wir das Problem nicht haben.« Giacinta bediente den nächsten Gast.

»Vielleicht haben wir es aber doch«, sagte Tonino leise.

»Wieso?« Apollonia hielt in der Arbeit inne.

Er stellte die Glasschale bereit, damit Andrea einen Eisbecher anrichten konnte. »Ich habe gehört, dass die alte Frau Demel beim Magistrat vorgesprochen hat.«

»Die feindselige alte Schachtel«, gab Apollonia zurück. »Dass jemand, der so bitter ist, sich Zuckerbäckerswitwe nennen darf! Was hat sie diesmal ausgeheckt?«

»Sie hat im Rathaus darauf hingewiesen, dass wir Battaglias die einzigen Ausländer auf den Tuchlauben sind, die einen Gewerbeschein besitzen. Sie wollte wissen, ob dieses Privileg nicht nur Österreichern vorbehalten sein sollte.«

»Das böse alte Reptil!«, zischte Apollonia. »Ich weiß, warum sie das tut: Demel erlebt mit seiner *Kardinalsschnitte* und seinen *Maronizwergen* in diesem Sommer einen gewaltigen Einbruch. Die Demel-Chefin will uns die Luft abdrehen.«

Tonino bedeutete seiner Frau, solche Dinge nicht vor den Wiener Kunden auszusprechen.

Apollonia kratzte den Behälter aus. »Man hätte uns längst aus Wien verjagt, wäre Seine Majestät nicht unser Kunde gewesen. Der Kaiser hat unser Erdbeereis gegessen.«

»Inoffiziell«, korrigierte Tonino. »Offiziell hat die Hofburg das dementiert.«

»Ganz Wien kennt die Wahrheit.« Sie wollte zurück ins Hinterzimmer.

»Was ist das?« Tonino zeigte auf die gerade eingefüllte Eismasse.

Ein Lächeln huschte über ihr schweißglänzendes Gesicht. »Probier es.«

Er kostete mit einem Löffel. »Das ... Das ist ... Das könnte – Rhabarbereis sein«, rief er überrascht.

»Rhabarber-Vanille«, präzisierte Apollonia.

»Und das hat Tancredi ...?«

»Er hat es heute erfunden«, antwortete sie stolz.

Tonino öffnete die Schranke, die hinter den Tresen führte und lief ins Hinterzimmer. »Du bist ein Meister, mein Junge, ein wahrer Meister bist du geworden!«

»Danke, Papa.« Tancredi stand auf einem Schemel und drehte das Kurbelrad. Sein Unterhemd war klitschnass.

»Wieso bist du allein? Wo sind deine Schwestern?«

»Ich habe gesagt, sie können Pause machen.« Tancredi kurbelte unausgesetzt.

»Das ist zu anstrengend für dich.« Sanft schubste der Vater ihn vom Schemel und drehte selbst.

»Es ist heiß, Papa. Du wirst deinen guten Anzug durchschwitzen.«

»Du sollst dich nicht überanstrengen.« Tonino legte den sommerlichen Gehrock ab.

»Wann wirst du endlich glauben, dass ich gesund bin?«

»Deshalb brauchst du nicht übermütig zu werden. Du bist in unserer Firma das Talent mit den neuen Ideen. Du erfindest Eissorten, die man in Wien noch nie gegessen hat. Die schwere Arbeit sollen andere machen.«

»Meine Schwestern?«, lachte Tancredi.

»Nächste Woche fängt der neue Lehrjunge an. Den letzten musste ich ja hinauswerfen.«

»Lass gut sein, Papa.« Tancredi nötigte ihn, den Schemel wieder zu verlassen. »Dieses Eis ist praktisch fertig. Danach mache ich eine Pause.«

Tonino schnalzte mit der Zunge. »Dein Rhabarbereis – ein Genuss.«

»Schmeckt es dir?«

Der Vater trat dicht an ihn heran. »Ich bin wahnsinnig stolz auf dich.«

»Danke, Papa.«

Ein inniger, ein irritierender Moment zwischen ihnen.

»Ich sehe mal, ob ich … deiner Mutter helfen kann.« Als Tonino in den Verkaufsraum zurückkam, standen die Wiener und Wienerinnen in dem kleinen Laden so dicht gedrängt, dass ein Kommen und Gehen kaum noch möglich war. Draußen auf den Tuchlauben rückte die Schlange langsam vor. Die Menschen standen im Sonnenschein, plauderten und freuten sich auf ihr Eis von Battaglia. Das Ende der Schlange war von hier aus nicht zu sehen.

~

Ein Lehrjunge, der hinausgeworfen worden war, suchte sich in den meisten Fällen eine neue Lehrstelle. Ein Wiener Lehrjunge, geboren in Ottakring, ein waschechter Wiener, der von einem Italiener gekündigt worden war, verwandelte sich in einen Racheengel. Der Lehrbursche hieß Kurt, und er hatte Gerüchte gehört. Kurt gedachte, sie zu seinen Gunsten auszunutzen.

Neulich hatte Kurt beobachtet, wie man einem jüdischen Juwelier auf dem Graben die Scheibe eingeworfen hatte. Juden sollten in der Innenstadt keine Geschäfte machen. Kurt hatte außerdem gehört, dass ein galizischer Bierbrauer, der seine prall gefüllte Brieftasche in der Eden-Bar freigiebig herumgezeigt hatte, überfallen und ausgeraubt worden war. Kurt stellte fest, dass solche Ereignisse mit seinen eigenen Gefühlen Ausländern gegenüber in Einklang standen. Das brachte ihn auf eine Idee.

Vom Eissalon Battaglia waren es nur wenige Schritte bis zum Graben. Von dort lief Kurt auf den Kohlmarkt weiter. An dessen Ende, wo sich das Michaelertor als Eingang zur Hofburg erhob, trat Kurt beim k. u. k. Hofzuckerbäcker Demel ein. Man wollte den schmierigen Kerl zuerst nicht vorlassen, doch es gelang ihm, in die oberste Etage, bis zu Frau Emilie Demel vorzudringen, der nach dem Tod ihres Gatten das Demel-Imperium unterstand.

Kurt redete nicht lange um den heißen Brei herum. Er fragte die Witwe, was sie es sich kosten lassen würde, die Familie Battaglia zu ruinieren. Frau Demel reagierte erwartungsgemäß entrüstet: Nie würde sie sich zu solchen *Geschäftspraktiken* herablassen. Doch man konnte sich den Vorschlag des jungen Mannes ja wenigstens anhören.

Zwei Nächte später öffnete Kurt einen Riegel an der Hintertür des Eissalons und ließ zwei Männer ein, die trotz der Hitze dunkle Mäntel trugen. Unter den Mänteln zogen sie mit Petroleum gefüllte Kanister hervor.

In der Nacht vom 5. auf den 6. August 1913 brannte der Eissalon Battaglia vollkommen aus. Buchstäblich nichts blieb von den Gerätschaften, dem Geschirr, von den Möbeln und der Holztäfelung zurück. Als Tonino, von der Feuerwehr herbeigerufen, sein Geschäftslokal betrat, war nur noch die gusseiserne Kurbel, mit der Tancredi das Eis gerührt hatte, wiederzuerkennen. Tonino hob das Eisenrad aus der Asche, starrte es eine Weile an und brachte es in den verkohlten Raum, wo Stunden zuvor noch Speiseeis serviert worden war. Toninos Schuhe blieben auf dem Boden kleben. Eine Mischung aus geschmolzener Eismasse und Ruß hatte sich klebrig ausgebreitet.

Vor Jahren war durch Toninos Unachtsamkeit sein halbes Dorf in Flammen aufgegangen. Letzte Nacht hatte jemand seine Existenz durch Feuer zerstört. Der Gedanke wehte ihn an, ob das ausgleichende Gerechtigkeit gewesen sein könnte.

Ein Polizeikommissar fragte Tonino, ob er Anzeige erstatten wolle.

»Gegen wen?«, entgegnete er mit versteinerten Zügen. »Man will uns hier nicht haben. Das habe ich verstanden.«

Der Polizeikommissar war bestrebt, etwas Nettes zu dem erschütterten Mann zu sagen. »Ich habe Ihr Eis gern gegessen. Auch meiner Frau hat es geschmeckt.«

»Danke.« Tonino schüttelte dem Beamten die Hand, nahm das Kurbelrad und verließ die Tuchlauben. Als er über den Kohlmarkt ging, schenkte er der k. u. k. Hofzuckerbäckerei keinen Blick.

22

Ein Wunder Namens Thekla

»Ich bin zu jung«, widersprach Tancredi seinen Eltern.

»Nächstes Jahr wirst du volljährig, mein Sohn.«

»Die Wiener werden uns nie in Ruhe lassen«, entgegnete er.

Die Battaglias saßen über ihren Geschäftsbüchern, die sie gottlob nicht im Eissalon, sondern zu Hause aufbewahrt hatten. Apollonia und Tonino gingen die Zahlen durch und ihre gemeinsame Idee schien aufzugehen. Wie so oft war es Apollonias Idee gewesen, die sie Tonino so geschickt in den Mund legte, dass er sich als Urheber fühlte.

»Es stimmt, die Menschen hier sind hochnäsig und voller Vorurteile«, antwortete Tonino seinem Sohn. »Sie sehen sich uns als überlegen an.«

»Womit haben wir ihre angebliche Überlegenheit denn verletzt?« Der schmale Tancredi erhob die Stimme. »Wir haben etwas Wohlschmeckendes nach Wien gebracht, wir haben die Stadt bereichert. Und zum Dank brennen sie uns den Laden nieder?«

Tonino legte dem Jungen die Hand auf die Schulter. »Wir haben ihren Neid geweckt und uns auf eine Stufe mit den Wiener Konditoreien gestellt, die seit Jahrhunderten hier ansässig sind. Der Demel wurde 1786 gegründet.«

»Wien hat uns einen Denkzettel verpasst«, brachte Apollonia die Sache auf den Punkt. »Aber über uns Italiener wird gesagt, dass wir schlau und listig sind. Wir wollen unsere Schlauheit beweisen.«

Tonino übernahm das Wort. »Ich habe deine Mutter damals überredet, ein Geschäft auf den Tuchlauben zu eröffnen. Sie wäre lieber im 2. Bezirk geblieben. Nun hat man uns aus der Inneren Stadt hinausgeworfen, aber das bedeutet nicht, dass die Wiener unser Eis nicht lieben. Wir werden es ihnen auch weiterhin verkaufen. Indem wir bescheidener werden.«

Tonino, der Schmied, der Köhler, der in Transsilvanien Holzfäller geworden war und im Prater Salami verkauft hatte, war kein junger Mann mehr. Mit ein paar grauen Fäden hatte es begonnen, inzwischen hatte sein Haar die Farbe von Silber angenommen. Die Augen ließen von Jahr zu Jahr nach, er setzte die Brille kaum noch ab. Apollonia war etwas voller geworden, im Übrigen schien sie das Geheimnis ewiger Blüte zu kennen. Sie färbte ihr prächtiges langes Haar und nahm an, dass dies noch niemand bemerkt habe.

»Es wird von nun an in Wien nicht nur einen Eissalon Battaglia geben, sondern drei«, rief Tonino.

»Mama!« Tancredi hob die Hände. »Papa, mittlerweile sind Dutzende Italiener in die Stadt gezogen, die unser Geschäft imi-

tieren. Überall in Wien sieht man die Schilder: *Eissalon, Gefro-*
renes aus eigenem Betrieb, Gelato, manche nennen sich sogar *Eis-*
Konditorei.«

»Du hast recht.« Tonino machte ein verschmitztes Gesicht.
»Andererseits habe ich in der Zeitung gelesen, dass Wien seit vo-
rigem Jahr mehr als zwei Millionen Einwohner hat. Damit ist es
nach London, New York, Paris und Chicago die fünftgrößte Stadt
der Welt. Stellt euch das vor! Wir Battaglias aus Zoldo Alto, wo
in den besten Zeiten höchstens 100 Menschen lebten, bewohnen die fünftgrößte Stadt der Erde. Ich glaube also …« Er nahm
Apollonias Hand. »Ich glaube, dass es in dieser Stadt Platz für
drei Eissalons gibt, die den Namen Battaglia tragen.«

Tancredi blieb skeptisch, ließ sich den Plan seiner Eltern aber
erklären. Apollonia, Giacinta und Carla würden den früheren Salon in der Leopoldstadt unweit des Praters wiedereröffnen. Tonino, Andrea und Bianca sollten in die Josefstadt ziehen, einen
ruhigen Bürgerbezirk, in dem sie den ersten Eissalon überhaupt
eröffnen wollten. Für Tancredi hatte man ein elegantes Geschäftslokal in Hietzing gefunden, wo er ein Geschäft unter seinem eigenen Namen eröffnen sollte.

»Hietzing?«, fragte er wenig begeistert. »Das liegt außerhalb
der Stadt. Wer soll sich in Hietzing ein Eis kaufen?«

»Du solltest einen Blick auf den Stadtplan werfen«, schlug Tonino vor. »Was ist das größte Gebäude in Hietzing?«

Tancredi wusste nicht, was gemeint war.

»Das Schloss«, lachte der Vater. »Schloss Schönbrunn grenzt
direkt an Hietzing an.«

»Nur weil der Kaiser einmal ein Eis bei uns bestellt hat, heißt das noch nicht ...«

Apollonia hatte genug von dem ängstlichen Kleinmut ihres Jüngsten. »Basta. Kein Wort mehr. Du hörst jetzt zu. Im Schloss arbeiten 600 Angestellte. Manchmal versammelt sich der gesamte Wiener Hof dort draußen, das sind über 1000 Menschen. Die Staatsbesuche empfängt der Kaiser nicht in der Hofburg, sondern lieber in Schönbrunn. Erkennst du die Möglichkeiten, die sich dir bieten?«

»Ich soll einen Eissalon für den Wiener Hof hochziehen, ganz allein, während ihr euch mit meinen Schwestern zusammentut?«

»Ein guter Punkt«, antwortete Tonino. »Darüber haben wir auch schon nachgedacht.«

»Du brauchst einen Kompagnon«, schloss sich Apollonia an. »Es muss Österreicher sein, am besten von Adel. Dann wäre es sogar möglich, kaiserlicher Hoflieferant in Schönbrunn zu werden.«

Tancredi trat ans Fenster. Der Sommer war so schnell vergangen. Die Kastanien rollten ihre Blätter ein. Er überlegte, dass die Pläne seiner Eltern erst kommenden Frühling zu verwirklichen sein würden. Bis zum Frühling 1914 konnte noch viel geschehen. Zuerst würde die Familie wie jedes Jahr ihre Zelte in Wien abbrechen und nach Hause fahren. Vielleicht änderten seine Eltern während des Winters ihre Absichten. Doch insgeheim ahnte Tancredi, nicht die Ideen seiner Eltern ließen ihn zögern, sondern seine angeborene Angst. Er war kein typischer Battaglia, die den

Stier gern bei den Hörnern packten und kämpften, wenn sich ein Kampf lohnte. Selbst seine kleinste Schwester Carla besaß diesen Kampfgeist. In diesem Sinne war Tancredi aus der Art geschlagen. Das Klügste schien, den Winter abzuwarten.

»Ein österreichischer Kompagnon?«, fragte er mit Blick aus dem Fenster. »Das wäre eine Möglichkeit.«

~

Sie hieß Thekla und war das Hübscheste, was Tancredi in seinem Leben je zu Gesicht bekommen hatte. Bis zu diesem Nachmittag im März 1914 hatte er das Leben eher an sich vorbeifließen sehen. Er war Beobachter, kein Teilnehmer. Am 16. März 1914, einem Montag, sah er Thekla von Wagner zum ersten Mal.

Der Tag war frostig und nebelig, der Schneefall machte die Leute noch grimmiger. Eine Woche zuvor hatte es den Anschein gehabt, der Winter wolle sich verabschieden, die Sonne kam durch, im Volksgarten sprossen die Krokusse. Doch der Winter drehte den Wienern eine Nase. Mit Schnee und Eis kehrte er noch einmal zurück.

Für Tancredi brach der Frühling schon am 16. März an. Für ihn war es ein prachtvoller Tag. Er konnte sich an keinen herrlicheren erinnern. Thekla war die Schwester Hermann von Wagners, eines arroganten jungen Mannes, hinter dessen Protzertum Dummheit und Ignoranz steckten. Hermann sah sich selbst zu keinerlei Leistung fähig, da er jegliche Anstrengung scheute. Sein einziger Besitz bestand in dem Adelstitel, der seiner Familie im

18. Jahrhundert verliehen worden war, als ein Oberst Wagner in der Schlacht um Teltschitz Kaiserin Maria Theresia einen Dienst erwiesen hatten. Damals waren die Wagners in den Freiherrenstand erhoben worden, dem nach der Schlacht bei Piacenza die Erhebung zum Baron folgte.

Hermann von Wagner und Tancredi Battaglia stellten gemeinsam eine italienische Hand dar, die in einen österreichsichen Handschuh schlüpfen sollte. Baron Wagner wäre sich normalerweise zu gut gewesen, mit einem Italiener Geschäftsbeziehungen einzugehen, hätte ihm das Wasser nicht bis zum Hals gestanden. Der Baron war dem Spiel verfallen, dabei forderte er sein Glück gern heraus und hatte keines. Hermanns Eltern lebten auf ihrem Gut in Bliedersdorf und kontrollierten den Stand ihrer Konten so selten, dass Hermann einige Zeit ungestört seiner Leidenschaft frönen konnte. Als jedoch die Bank bei den Eltern vorstellig wurde, fand Hermann es schwierig, die katastrophale Lage hinreichend zu erklären. In seiner Not erinnerte er sich an das Angebot jenes schüchternen Italieners, das Hermann zunächst ausgeschlagen hatte, bis zu dem Tag, als er seinen alten Herrschaften in Bliedersdorf gegenüberstand.

»Ich habe mich zu einer Investition entschlossen«, log Hermann ins Blitzblaue.

»Wie willst du investieren, wenn du kein Kapital mehr hast?«, entgegnete der alte Baron, auf einem Auge blind und von Gichtanfällen geplagt.

»Ich habe es gewinnbringend angelegt.« Der pompöse junge Mann streckte den Bauch heraus und nahm die Position Spielbein-Standbein ein. »In einem Unternehmen, das in den nächsten Jahren florieren dürfte.«

Nachdem er seine Eltern in Grund und Boden geschwätzt hatte, kehrte Hermann nach Wien zurück und traf sich mit dem schwachbrüstigen Italiener.

»Sie haben angedeutet, dass für die Beteiligung an Ihrer Unternehmung kein Kapital von meiner Seite nötig wäre«, brachte er seine Hauptsorge auf den Punkt.

»So ist es, Herr Baron«, antwortete Tancredi höflich. »Die Finanzierung übernehmen ausschließlich meine Familie und ich.«

»Ich steuere nur den Namen von Wagner bei?«, vergewisserte sich Hermann. »Was habe ich in Ihrem Unternehmen zu tun?«

Sie saßen sich im Palmenhaus gegenüber, einem aus Glas und Stahl bestehenden Pavillon im Burggarten, unweit der Staatsoper. Das gedämpfte Gemurmel der Gäste, die sich zum Kaffee einfanden und zugleich das an- und abschwellende Geflatter großer Insekten umgab sie. An den offenen Teil des Palmenhauses schloss sich das *Schmetterlingshaus* an, ein beheizter, künstlicher Naturraum, in dem exotische Falter aus der ganzen Welt eine neue Heimat gefunden hatten. Manchmal erfasste die Kolonie eine kollektive Dynamik und Tausende Schmetterlinge flogen gleichzeitig auf.

»Nichts, Herr Baron«, antwortete Tancredi.

»Gar nichts? Wenn ich Teilhaber bin, muss ich doch irgendetwas machen. Ich brauche wenigstens ein Büro.«

»In einem Eissalon gibt es kein Büro.« Tancredi schilderte von Wagner die Pläne im Detail.

Hermann kam zu der Überzeugung, dass dieses Geschäft perfekt zu seiner derzeitigen finanziellen Lage passte.

»Ich will das gründlich überlegen, könnte mir aber vorstellen, dass wir zu einer Übereinkunft kommen werden.«

»Das würde mich freuen, Herr B…« Weiter kam Tancredi nicht. In diesem Moment betrat das Wunder seines Lebens das Palmenhaus.

Sie trug ein blaues Kostüm mit ebensolchem Pelzbesatz, eine Pelzmütze auf dem hellblonden Haar, dazu einen Muff, in dem sie ihre Hände warm hielt. Sie sah sich um, entdeckte den Baron und lief auf ihn zu.

Verwundert über das plötzliche Verstummen des Italieners drehte Hermann sich um. »Ach, da kommt mein Schwesterherz. – Zwischen uns ist ja nun alles besprochen, Battaglia, wir wollen uns daher verabschieden.« Hermann stand auf.

Vor ihm war Tancredi bereits hochgeschossen und blickte dem Wunder entgegen.

Da der Italiener keine Anstalten machte, zu gehen, fügte der Baron rasch hinzu: »Mir wäre es lieb, wenn Sie Thekla gegenüber nichts von unserer Abmachung erwähnten, zumindest, bis alles seine Ordnung hat.«

»Thekla«, wiederholte Tancredi, als spreche er den Namen eines entfernten Sternes aus.

Im selben Moment erwachten nebenan die Schmetterlinge. Sie flatterten wie toll geworden durch ihr Gehege und wurden so zum Sinnbild eines Prickelns, der Tancredi von Kopf bis Fuß erfasste.

»Meine Liebe, darf ich dir Herrn Battaglia vorstellen, der gerade gehen wollte.« Hermann hauchte dem Fräulein einen Kuss auf die Wange.

»Battaglia?«, fragte sie mit angenehmer Stimme.

Der Baron sah sich genötigt, die Vorstellung zu vervollständigen. »Das ist meine Schwester Thekla von Wagner.«

»Buona sera, Herr Battaglia«, sagte das Fräulein.

Als er ihr langsames, österreichisch gefärbtes Italienisch hörte, musste Tancredi schlucken. »Sie sprechen meine Sprache?«

»Es ist die Sprache Galileis, Leonardos und Dante Alighieris. Ich liebe Ihre Sprache.«

Thekla nahm die rechte Hand aus dem Muff. Sie trug keine Handschuhe.

Tancredi senkte den Mund über ihre zarte Hand und deutete einen Kuss an. »Buona sera, baronessa. È mio piacere.«

23

Besuch bei Onkel Max

Das Leben würde nie wieder sein, wie es gewesen war. Tancredi würde nie wieder derjenige sein, als der er sich 21 Jahre lang kannte. Er war verwandelt, war ein anderer geworden. Er genoss den neuen Zustand und bestaunte ihn zugleich. Zum ersten Mal fand er es möglich, sich selbst zu akzeptieren, und der Grund war, dass er liebte. In kürzester Zeit, einer Spanne, die sogar seine Eltern überraschte, zog Tancredi den *Gefrorenes-Eissalon Battaglia* in Hietzing hoch. Eine Zeile tiefer stand auf dem Ladenschild ein Hinweis auf die Modernität des Betriebs: *Eigene Erzeugung mit elektrischen Betrieb.*

Das Gewölbe, in dem er seine Maschinen und Vitrinen aufstellte, verströmte kaiserliche Pracht, da es ein aufgelassenes Kutschenhaus war, eine Außenstation des Schlosses.

Die gebildete Hietzinger Gesellschaft machte den jungen Battaglia darauf aufmerksam, dass er in diesem Fall den Dativ hätte benützen müssen. Korrekt sollte es heißen: *mit elektrischem Betrieb.* Tancredi war in erster Linie froh, die Kurbel der Eismaschine nicht mehr selbst drehen zu müssen, und antwortete seinen Kunden geistesgegenwärtig: »Das Unvollkommene ist das Italienische.«

Den Hietzinger Studienräten und Geheimratsgattinnen, den Kommerzienratswitwen und die süßen Wiener Mädeln, die bei diesen Familien in Dienst standen, gefiel der junge hübsche Eismacher. Sie kamen, um sein Eis zu naschen, aber nicht wenige machten Tancredi schöne Augen.

Er wusste kaum, wie ihm geschah. Er, der Schüchterne, ewig in sich Gekehrte, empfand plötzlich Freude an der Plauderei mit seinen Kunden. Tancredi fühlte sich sonnig, ja weltmännisch dabei.

Seine Eltern behielten recht. Der Eissalon in der Wiener Vorstadt wurde ein Erfolg. Einmal täglich rollte ein Fuhrwerk aus dem Schloss an. Ein Bedienter händigte Tancredi die Liste der Bestellungen aus. Sie enthielt die Wünsche von Erzherzoginnen, Gräfinnen und Comtessen, die in Schönbrunn zum Nachtisch Gefrorenes wünschten. Auch die Belegschaft des Schlosses bestellte Tancredis Eis. Er hatte alle Hände voll zu tun, mit der Produktion nachzukommen. Um das zu gewährleisten, stellten Tancredis Eltern ihm nun doch Carla, die Jüngste, zur Seite. Sie bediente die Kundschaft, Tancredi kreierte die Eissorten. Sooft er konnte, mischte er sich unter seine Gäste, denn er hoffte täglich auf den Besuch jener Frau, die ihn verwandelt hatte. Sie wiederzusehen, war sein Antrieb.

Ihr Bruder Hermann ließ sich seit Eröffnung des Salons kaum blicken, strich nur allwöchentlich seinen Anteil am Gewinn ein.

»Wie geht es übrigens Ihrer Schwester?«, fragte Tancredi während einer solchen Gelegenheit.

»Thekla? Keine Ahnung. Wir sehen uns selten.« Gewissenhaft zählte Hermann das Geld.

»Wohnen Sie nicht unter dem gleichen Dach?«

»Ich zusammen mit der Familie? Da sei Gott vor«, lachte Baron von Wagner. »Die Eltern leben auf dem Land, meine Schwester besitzt ein Haus in Auhof, und ich genieße meine Zimmerflucht auf dem Hohen Graben. Ich könnte nirgendwo anders leben als in der Inneren Stadt.«

»Auhof?«, hakte Tancredi nach. »Das liegt nicht weit von Schönbrunn entfernt.«

»Nicht weit?«, knurrte Hermann. »Eine halbe Weltreise ist es, bis man draußen ist.«

»Darf ich fragen, weshalb Ihr Fräulein Schwester an den Stadtrand gezogen ist?«

»Da steckt eine traurige Geschichte dahinter.«

»Traurig, Baron?«

Hermann war nicht bereit, einem Italiener gegenüber Familiengeheimnisse auszuplaudern. »Das tut nichts zur Sache. Was interessieren Sie sich überhaupt für meine Schwester?«

»Reine Höflichkeit, nichts weiter.«

Am nächsten Tag machte sich Tancredi mit einer wohlverpackten Portion Eis auf den Weg nach Auhof. Er wählte nicht die Bahn, sondern mietete einen Einspänner und führte selbst die Zügel. Tancredi trabte durch die Vororte Ober St. Veit und Unter St. Veit und ließ die Baumgartner Höhe rechts liegen.

Der Bezirk Auhof grenzte an den Lainzer Tiergarten, wo Naturliebhaber Wildtiere in freier Natur beobachten konnten. Den Vorort selbst durchzogen nur wenige Gassen. Tancredi sprang vom Wagen, kaufte in einer Trafik Tabak und erkundigte sich scheinbar nebenbei nach der Baronesse von Wagner. Wegen mangelnder Kundschaft gab ihm der Trafikant bereitwillig Auskunft. Minuten später bog Tancredi in den Hasensteig ein und hielt auf der Anhöhe vor einem Haus in Schönbrunner Gelb. Er stieg ab und bemühte sich umsonst, sein rasendes Herz zu beruhigen. In diesem Moment wäre umzudrehen noch möglich gewesen, doch er folgte seiner Hand, die sich der Glocke am Gartentor näherte und zog daran. Ein leises Klingeln ertönte.

Sie selbst tauchte am Fenster auf, Baronesse Thekla von Wagner. Sie runzelte die Brauen, doch plötzlich wurde ihr Ausdruck heiter. Sie öffnete die Tür des Wintergartens.

»Non mi sbagliavo?«, rief sie und kam ins Freie.

»Nein, Sie täuschen sich nicht, Baronesse, ich bin … «

»Ich weiß, wer Sie sind, Signore Battaglia.«

»Sie kennen mich noch? Es ist immerhin einige Wochen her.«

Sie fragte ihn auf Italienisch, was ihr die Ehre seines Besuchs verschaffe. Von nun redeten sie in Tancredis Muttersprache, was der Baronesse Vergnügen bereitete. Sie bat ihn herein, übergab sein Gastgeschenk einer Angestellten, die Tancredis Eiskreation im Salon servierte.

Die Sonne stand hoch über der Birke vor dem Wintergarten. Die Sonne stand über den Sanddornsträuchern. Die Sonne verschwand hinter dem wilden Wein, der sich an der Wand hochrankte. Tancredi vergaß, wie spät es war, er dachte nicht an Carla, die er im Geschäft allein gelassen hatte, ihn kümmerte nicht, dass das Rhabarbereis auszugehen drohte. Er sah nichts außer ihr, hörte nichts als ihre Stimme, lebte für nichts anderes als diesen Nachmittag.

»Ach du lieber Himmel!« Thekla wechselte so plötzlich ins Deutsche, dass Tancredi blinzelte, weil er aus dem Traum dieser Stunde gerissen wurde.

»Was haben Sie?«

»Ich sollte längst zu Onkel Max aufgebrochen sein.«

»Wer ist das?«

»Er hat durchgesetzt, und zwar gegen den Willen meiner Eltern, dass ich eine Ausbildung machen durfte. Dass ich mich ein Jahr lang in Italien aufhalten konnte, habe ich auch Onkel Max zu verdanken.«

»Dass Sie eine Ausbildung machen *durften*?«, entgegnete Tancredi. »Was sollte jemanden wie Sie daran hindern?«

Überrascht sah sie ihn an. »In meinen Kreisen lernen Frauen nur das, was sie später für die Ehe brauchen.«

»Und was ist das?«

»Ein bisschen Klavierspielen, ein bisschen literarische Bildung, um während der Konversation nicht stumm zu bleiben, ein bisschen Reiten, falls der Gatte ein Landjunker sein sollte. Das ist eigentlich schon alles.« Sie sprang auf. »Es tut mir leid, ich muss zur Baumgartner Höhe aufbrechen, bevor die Besuchszeit vorbei ist.«

»Ist Ihr Onkel im Krankenhaus?«

»In einem besonderen Krankenhaus. Ich will nicht unhöflich erscheinen, lieber Signore Battaglia, aber ich muss wirklich …«

»Gestatten Sie mir, Sie auf die Baumgartner Höhe zu bringen? Mein Wagen steht vor der Tür.«

Ein wenig huldvoll, ein wenig amüsiert sah sie ihn an. »Sie haben für die kurze Fahrt nach Auhof einen Wagen genommen?«

Er hielt ihrem Blick stand. »Damit das Eis nicht schmilzt.«

»Das Eis, so, ja, sicherlich.«

Er half Thekla in den Mantel, bestieg mit ihr die Droschke und schnalzte mit den Zügeln. Der Wallach setzte sich in Gang.

»Ihr Bruder sprach von einer *traurigen* Geschichte, weswegen Sie außerhalb der Stadtgrenze wohnen. Hat das mit Ihrem Onkel zu tun?«

»Maximilian war für mich wie ein Vater. Mit seiner Hilfe hätte ich Sprachen studieren, vielleicht sogar in Italien bleiben können.«

»Warum kam es nicht dazu?«

»Mein Onkel Max ist in eine tiefe See hinabgetaucht.«

Während sie über Hütteldorf und Penzing zum Krankenhaus auf der Baumgartner Höhe hochstrebten, erfuhr Tancredi, dass Theklas Lieblingsonkel nach dem Tod seiner Frau einen Selbstmordversuch unternommen hatte, worauf er nach den Wiener Gesundheitsgesetzen in eine Klinik für Geisteskranke eingewiesen worden war. Dort wurde sein Zustand aber noch schlimmer. Da er keine Möglichkeit mehr besaß, seinen Körper zu zerstören, zog er sich in seinen Geist zurück, wo ihn niemand mehr aufspüren konnte. Onkel Max erkannte keinen Menschen von früher wieder, bis auf Thekla. Sie war die Einzige, bei deren Anwesenheit er manchmal so etwas wie Freude oder Zufriedenheit zeigte.

Von einem Krankenhaus, in dem *Traurigkeit* behandelt wurde, hatte Tancredi noch nie gehört. In Belluno gab es ein Irrenhaus, doch wer dort einmal verschwand, den sah man nie wieder. Auch im Zoldotal existierten Traurigkeit und Menschen, denen die Schwermut wie eine Last auf dem Rücken saß, aber niemand dachte daran, sie deshalb zum Arzt zu schicken.

Während sie sich dem Tor der Krankenhaus-Stadt näherten, fiel Tancredi die Zeit ein, als sein Vater kaum noch vor die Tür gegangen war. Er hatte den Grund für Papas Traurigkeit nie verstanden und dachte an diese Monate mit Schaudern zurück. Was konnte es Schlimmeres geben, als wenn ein Vater für den Sohn nicht mehr *erreichbar* war? Bald darauf war Papa fortgezogen und als Salamiverkäufer zurückgekehrt. Von diesem Tag an war seine Traurigkeit verschwunden gewesen.

An der Einfahrt zeigte Thekla ihren Passierschein vor, sie betraten das Gelände. »Haben Sie Lust, meinen Onkel kennenzulernen?«

»Ich möchte mich nicht in Ihre Familienangelegenheiten ... «

»Tun Sie mir den Gefallen, Tancredi.« Thekla legte die Hand auf seinen Arm. »Onkel Max freut sich bestimmt.«

Sie hatte ihn beim Vornamen genannt, sie hatte ihn berührt. Gleich darauf traten sie in das kleine Zimmer, in dem ein weißhaariger Mann aufblickte, der Tancredi an einen zerzausten Vogel erinnerte.

»Onkel Max, ich habe dir jemanden mitgebracht«, sagte die Baronesse.

24

Paukenschlag

Wien, 1914

Nicht nur die Wagners tobten; beide Familien waren kategorisch dagegen. Die Battaglias machten ihrem Jüngsten klar, dass ihm eine solche Mesalliance für immer anhängen würde. Nach dieser Heirat sehe niemand in ihm mehr den erfolgreichen Geschäftsmann, der den Wiener Hof belieferte, alle mussten ihn für einen Emporkömmling halten, der sich in eine Adelsfamilie eingeschlichen hatte. Tancredis Gegenargumente klangen so romantisch und gefühlsbetont, dass Tonino und Apollonia nur die Augen verdrehten.

Thekla von Wagner brachte ihren Entschluss dagegen nüchtern und gefestigt vor.

»Ich heirate Tancredi so oder so«, sagte sie während des eilig einberufenen Familienrats in Bliedersdorf. »Am besten, ihr gewöhnt euch daran.«

»Du heiratest nicht ohne die Einwilligung deiner Eltern«,

ging der Baron dagegen. Wegen der unfassbaren Neuigkeit hatte er dem Portwein bereits ordentlich zugesprochen. Bevor er sich ein viertes Glas genehmigte, stellte die Baronin die Karaffe weg.

»Im Zweifelsfall werde ich das tun«, antwortete Thekla im Rittersaal Bliedersdorf.

»Deine Mitgift, deine Aussteuer, deine künftige Lebensgrundlage, alles würdest du in diesem Fall verlieren«, sagte die Baronin.

»Tancredi ist ein erfolgreicher Geschäftsmann. Er kann uns beide ernähren.«

»Ein Eismacher?« Die Mutter hob dramatisch die Hände. »Was er herstellt, ist das Unbeständigste, das man sich vorstellen kann. Es zerrinnt einem zwischen den Fingern.«

»Nein, Mama, es schmilzt im Mund. Tancredi verkauft süße Träume. Das ist etwas, wonach sich die Menschen immer sehnen werden.«

»Er ist Italiener«, brachte der Vater das entscheidende Argument vor.

»Ich liebe und bewundere die Italiener.«

»Er ist nicht von Stand, Thekla, nicht aus unseren Kreisen.«

»Wir schreiben das Jahr 1914, Papa. Die Dinge ändern sich so rasant, dass wir uns in unseren Burgen, mit unseren Privilegien noch die Augen reiben werden.«

Der Familienrat tagte zwei Stunden lang, danach verließ Thekla Bliedersdorf als vorläufig enterbte Tochter. Sie kehrte nach Hietzing zurück und berichtete Tancredi. Während des Gesprächs liefen sie durch die alten Gassen der Vorstadt.

Mittlerweile kannten die Hietzinger das junge Paar, das sich den Anschein gab, als seien sie nur gute Freunde. Aber man merkte es ihnen doch an, die Art, wie sie einander ansahen, wie sich eine Hand in die andere schob, sobald sie sich unbeobachtet fühlten. Und alle Hietzinger, ob Kommerzialrat oder Geheimratsgattin, Kohlenhändler oder die Blumenfrau hatten dieses wunderbare Gefühl auch einmal erlebt, das mit keinem zu vergleichen war, das man sich wieder und wieder wünschte, das von Herzeleid begleitet und von bürgerlichen Konventionen niedergehalten wurde. Die Liebe, ach ja, die wollte jeder einmal wieder spüren. Deshalb begegnete man der Baronesse und dem Eisverkäufer nicht mit Verachtung und Standesdünkeln, sondern beobachtete sie freundlich, liebevoll, als komme mit ihnen eine alte, längst vergessen geglaubte Melodie in das Leben der Hietzinger zurück.

Thekla und Tancredi waren katholisch und achteten die Sakramente. Am unverdächtigsten konnten sie sich beim Kirchgang treffen. Die Hietzinger Pfarrkirche war ein rankes Gebäude, gotisch angehauchte Zuckerbäckerarchitektur. Zusammen mit den anderen Gläubigen traten Tancredi und Thekla ein. Vor dem Weihwasserbecken bekreuzigten sie sich und suchten Plätze in den hinteren Reihen. Sie sangen die Choräle, lauschten der Predigt und hielten einander dabei an den Händen. Schulter an Schulter saßen sie da, fühlten sich erhoben durch die Anwesenheit Gottes und des geliebten Menschen. Nachdem sie den Segen empfangen hatten, schlossen sie sich den übrigen Kirchgängern an, die im Schlosspark flanierten.

Doch der warme, selige Maitag des Jahres 1914, der das Versprechen des Sommers schon in sich trug, sah die beiden nicht spazieren gehen. Thekla und Tancredi wollten, sie konnten nicht länger warten. Sie waren sicher, dass ihr Gefühl alle Widerstände besiegen werde.

Der Park, 1705 angelegt und mehrmals verändert, bot dem Besucher Überraschungen. Es gab eine römische Ruine, den Fasangarten, die Gloriette, einen Tiroler Garten und den Najadenbrunnen. Die beiden verzehrten sich nacheinander, sie brauchten kein Wort zu sagen, sondern verschwanden zwischen den korinthischen Säulen der antiken Ruine. In der Nische einer römischen Gottheit fanden sie zueinander. Die Wasserspiele übertönten ihre zärtlichen Laute, das schwere Atmen, die Glut. Als sie wieder hervortraten, fühlten sie weder Reue noch Zweifel. Eng umschlungen wählten sie den Weg zum Tiergarten, von wo es nicht mehr weit zum Eiscafé Battaglia war.

Ihr Hochzeitstermin stellte das letzte Hindernis in eine von Liebe durchdrungene Zukunft dar. Nach den Minuten in der Nische des heidnischen Gottes erschien ihnen dieses Hindernis leicht überwindbar.

~

Man schrieb den 21. Juni 1914. Thekla war schwanger. Tancredi hatte eine heftige Auseinandersetzung mit Hermann von Wagner gehabt. Der Baron machte keinen Hehl aus seiner Verachtung für den Italiener und hatte Tancredi einen Goldgräber genannt, der es von Anfang an nur auf das Vermögen der Wagners abgesehen habe.

»Welches Vermögen?«, schleuderte ihm Tancredi entgegen. »Sie haben ja keines! Sie sind eine lächerliche, heruntergekommene Figur!«

Kein Adeliger der Donaumonarchie durfte eine solche Beleidigung auf sich sitzen lassen. Der einzig mögliche Schritt für den Ehrenmann war, Satisfaktion zu fordern. Doch als Italiener von niedrigem Stand galt Tancredi als nicht satisfaktionsfähig. Es wäre Hermann unmöglich gewesen, sich mit ihm zu duellieren.

Tancredis Beleidigung brachte den Baron aber derart aus der Fassung, dass er im Eissalon einen Stuhl ergriff und ihn auf Tancredis Kopf niederkrachen ließ. Aus einer Kopfwunde blutend brach er zusammen. Wäre Hermann gegen Tancredi zu einem zwar verbotenen, aber von den Adelskreisen geduldeten Duell angetreten, hätte er den Widersacher erschießen können und wäre praktisch ungeschoren davongekommen. Die Körperverletzung an einem unbescholtenen Geschäftsmann rief dagegen die Polizei auf den Plan.

Hietzing war eine Vorstadt, in der sich der Grundsatz, dass vor dem Gesetz alle Menschen gleich seien, durchgesetzt hatte. Der zuständige Polizeiassessor Griensteidl kannte als Jude außerdem das Problem, in Wien einer Minderheit anzugehören. Er ermittelte in der Angelegenheit vorurteilslos.

Tancredi trug einen Verband um den Kopf. Thekla spürte die ersten Anzeichen ihrer Schwangerschaft. Die Zeit drängte. Beide Familien standen der Vermählung ablehnend gegenüber. In dieser angespannten Situation traten Thekla und Tancredi zum zweiten Mal die Fahrt auf die Baumgartner Höhe an.

»Onkel Max scheint nichts mehr mitzubekommen«, gab Tancredi unterwegs zu bedenken. »Was immer du ihm letzthin gesagt hast, er reagierte kaum.« Er hielt die Zügel kurz, die Straße war kurvenreich.

»Onkel Max versteht genau, was ich sage. Er wird uns helfen.« Thekla lächelte in die blaue Juniluft. »Ich weiß, dass er uns hilft.«

Bei der Ankunft gab es zunächst ein Missverständnis. Wegen seines Kopfverbandes wurde angenommen, Tancredi komme als Patient und sollte auf die entsprechende Abteilung gebracht werden. Nachdem sich das aufgeklärt hatte, betraten sie zum zweiten Mal das Krankenhaus für geistige Erkrankungen.

Onkel Maximilian saß mit verschränkten Armen am Fenster. Thekla setzte sich zu ihm, Tancredi blieb stehen. Die Baronesse erklärte ihrem Onkel das Dilemma. Er hörte zu, ohne die geringste Regung zu zeigen. Nach einer halben Stunde stand sie auf und wandte sich zu Tancredi. Er konnte ihr die Enttäuschung ansehen, ihr Gesicht war ganz klein geworden.

»Es tut mir sehr leid«, sagte er, während er sie zur Tür führte.

»Ich spreche heute noch mit deinem Vater, meinem Bruder«, sagte eine feine Stimme hinter ihnen. Der Weißhaarige drehte sich um. Er wirkte immer noch wie ein verwirrter Vogel, aber in seinen Augen war plötzlich Leben. Ein eigentümlicher Glanz überzog sein Gesicht. »Ich weise meine Bank an, euch jede gewünschte Summe auszuzahlen.«

»Max ... lieber Onkel Max!« Thekla stürzte zurück, fiel auf die Knie und umarmte den kleinen Mann. Sie weinte.

»Nicht, aber nicht doch.« Maximilian streichelte ihr Haar. »Ihr werdet eine wunderschöne Hochzeit feiern. Sehr wahrscheinlich erlauben mir die Ärzte nicht, dabei zu sein. Aber du wirst mir später alles genau erzählen.«

»Onkel Max ...«, flüsterte sie. »Ich danke dir.«

Am 28. Juni kam das frischvermählte Paar aus dem Hietzinger Standesamt. Die kirchliche Trauung sollte zwei Tage später folgen. Tonino, Apollonia und die vier Schwestern waren erschienen. Die Wagners zeigten sich nicht, hatten aber widerwillig ihre Einwilligung gegeben. Thekla und Tancredi waren Mann und Frau.

Eine Stunde später erschoss ein serbischer Separatist in Sarajewo den österreichischen Thronfolger, Erzherzog Franz Ferdinand und dessen Gattin. Das Geschrei der Zeitungsverkäufer mit ihren Extrablättern erfüllte noch die Wiener Straßen, als der deutsche Kaiser dem österreichischen per Telegramm die Unterstützung des deutschen Reiches zusicherte.

Thekla und Tancredi waren Mann und Frau.

Österreichs Ultimatum an Serbien wurde so aggressiv abgefasst, dass die serbische Regierung es nur ablehnen konnte. Die Österreicher an den Hebeln der Macht hofften auf Krieg. In den kommenden Tagen, als die Welt darauf wartete, wie sich der greise Kaiser entscheiden würde, war die Entscheidung insgeheim schon gefallen: Der Krieg sollte der maroden Monarchie ein reinigendes Gewitter bescheren.

Franz Joseph I. zögerte mit dem Schlag gegen Serbien, da er die dicht verästelte europäische Bündnispolitik kannte. Neben Deutschland boten Bulgarien, Rumänien und die Türkei ihre Loyalität an, falls Österreich Serbien eine Lektion erteilen würde. Das Manifest des Kaisers ließ trotzdem noch einen Monat auf sich warten.

Sobald Österreich Serbien angriff, würde Russland seinem Verbündeten zu Hilfe kommen. Die Russen hatten sich in den letzten Jahren an Frankreich angenähert, darin lag der eigentliche Grund für die Kriegslust des deutschen Kaisers. Wilhelm II. gedachte die russische Armee, die irgendwo in den Tiefen des Riesenreiches stand, in kürzester Zeit zu erledigen. Danach wollte er sich gegen Frankreich werfen. Franzosen und Russen standen wiederum mit England in enger Verbindung, was eine Gefahr zur See bedeutete. Die Briten besaßen die Hoheit auf den Weltmeeren.

Die unheilvolle Entwicklung trat fast ohne das Zutun von Regenten, Regierungen und ganz gewiss ohne das Zutun der Völker ein. Alles vollzog sich in der Art von fallenden Dominosteinen, es geschah beängstigend schnell. Krieg in Serbien, Mobilmachung in Russland, Aufrüstung in Deutschland.

Von Anfang an zweifelten die Österreicher an der Haltung Italiens als Bündnispartner. Von den windigen Italienern durfte man nichts Gutes erwarten. Das Leben der Italiener in Wien veränderte sich radikal. Und doch waren Tancredi und Thekla Mann und Frau.

25

Das Labyrinth

Venedig, 1966

Alle nannten das Mädchen nur Pippa. Sie trug eine Jacke mit vielen Taschen, warf ihr langes Haar aus der Stirn und bestellte in der Bar einen Capuccino. Über dem Spielautomaten hing eine Uhr. Wann würde sich Pippas Partner endlich angewöhnen, pünktlich zur Arbeit zu erscheinen? Der Morgen war in Venedig die beste Geschäftszeit, wenn die neugierigen Touristen aus ihren Hotels auftauchten und durch die Stadt zogen.

Ach, dort kam Pippo ja endlich! Bernsteinaugen, kurzes Haar und braune Haut, Pippo mit den kräftigen Armen und den schnellen Beinen. Missmutig schlurfte er auf Pippa zu. Er hatte noch dieselben Sachen an wie tags zuvor. In ihrer Branche spielte ein vertrauenerweckendes Äußeres eine wichtige Rolle. Pippo achtete zu wenig auf sich, fand sie. Er angelte sich ein Brioche aus der Vitrine und machte der Donna ein Zeichen, dass er einen Kaffee wolle, so hoch wie ein Haus.

»Hast du wieder in deinen Klamotten geschlafen?«, fragte Pippa.

Er lümmelte sich auf die Ellbogen. Sprechen am frühen Morgen war für ihn ein Gräuel. Pippa dagegen quasselte morgens in einem fort. Er biss in das Hörnchen. Die Donna brachte den Kaffee.

»Lass uns loslegen.« Sie bezahlte.

»Kann ich wenigstens austrinken?«

»Es gibt bald Regen.« Sie sprang vom Hocker. »Bei schlechtem Wetter verschwindet die Kundschaft von der Straße. Dann sind wir arbeitslos.«

Sie versuchten ihr Glück im Viertel Canareggio, auf der Fondamenta Pescheria, wo die Hotels dicht an dicht lagen. Vaporettos und Wassertaxis brachten neue Gäste oder holten Touristen zu den Tagestouren ab. Die Vorsichtigeren unter ihnen hatten Regenjacken übergeworfen. Unauffällig bewegten sich Pippo und Pippa zwischen den *Clandestini.*

Clandestino bedeutete *blinder Passagier,* und genauso benahmen sich die Venedigtouristen. Blind waren sie für das, was rund um sie geschah, stattdessen reckten sie die Hälse zu den Kirchen empor und starrten die vom sauren Regen zerfressenen Heiligenfiguren an. Sie richteten ihre Fotoapparate überallhin; jedes Bild war der Beweis: Sie hatten Urlaub in Venedig gemacht.

»Machen wir Liebespaar?«, fragte Pippo.

»Einverstanden. Liebespaar.«

Pippa schmiegte sich an ihn, er legte den Arm um ihre Schulter. Umschlungen schlenderten sie die Promenade hinunter. Mit den

Augen machte er Pippa aufmerksam: Dort trug ein Mann seinen Rucksack lose umgehängt. Sie schüttelte den Kopf und zeigte auf dessen billige Kleidung. Bei dem war nichts zu holen.

Ein Motorboot brauste vorbei. Die Leute sprangen zur Seite, kriegten aber trotzdem Spritzer ab.

»Verdammt noch mal«, hört Pippo eine Frauenstimme. Blondes Haar, Regenjacke, flache Schuhe. Sie trug ihre Tasche über der Schulter. Er brauchte Pippa nicht anzustoßen, sie hatte das richtige Opfer schon bemerkt.

»Eine Deutsche«, raunte sie. »Die Deutschen sind die Besten.«

Er ließ Pippas Hand los und bog in die nächste Gasse ein. Sie dagegen blieb an der blonden Frau dran. Er überquerte den Platz, wechselte die Richtung und lief der Deutschen von der anderen Seite entgegen. Rechts lag der Kanal, dort gab es kein Ausweichen. Hinter ihr tauchte Pippa auf. Die Blonde blieb vor einem Schuhgeschäft stehen. In diesem Moment entdeckte sie Pippo in der spiegelnden Schaufensterscheibe.

»Hübsche Schuhe«, sagte er. Sie antwortete nicht. »Gerade erst angekommen?«

Die Blonde drehte ihm den Rücken zu. Wahrscheinlich verstand sie kein Italienisch.

»Kommen Sie aus Deutschland?«, lautete einer von zwei Sätzen, die er auf Deutsch beherrschte. Pippo stand so dicht hinter ihr, dass er ihr Shampoo roch.

»Lassen Sie mich in Ruhe. Ich kaufe nichts«, antwortete sie in fließendem Italienisch.

»Oh, Sie sprechen … «

Sie drehte sich langsam um. »Haben Sie mich nicht verstanden?«

Gleichzeitig näherte sich Pippa im Rücken der Deutschen. Schreiende Kinder liefen vorbei. Das war der beste Moment. Pippas Hand verschwand in Sofias Umhängetasche und tauchte mit einem Ding aus Leder wieder auf. Sie versenkte es in ihrer Jacke, lief weiter und verschwand zwischen den Kindern.

Pippo nickte der Blonden zu. »Schönen Urlaub noch.« Das war sein zweiter deutscher Satz.

Zweimal zogen Pippo und Pippa an diesem Tag noch los. Einmal lief er einer Reisegruppe zwischen die Beine. Die Leute schnauzten ihn an. Während er um Entschuldigung bat, machte Pippa seelenruhig Beute.

Wenig später streckte Pippo einer fülligen Dame seine Hand entgegen. »Nur ein paar Lira, Madame. Ich habe heute noch nichts gegessen.«

Die Touristin lächelte mitleidig.

»100 Lira, Madame, damit ich mir etwas zu essen kaufen kann.«

Währenddessen waren Pippas Hände unglaublich flink. Wie ein Hauch glitten ihre Finger in die Tasche der fülligen Dame. Die hatte ein weiches Herz und wollte Pippo ein paar Münzen geben – ausgerechnet aus dem Beutel, der ihr gestohlen worden war. Jetzt hieß es, die Beine in die Hand nehmen. Pippa schlüpfte zwischen den Passanten durch, erreichte die nächste Brücke und verschwand im Trubel.

Auch Pippo rannte. Hinter sich hörte er die Schreie der Frau. Touristen drehten sich um. Jemand sprang ihm in den Weg. Pippo schlug einen Haken in den Torbogen, der zur Calle Franchi führte und dort am Wasser endete. Im nächsten Moment war er wie vom Erdboden verschluckt. Pippo kannte alle Häuser, durch die man unbemerkt in eine andere Gasse wechseln konnte, auch die privaten Bootsstege, von denen ein Sprung ihn ans andere Ufer brachte, die Gesimse auf denen er entlangbalancierte, die geheimen Fährten durch die Eingeweide der Lagunenstadt.

In den Reiseführern hieß es, Venedig sei ein verwunschenes Paradies. In Wahrheit war Venedig ein Labyrinth. Darum war Venedig ein Paradies für Taschendiebe.

~

Lorenzo hatte Sofia gewarnt, die Leute in Venedig wollten einem ständig etwas verkaufen. »*Lasciami in pace. Non compro niente*«, lautete der Satz für eine klare Abwehr. Leider war der Satz wirkungslos gewesen. Sofia hatte nicht einmal bemerkt, dass sie beraubt worden war. Nachdem sie einen Kaffee bestellt hatte und bezahlen wollte, war ihr heiß und kalt geworden. Sie hatte es nicht glauben wollen und hektisch in ihrer Tasche gekramt. Das Ergebnis blieb das Gleiche.

Der nette Barista hatte sie auf den Kaffee eingeladen und ihr den Weg zur Polizia di Stato oder zu den Carabinieri erklärt. Sofia verstand nicht, wieso es die Polizei in Venedig zweimal gab. Der Kaffeehausbesitzer bot an, die Carabinieri zu rufen, aber Sofia wurde die allgemeine Aufmerksamkeit um ihre Person zu viel. Statt ihre Wut gegen den Dieb zu richten, wandte sie sich gegen sich selbst: Wie hatte sie nur so dämlich sein können, auf den ältesten Trick der Welt hereinzufallen?

Sie folgte ihrem Stadtplan, auf dem die Polizeiwache eingezeichnet war, stellte aber bald fest, dass sich die Stadt gegen den Plan verweigerte. Laut Karte musste Sofia sich rechts halten, um auf den Canale Grande zu stoßen. Dort würde sie bis zur Rialtobrücke laufen, wo die Carabinieri ihren Sitz hatten. Doch wie aus dem Nichts tauchten Brücken auf, die dort nicht sein sollten. Ganze Häuer standen in Sofias Weg. Romantische Plätze erwiesen sich als Sackgassen. An einem dieser toten Enden setzte sie sich auf einen Brunnenrand und weinte. Sie musste jetzt erst mal losheulen, danach würde man weitersehen.

Auf ihren Irrwegen durch das Labyrinth hatte sie mehrmals den Wunsch in sich niedergerungen, Lorenzo zu benachrichtigen. Fest stand, sie wollte mit dieser Krise allein zurechtkommen! Wie schlimm war ihre Krise? Sofia besaß weder Geld noch Papiere. Ihre Italienischkenntnisse, mit deren Hilfe sie das versteckt gelegene Hotel gefunden und ihre erste Mahlzeit bestellt hatte, erwiesen sich in der neuen Situation als unzureichend. Sie hatte noch nicht gefrühstückt, weil sie in der Stadt etwas essen wollte. Der Hunger wurde zum Problem. Außer dem Kaffee hatte sie nichts getrunken. Ihr Hotel befand sich auf der anderen Seite der Insel. Auch dort hätte sie Geld gebraucht.

Während sie am Brunnenrand ihren Tränen freien Lauf ließ, fragte sie sich, warum sie nicht am letzten Tag ihres Aufenthalts beraubt worden war. »Mir passiert so etwas natürlich am Tag Nummer zwei.« Sofia putzte ihre Nase und fasste einen Entschluss. »Ich werde Lorenzo nicht anrufen. Ich habe seine Nummer, aber ich rufe ihn nicht an.«

Erschöpft kam sie auf die Beine und setzte ihre Suche nach den Carabinieri fort.

~

Langsam löste sich das Schiff vom Ufer und kehrte seinen Bug der Lagune zu. Der Himmel war grau, der Wind feucht. Sofia betrachtete die Flocken von Kohlenstaub, die der Dampfer an Land zurückschickte, sie waren gedunsen von Nässe.

Nach einer Stunde spannte man vor dem Hotel beim Dogenpalast ein Segeldach auf, da es zu regnen begann. Sofia fror in den dünnen Schuhen. Meer und Luft blieben trüb und bleiern, der Regen wurde nebelhaft. Immer noch richtete Sofia den Blick ins Weite.

Unter der trüben Kuppel des Himmels dehnte sich die Scheibe des Meeres. In dem leeren, ungegliederten Raum fehlte dem Sinn jedes Maß von Zeit. Sofia hätte nicht sagen können, ob sie erst ein paar Stunden oder schon Tage hier saß. Es war ein Dahindämmern im Unerklärlichen.

In diesem zeitlosen Zustand begriff sie die Bedeutung, vielleicht den Mythos Venedigs zum ersten Mal. La Serenissima war erfüllt von schattenhaft sonderbaren Gestalten. Frierend fühlte sich Sofia dennoch frei und leicht, beinahe wunschlos.

Ohne Vorankündigung ging ein Riss durch den Himmel. Der Nebel verzog sich in wenigen Sekunden. Zur Rechten tauchte die flache Küste auf. Fischerboote belebten das Meer. Sollte das dort die Bäderinsel sein? Auch in der unmittelbaren Umgebung Sofias wurden die Erscheinungen greifbar. Der Kanal von San Marco, erstaunlichster Landeplatz der Welt, tauchte auf. Die leichte Herrlichkeit. Die Säulen mit dem Löwen und dem Heiligen, die die Republik Venedig jedem Seefahrer als Zeichen ihrer Macht entgegenstellte. Auf der anderen Seite der prunkvolle Märchen-palast, der Torweg, die Riesenuhr – Sofia konnte sich an dieser einmaligen Komposition kaum sattsehen. In diesen Minuten, aus denen Stunden wurden, erlebte sie ihr Venedig.

26

Das lachende Tal

Sechs Stunden, nachdem er Sofias Nachricht erhalten hatte, erreichte Lorenzo Venedig. Der Schnee kam früh dieses Jahr, die Straßenlage wurde unbeständiger, daher brachte ihn nicht der altersschwache VW-Bus aus den Dolomiten in die Lagune, sondern der Geländewagen eines Cousins. Lorenzo ließ den Wagen auf dem Parkplatz am Festland stehen und fuhr mit dem Zug weiter. Vom Bahnhof nahm er den Vaporetto. Er stieg in San Marco Zaccaria aus, um dem Touristenstrom auszuweichen.

Lorenzo fand Sofia in einer Nische am Fuße des Campanile. Dort saß sie seit Stunden, ihre Tasche auf dem Schoß. Mit einem sonderbaren Lächeln schaute sie aufs Wasser. Sie begrüßte Lorenzo mit einer Selbstverständlichkeit, als sei es nicht zu ändern, dass er ihr immer wieder aus der Patsche helfen musste. Die bestohlene Sofia schien mit der Lage ihren Frieden gemacht zu haben. Ohne weitere Ankündigung gab sie Lorenzo ihren Entschluss bekannt.

Er war mehr als überrascht. »Aber das ist der Urlaub, auf den du dich so lange gefreut hast. Du bist in der Stadt, die du immer sehen wolltest.«

Mittlerweile saßen sie im Warmen. Noch während Sofia ihre Spaghetti aß, wurde schon die Pizza serviert.

»Der Traum war hundertmal schöner als die Wirklichkeit«, sagte sie zwischen zwei Bissen.

»Dir gefällt Venedig nicht?« Er deutete an, dass sie Tomatensoße am Kinn hatte.

»Man sieht diese Stadt vor Menschen nicht.« Sie benützte die Serviette. »Es sind viel zu viele Menschen in Venedig.« Sie rollte die Nudeln mit der Gabel auf. »Trotzdem hatte ich ein paar schöne Stunden.«

»Wann?«

»Vorhin.«

»Als du beraubt worden bist?«

»Danach. Auf der Piazza San Marco. Mein Geld, meine Papiere, alles war weg. Auf der Polizei haben sie mir einen Zettel gegeben, darauf standen die Ämter, an die ich mich wenden könnte.« Kauend sah sie ihn an. »Ich wollte dich nicht anrufen.«

»Wieso nicht?«

»Ich habe auch meinen Stolz. Du hast mich vor Taschendieben gewarnt. Trotzdem bin ich wie ein bayerischer Bauerntrampel in die erstbeste Falle getappt.«

»Das war eben Pech.«

»Manche Leute besitzen ein Talent fürs Pech. Im Übrigen hatte die Polizei kein besonderes Interesse an meinem Fall, er ist zu alltäglich. Die Uniformmützen der Carabinieri haben mich beeindruckt. Die tragen eine Bombe als Emblem.« Sie schob den leeren Teller beiseite.

»Es ist eine Granate.« Staunend beobachtete er, wie sie ohne Unterbrechung mit der Pizza weitermachte. »Noch einen Schluck Wein?«

»Warum nicht?« Sie sah ihm beim Eingießen zu. »Eine explodierende Granate?«

»Die Carabinieri wurden ursprünglich nicht als Polizeieinheit, sondern als Heeresgattung gegründet. Das Emblem bezeichnet die Grenadiere. Die frühen Carabinieri trugen echte Granaten am Gürtel.«

Sie trank einen kräftigen Schluck.

»Du wolltest über deine Stunden in Venedig erzählen.«

»Nachdem wir telefoniert hatten, konnte ich nichts mehr tun. Ich habe mich auf den Markusplatz gesetzt und miterlebt, wie sich Venedig mehrmals verwandelt hat, im Nebel, in der Stille. Ich habe stillgehalten. Und Venedig hat das auch getan. Das war sehr schön.«

»Warum bleibst du dann nicht hier?«

Sie zog hektisch die Luft ein.

»Was ist?«

»Das ist so wahnsinnig scharf!«

»Du hast *Pizza Diavolo* bestellt.« Er nahm die scharfen Salamiblätter und die heimtückischen Peperonchini von der Pizza. »Versuch es jetzt mal.«

Sofia trank ihr Glas leer. »Lass uns nach Hause fahren, Lorenzo.«

»Nach München?«, rief er erschrocken.

Sie lächelte. »Nein. Ich habe noch über zwei Wochen Urlaub. Ich würde sehr gern wieder in dein Tal fahren. In die Einsamkeit.«

Ihr Vorschlag irritierte ihn. »Ich hatte den Eindruck, die zwei Tage dort ... waren nicht besonders schön für dich.«

»Alles war mir fremd, das gebe ich zu. Aber ich glaube, diesmal gefällt es mir besser.«

Etwas in Lorenzo sträubte sich gegen ihren Vorschlag. »Und Venedig?«

»Das überlassen wir den anderen.« Sie zeigte aus dem Fenster. Draußen schoben sich die Menschenmassen über den Platz. »Es sind ja genug von ihnen da.«

Er senkte den Blick. »Ich weiß nicht. Meine Leute ...« Er wusste nicht, wie er es sagen sollte. »Die Leute bei uns ... Wir sind Einsiedler. Das Val di Zoldo ist keine Tourismusregion. Zu uns kommen nur selten Fremde.«

Sie beugte sich so weit über den Tisch, dass er sie ansehen musste. »Es ist selbstsüchtig von mir, mich einfach bei dir einzuladen. Aber ohne Geld und Papiere kann ich nicht bleiben. Hab keine Angst, Lorenzo. Wenn es nicht gut geht, falle ich dir nicht zur Last. Dann nehme ich den nächsten Zug nach München.«

»Ich wollte doch ... dass du einen unvergesslichen Urlaub hast.«

Sie prustete lachend heraus. »Unvergesslich? Oh ja! Nie werde ich diese Tage vergessen. Wir sind vom Regen in den Schnee gekommen. Ein Ochsenkarren hat uns über den Berg geschleppt. Ein toter Mann hat auf deinem Tisch gelegen. Frauen in Schwarz haben die ganze Nacht gesungen. Kaum in Venedig angekommen, wurde ich beraubt. Und als krönenden Höhepunkt bestelle ich eine Pizza, bei der man die Feuerwehr rufen müsste.« Sofia lachte immer herzlicher. »Wie viel unvergesslicher könnte mein Urlaub noch werden?«

Sie steckte ihn damit an. »Du hast recht.« Er sah sich nach dem Kellner um. »Willst du noch aufessen?«

Sie fächelte ihrem Mund Kühlung zu und goss sich Wein nach. »Ich bin fertig.«

»Es ist ziemlich umständlich, zum Auto zu gelangen. Erst das Boot, dann der Zug.«

»Mir ist alles recht, wenn ich nur hier rauskomme.« Sie legte die Hand auf seinen Arm. »Danke, Lorenzo.«

Als er Stunden später die ersten Serpentinen nahm, die zu den Bergriesen hinaufführten, war es längst dunkel. Er warf einen Blick zu Sofia. Sie schlief. Der Wein hatte ihr gutgetan, ihre Wangen leuchteten. Friedlich sah sie aus. Auch Lorenzo wurde behaglich zumute. Es war noch ein weiter Weg, aber er freute sich, heimzukommen.

~

Val di Zoldo, der nächste Tag

Diesmal bewohnte Sofia nicht das unheimliche Zimmer im Obergeschoss, mit dem *bösen* Fenster zur Wetterseite. Lorenzo brachte sie in einem hübschen Raum neben der Stube unter. Er hatte Fenster Richtung Süden, mit Blick auf einen Apfelbaum. Es gab ein schmales Bett, einen Tisch mit vielen Kerben vom Speckschneiden, einen harten Stuhl und ein Bücherregal. Genau genommen verfügte Sofias Zimmer über vier Fenster. Da die dünnen Glasscheiben aus dem vorigen Jahrhundert der Kälte nicht gewachsen waren, setzte man nach alter Tradition in der frostigen Jahreszeit zusätzlich *Außenfenster* ein, Holzrahmen mit mehreren kleinen Scheiben. Zur Zeit, als das Haus gebaut worden war, galt Glas als kostbares Gut. Falls eine der kleinen Scheiben brach, war das weniger schlimm. Die Rahmen wurden von außen in die Fensterstöcke eingesetzt und innen mittels Haken verankert.

Als Sofia aus Zoldo Alto nach Venedig aufgebrochen war, hatte im Dorf noch niemand die Winterfenster montiert. Zwei Tage später war die kalte Jahreszeit offiziell eröffnet worden. Kalt? In der Stube verströmte der Kachelofen seine gute, freundliche Wärme, die sich im Haus verteilte.

Unterschiedlicher hätte eine Ankunft nicht ausfallen können als Sofias zweiter Besuch in Lorenzos Tal. Etwas Grundsätzliches hatte sich verändert: Aus allen Himmelsrichtungen strömten die Gelatieri heran. Die Saison war zu Ende. Sie kamen, um ihren wohlverdienten Urlaub zu Hause anzutreten. Für das Val di Zoldo war es der Höhepunkt des Jahres, wenn die Eismacher heimkamen.

»È bello vederti!«, hieß es überall.

»Wie schön, dich zu sehen! Gut siehst du aus.«

»Na, und du! Zu Hause alles in Ordnung?«

»Die Kinder wachsen mir über den Kopf.«

»Wie viele sind es inzwischen?«

»Ich habe zu zählen aufgehört.«

»Ich hoffe, meine Frau versteckt keine vor mir.«

Sie lachten und die Ehefrauen lachten gutmütig mit, genau
wie die Großmütter und Tanten, die Cousins und verschwäger-
ten Cousinen, die herangewachsenen Töchter, die schlanken Gelatieri und die dicken, die zu viel von ihrem eigenen Produkt genascht hatten. Sie freuten sich über gute Einnahmen und brachten
ihre Gewinne in kleinen Lederkoffern bar mit nach Hause. Sie
liebten Deutschland und Österreich und die Schweiz und die Nie-
derlande, manche kamen sogar aus England und Frankreich zurück. Doch so groß waren Liebe und Dankbarkeit für die Gastlän-
der nicht, dass sie ihr Geld den dortigen Banken anvertraut hätten.

Ein ganzes Tal, das lachte, hatte Sofia noch nie erlebt. Dieses
lachende Dorf hatte etwas Ansteckendes.

»Du musst mitkommen.« Am ersten Abend nach ihrer Rück-
kehr klopfte Lorenzo an Sofias Zimmertür.

»Wohin?«

Er trat ein. »In Ninos Blockhütte. Alle treffen sich da.«

»Ich kenne doch niemanden.«

»Deshalb sollst du sie ja kennenlernen. Sie wollen dich jedenfalls begrüßen.«

»Mich? Woher wissen sie denn …?«

»Glaubst du, das spricht sich nicht herum, wenn jemand, den
ich aus München mitbringe, in Venedig überfallen wird?«

»Überfallen? Du hast erzählt, ich wurde *überfallen*?«

»Meine Leute mögen die Venezianer nicht besonders«, sagte er achselzuckend. »Die bilden sich Gott weiß was auf ihre versinkende Stadt ein. Was dir dort passiert ist, bestärkt das Urteil, das wir von denen haben. Du wirst in Ninos Blockhütte viel Sympathie erfahren.«

Sie war nicht darauf vorbereitet, etwas zu erfahren, was in Wahrheit wohl Mitleid bedeutete. Aber das lachende Dorf hatte eine starke Anziehungskraft auf Sofia. »Ninos Blockhütte, was ist das?«

»Wir haben im Ort kein Ristorante. Deshalb macht der alte Nino, der das ganze Jahr hier lebt, zweimal im Jahr aus seinem Haus eine Gastwirtschaft. Alles ist improvisiert, aber das Essen schmeckt. Besser jedenfalls als die Touristenspaghetti in Venedig.«

»Dann freue ich mich, Lorenzo. Wie zieht man sich für Ninos Blockhütte denn an?«

»Komm, wie du immer kommst.« Er war schon in der Tür.

»Ich möchte aber …«

»Ja?«

»Ich habe ein Kleid dabei. Nichts Besonderes, aber ich habe es mir extra für den Urlaub gekauft. In Venedig werde ich es ja nun nicht tragen. Vielleicht …«

»Ja, warum nicht? Wenn es kein Ballkleid mit Krone ist, zieh es doch an.«

27

Grappa

Eine Krone war für Sofias Kleid nicht vorgesehen, nur ein roter Gürtel und eine Halskette. Sie benützte ein wenig Rouge und malte ein bisschen um die Augen herum. Mit dem Lippenstift zögerte Sofia. Benützten die Frauen in den Bergen Lippenstift? Umsonst wollte sie ihn nicht die weite Strecke mitgebracht haben und malte ihre Lippen an.

Lorenzo holte sie ab. Wortkarg war er immer gewesen, aber sie hatte ihn noch nie sprachlos erlebt.

»Was ist denn?« Sie zupfte an dem Kleid. Vielleicht war der rote Gürtel doch zu viel des Guten.

»Fräulein Gottlieb.« Er machte eine kleine Verbeugung. »Sie sehen zauberhaft aus.«

Er war nicht der erste Mann, der ihr ein Kompliment machte, aber noch niemand hatte sie zauberhaft genannt. Sie spürte, dass sie rot wurde und griff rasch nach ihrer Handtasche. »Wollen wir?«

Die kargen Berge, ein Leben in Entbehrung, Menschen, die ins Ausland gehen mussten, um ihren Lebensunterhalt zu verdienen, eine Region, die ihre Menschen kaum ernähren konnte, das war Sofias Eindruck vom Val di Zoldo gewesen. Doch die Berge, die sich ihr nun beim letzten Tageslicht auf dem Weg zu Ninos Blockhütte darboten, waren nicht karg, sondern überwältigend. Ein magisches Licht überzog den Himmel, rosa Töne, jetzt orange, nun wieder violett. Die steinernen Riesen wurden zu bunten Kulissen eines Sonnenuntergangs, wie Sofia ihn noch nie erlebt hatte.

Auch die Bewirtung in Ninos Blockhütte ließ nicht auf Mangel schließen, sondern auf Überfluss. Sofia schien in ein italienisches Schlaraffenland geraten zu sein. Der Wein mochte aus der Poebene stammen, doch er floss in Strömen. Die Würste hingen von der Decke wie Trauben. Es gab sie in mehreren Geschmacksrichtungen. Sie waren praktisch in jedem Gericht zu finden, Salsiccie mit Nüssen, mit Kräutern, solche mit Fenchel oder Chili. *Penne per le Bosse* war eine Pasta mit Zwiebeln, Kohl und Würsten. Der Salsiccia-Auflauf war dick mit Bergkäse überbacken. Zu jedem Gericht wurde Polenta gereicht, Polentakuchen, Polentafladen, Polentaomelette.

Der Kamin stand in der Mitte des Raumes, so sah man die Flammen von allen Seiten. Die alten Leute saßen dem Feuer am nächsten, sie hatten rote Gesichter von der Hitze, vom Wein, von der Freude. Manchmal sprang ein Stück Kiefernholz glühend durch den Raum. Beim ersten Mal erschrak Sofia, doch als sich die andern davon nicht stören ließen, aß auch sie seelenruhig weiter.

Erleichtert stellte sie fest, dass sich die meisten Frauen hübsch gemacht hatten. Sofia wurde nicht als eitle Pute aus München angesehen, die mit roten Lippen und rotem Gürtel daherkam. Mit ihrem Lippenrot war es nach dem vielen Essen ohnehin vorbei. Sie wäre also nicht weiter aufgefallen, hätte sie nicht an Lorenzos Seite gesessen. Das schien das interessanteste Thema in Ninos Blockhütte zu sein, anders jedoch, als Sofia erwartet hätte.

Von ihrem ersten Aufenthalt hatte sie beengende Eindrücke mitgenommen. Das Trauerhaus, die Trauerfrauen, die Leiche in der Stube. Die Einheimischen hatten Sofia aus ihren Ritualen ausgeschlossen, für sie als Besucherin war kein Platz gewesen. Wie anders empfand sie das diesmal. Frauen, die sie noch nie gesehen hatte, nickten ihr ermunternd zu. Sofia nahm an, das beziehe sich auf das Essen und den Wein, aber so manche Miene schien auch eine Ermunterung in Richtung Lorenzo zu sein. Sie nahm an, diese Blicke brachten zum Ausdruck, wie dankbar sie Lorenzo sein müsse, weil er sie vor dem Moloch Venedig bewahrt hatte. So war es auch: Er hatte sie gerettet und schenkte ihr jetzt den Schutz und die Annehmlichkeiten seines Zuhauses.

»Ich weiß gar nicht, ob ich mich schon ausreichend bei dir bedankt habe«, sagte sie. »Und zwar für alles.«

»Jetzt ist mal Schluss mit Bedanken«, lachte er. »Iss lieber. Deine Polenta wird kalt.«

»Ich habe bestimmt schon einen Kilo Polenta gegessen.«

»Gut für dich.« Er füllte ihre Gläser. »Noch Salsiccia?«

Sie konnte nicht mehr. »Danke, aber ich … «

Er tat ihr noch etwas auf. Sie stießen an. Die kleine Geste schien aufzufallen. Nun wurden die Blicke noch *ermunternder,* so mancher prostete ihnen quer über die Tische zu.

In München hatte Sofia Lorenzo erst einmal die naheliegende

Frage gestellt, ob er eine Frau habe und eine reservierte Antwort darauf bekommen. Seitdem hatte sie nie wieder gefragt; während der Aufbahrung des Onkels wäre es ihr pietätlos erschienen. Nun konnte sie nicht mehr anders. Sie saß mit dem Mann zusammen, den sie seit Langem ins Herz geschlossen, der sie im Schnee geküsst und aus Venedig herausgeholt hatte. Sie saßen beisammen wie ein junges Paar, in seinem Heimatdorf, umgeben von Mitgliedern seiner Familie. Das waren vor allem ältere Leute aus der Väter- und Großvätergeneration. Junge Battaglias gab es auch, aber sie stammten aus Nebenlinien der Familie. Die direkte familiäre Umgebung Lorenzos war unerklärlicherweise unbesetzt.

Sofia hatte über den Grund nachgedacht. Sie fand es unwahrscheinlich, dass ein Mann wie er mit Mitte dreißig Junggeselle sein sollte, nur weil er die *Richtige* noch nicht gefunden hatte. Naheliegender erschien ihr, dass er mit einer Beziehung gescheitert war. In Ninos Blockhütte schien keine der Frauen eine erkennbare Affinität zu Lorenzo zu haben, aber das bedeutete nichts. Er könnte ja auch in München verheiratet, verlobt, verliebt gewesen sein. Was Sofia nicht begriff, war die Normalität, mehr noch, die Freude, mit der das Dorf akzeptierte, dass Lorenzo eine Münchnerin mitbrachte, die offensichtlich nicht mit ihm liiert war.

Würde sie die Stimmung des wunderbaren Abends ruinieren, wenn sie ihn fragte? Musste sie nicht endlich fragen, um Klarheit zu bekommen?

Lorenzo fachsimpelte gerade mit einem Kollegen, der im bayerischen Kulmbach einen Eissalon betrieb. Die Stadt in Oberfranken schien für beide Bedeutung zu haben; es hörte sich an, als kenne Lorenzo dort jeden Platz und jede Straße.

Was ihr auf der Seele brannte, traute sich Sofia noch nicht zu fragen. Daher begann sie mit etwas Harmlosem. »Was habt ihr beide so viel über Kulmbach zu reden?«

»Da komme ich her«, antwortete der Kollege.

»Und du, Lorenzo?«

Im Schein der Kerze betrachtete er den Wein in seinem Glas. »Kulmbach ist meine Kindheit.«

Sie tat einen glücklichen Seufzer. Heute schien er bereit zu sein, mehr preiszugeben als während ihrer Gespräche auf dem stillen Platz. »Willst du es erzählen?«

Er musterte sie mit merkwürdigem Lächeln. »Wie wäre es mit einem Grappa?«

»Kann man das nicht beim Wein erzählen?«

»Grappa gehört zu dieser Geschichte wie das Bier zu Kulm-bach.« Er winkte Nino, der das Zeichen verstand und mit einer halbvollen Flasche und drei Gläschen zurückkam.

~

Val di Zoldo, dreißig Jahre früher

»Der Grappa, Nonno, der Grappa!«, schimpfte Lorenzo, der dreijährige Enkel Toninos. Dabei lief der Knirps dem Patriarchen vor den Füßen herum.

Toninos Augen hatten in den letzten Jahren stark nachgelassen. Sein Haar war weiß, sein Rücken gebeugt. Unschlüssig stand er in der Vorratskammer, von der eine schmale Treppe in den Keller führte. »Was ist denn mit dem Grappa?«

»Du sollst die Grappaflasche heraufholen, hat die Nonna gesagt.« Keck richtete sich der Kleine vor seinem Großvater auf.

»Richtig, ich soll Grappa holen. Wie konnte ich das nur vergessen?«

»Weil du alles vergisst«, krähte der Dreijährige.

Tonino wuschelte seinem Enkel durchs Haar. »Danke, dass du mich erinnerst.« Er setzte ein verschwörerisches Gesicht auf. »Die Nonna hätte sonst mit mir geschimpft.« Er trat auf die oberste Kellerstufe.

»Sie schimpft dauernd mit dir«, bestätigte der Kleine. »Weil du alles vergisst.«

»Man wird eben alt. Dagegen lässt sich nichts machen.«

»Wer ist alt?«, fragte eine volle Frauenstimme. Apollonia betrat die Kammer.

»Du nicht, meine Liebe.« Tonino sah zu ihr auf. »Du wirst nie alt werden.«

Apollonia war nur ein Jahr jünger als ihr Mann, doch sie hatte nichts von ihrer Schönheit eingebüßt. Zwar färbte sie ihr Haar seit Jahrzehnten, hatte auch ein paar Kleider weiter machen müssen, doch im Übrigen schien sie das Geheimnis ewiger Jugend zu kennen.

»Ich will gerade den Grappa holen.« Tonino warf einen komplizenhaften Blick zu Lorenzo.

»Du hättest den Grappa vor zehn Minuten holen sollen«, entgegnete Apollonia. »Jetzt musst du das Fleisch tranchieren, sonst wird es trocken.«

»Ich mache es gleich.« Tonino nahm die nächste Stufe abwärts. »Schnell noch den Grappa.«

Apollonia gab Lorenzo einen Klaps, er solle sich aus der engen Kammer verziehen. »Geh zu deiner Schwester.«

»Ich bleibe lieber bei Nonno.« Der Kleine versuchte, ebenfalls die Treppe hinunterzusteigen.

Sie hielt ihn fest. »Das ist viel zu steil.«

»Ich war schon öfter im Keller. Nonno hat es mir erlaubt und …«

Ein ohrenbetäubender Lärm drang aus dem Keller. Dort unten war es stockfinster, da Tonino den Lichtschalter vor Jahren dummerweise am Fuße der Treppe angebracht hatte.

»Was ist passiert?«, rief Apollonia in die Dunkelheit.

»Ich glaube … die Treppe ist eingebrochen«, kam Toninos schwache Stimme.

»Hast du dir etwas getan?«

»Ich bin nicht sicher. Die Schulter …«

»Kannst du Licht machen?«

Als Lorenzo neben seiner Großmutter in die Tiefe gucken wollte, schob sie ihn mit einer resoluten Bewegung zur Tür. »Raus mit dir! Hol deinen Vater. Wir brauchen Tancredi.«

»Ja, Nonna«, antwortete der Junge kleinlaut, weil er spürte, dass der Spaß vorbei war. »Papa! Papa!« Schreiend rannte er hinaus.

»Wo bleibt das Licht?« Apollonia stieg vorsichtig tiefer.

Im nächsten Augenblick entfuhr ihr ein Schrei. Im grellen Schein der Glühbirne saß ihr alter Mann neben dem Lichtschalter, über und über mit moderiger Erde bedeckt. Sein rechter Arm war sonderbarerweise länger als gewohnt und schien immer länger zu werden.

»Du lieber Heiland, du hast …!«, rief sie. »Du hast dir die Schulter ausgekugelt.«

»So schlimm, glaubst du?« Tapfer lächelte er hoch.

»Ich habe noch nie einen Arm gesehen, der anderthalb Meter lang ist.«

Tonino wollte aufstehen, der Schmerz ließ ihn wieder zusammensinken. »Kann sein, dass du recht hast.«

»Beweg dich nicht. Wir kommen runter.«

»Aber wie?«

Jetzt sah es auch Apollonia. Drei Stufen waren durchgebrochen. Die vermoderten Bretterteile lagen unten. »Wie oft habe ich dir gesagt, dass die Treppe morsch und gefährlich ist, Tonino?«

»Ziemlich oft«, antwortete er mit zusammengebissenen Zähnen.

»Und wie oft hast du mir versprochen, du reparierst das?«

Bevor er antworten konnte, polterte es von draußen, Tancredi Battaglia stand in der Tür. »Papa ist gestürzt?«

»Halb so schlimm«, rief Tonino von unten.

»Es ist schlimm«, sagte Apollonia. »Wir brauchen einen Druckverband. Du musst runter und Papas Arm stabilisieren. Wie wir ihn dann hochkriegen, weiß ich noch nicht.«

Tancredi zeigte ihr eine Mullbinde. »Verbandszeug habe ich schon mitgebracht.« Er begann vorsichtig zu klettern. »Mama?«

»Ja?«

»Irgendetwas riecht komisch in der Küche.«

»Meine Hühner!« Sie warf die Arme hoch. »Meine Hühner verbrennen. Alles nur, weil du den Grappa vergessen hast!«, schimpfte sie zu ihrem Mann ins Loch und verschwand.

»Die Nonna schimpft schon wieder«, sagte ein zartes Stimmchen. Lorenzo hatte sich angeschlichen.

»Die Nonna hat recht«, seufzte Tonino unter Schmerzen. »Ich bin zu nichts mehr zu gebrauchen.«

»Komm bloß nicht zu nahe«, warnte Tancredi seinen Sohn.

»Ich pass schon auf, Papa. Kletterst du jetzt runter?«

»Ich versuche es.« Tancredi hielt sich an den Zargen fest. »Papa?«, sagte er zu dem alten Mann. »Warum hast du mich den Grappa nicht holen lassen? Deine Augen …«

»Ich kann es nicht leiden, wenn deine Mutter mich wie einen Tattergreis behandelt.«

Vorsichtig arbeitete sich Tancredi weiter nach unten. »Wenn die ganze Familie da ist, ist es natürlich, dass wir euch helfen, dir und Mama. Ihr braucht nicht mehr alles allein zu machen.«

»Du kennst doch deine Mutter«, seufzte Tonino.

»Ich kenne sie. Zeig mal, deinen Arm.« Tancredi verbarg seinen Schrecken, als er das schlangenhafte Gebilde sah, dass kaum noch zum Rumpf zu gehören schien. »Das haben wir gleich.« Er zwang sich zu Zuversicht. »Es wird nicht sehr wehtun.« Tancredi wickelte die Mullbinde ab.

Ein markerschütternder Schrei durchdrang das Battagliahaus vom Keller bis zur Tenne. Der Schrei ließ sie alle zusammenlaufen. Sekunden später drängten sie sich in der schmalen Kammer, wo kandierte Birnen, Kartoffeln und Winteräpfel gelagert wurden. Vorn stand Donatella, Tancredis Erstgeborene und hielt ihren kleinen Bruder Lorenzo fest, damit er nicht ins Loch fiel.

Thekla hatte Donatella noch in Wien zur Welt gebracht, als der große Krieg in sein erstes Jahr ging. Als Abkömmlinge einer Feindnation hatten die Battaglias Wien wenig später verlassen müssen. Thekla hätte bleiben können, zögerte aber nicht einen Moment, ihren Ehemann zu begleiten.

Die junge Familie war in Tancredis Heimat zurückgekehrt, um abzuwarten, wie sich der Krieg entwickeln würde. In der Nähe des Val di Zoldo waren die blutigsten Dolomitenschlachten geschlagen worden. Zwischen windgepeitschten Graten machten die Österreicher Gebietsgewinne, bis sie von den verteidigenden Italienern zurückgeschlagen wurden. In vier Jahren wogte das Schlachtenglück insgesamt siebzehnmal hin und her. Um einen einzigen Gipfel zu erobern, mussten Tausende ihr Leben lassen. Die Berge waren getränkt vom Blut beider Seiten. Viele Zoldaner waren unter den Gefallenen.

Irgendwann endete der Krieg, weil keine der Parteien mehr kämpfen wollte; alle hatten verloren. Die Völker Europas waren ausgeblutet. Zwei Kaiser und ein Zar hatten ihre Reiche verspielt. Österreich-Ungarn existierte nicht mehr. Die Monarchie war zu einem Zwergstaat geschrumpft. Die Deutschen prügelten sich darum, ob sie ein sozialistischer Staat nach dem Vorbild Russlands oder eine Republik werden sollten. Die einfachen Leute im Riesenreich Russland fragten sich, ob ein Mann namens Lenin nun ihr neuer Zar sein würde.

Die Menschen im Zoldotal waren vor dem Krieg arm gewesen, und nach dem Krieg hatte sich daran nichts geändert. Für sie spielte es keine Rolle, wer in den fernen Hauptstädten regierte. Es dauerte noch Jahre, bevor die Gelatieri das Reisefieber wieder packte und sie ihre Fühler nach Norden ausstreckten. Die heiteren, gewinnreichen Vorkriegsjahre waren unwiderruflich vorbei. Die Inflation nahm absurde Formen an. Doch obwohl die Menschen für eine Portion Eis eine Million Reichsmark zahlen mussten, wollten sie auf diesen kleinen Genuss nicht verzichten.

Tonino und Apollonia hatten endgültig genug vom Vagabundenleben, sie blieben in der Heimat und bestellten den Hof, bis ihre Kinder jeden Herbst nach Hause kamen. Giacinta und zwei der Schwestern hatten geheiratet und folgten ihren Männern in andere Regionen. Clara, die Jüngste, blieb bei den Eltern.

Tancredi hatte angenommen, dass Thekla zurück nach Wien wollte; das Leben in den Bergen war hart für die Baronesse. Manchmal tat es ihm leid, sie aus ihrer standesgemäßen Umgebung gerissen zu haben. Doch wenn ihn das schlechte Gewissen packte, sah er seine Frau nur an, und Thekla erwiderte seinen Blick. Dann verstand er wieder die Macht der Liebe und dass sie beide das beste aller möglichen Leben gewählt hatten.

Thekla wollte nicht mehr nach Wien. Das dünkelhafte Verhalten ihrer Familie, die Tancredi auch nach Jahren nicht akzeptierte, stieß sie ab. Thekla wünschte sich weitere Kinder; sie sollten an einem geschützten Ort, in einer schönen Landschaft aufwachsen. Wien, die alte Kaiserstadt, die zum Wasserkopf eines winzigen Österreich geworden war, sollte es nicht sein. Ein anderes Ziel musste gefunden werden, eine Stadt, in der man Kinder großziehen und einen neuen *Eissalon Battaglia* eröffnen konnte. Ein Ort, an dem Theklas Sohn Lorenzo geboren werden würde.

28

Oberfranken

Kulmbach, 1945

Lorenzo Battaglia war nicht besonders groß gewachsen, auch nicht sehr kräftig. Man sah ihm seine 15 Jahre kaum an. Niemand konnte darüber glücklicher sein als seine Mutter. Thekla kleidete ihren Jungen kindlich; keiner sollte auf die Idee kommen, in ihm einen Soldaten zu sehen.

Thekla Battaglia wünschte sich weder die Niederlage Deutschlands noch Hitlers Untergang, sie wollte nur, dass dieser zweite große Krieg endlich zu Ende gehen sollte. Der Irrsinn dauerte nun schon sechs lange Jahre. Zum Jahreswechsel 1945 war Lorenzo fünfzehn geworden. Damit hätte der Führer Zugriff auf Theklas Sohn gehabt. Inzwischen rekrutierten sie die Vierzehnjährigen, um sie gegen die Russen zu schicken.

Kulmbach war bisher vor dem Schlimmsten bewahrt geblieben. Für den Eissalon hätte es keine bessere Adresse geben können als den historischen Marktplatz, der inzwischen Adolf-Hitler-Platz hieß. Im Herbst 1932 hatten die Battaglias wie jedes Jahr ihren Eissalon geschlossen und waren ins Zoldotal gefahren. Als sie im Frühling 1933 zurückkehrten, war die Stadt nationalsozialistisch geworden. Kulmbach galt als mitgliederreichste Hochburg der NSDAP Bayerns. Auf der Plassenburg, Kulmbachs Wahrzeichen, wurde die Reichsschule der deutschen Technik gegründet. Der Führer bedankte sich für die Gefolgschaft der Kulmbacher mit dem Geschenk eines Autobahnanschlusses. Im April 1942 gab der Gauleiter stolz bekannt, dass nach der Deportation der letzten jüdischen Familie Kulmbach endgültig judenfrei sei.

Lange kam der Krieg nicht in die Nähe von Oberfranken. Als schließlich die Amerikaner 1945 vom Süden her näher rückten, wuchs Theklas Sorge, Lorenzo könnte für Hitlers letztes Aufgebot herangezogen werden. Sie bat eine Bäuerin, den Jungen oben am Wildenstein in einer Scheune zu verstecken, und holte ihn erleichtert zurück, nachdem die amerikanischen Truppen die Stadt kampflos eingenommen hatten.

All das hatte Thekla Battaglia allein bewerkstelligt. Sie führte den Eissalon allein, zog Donatella und Lorenzo allein groß und war mittlerweile 49 Jahre alt. Zehn Jahre war es nun schon her, dass Tancredi, die Liebe ihres Lebens, nicht mehr bei ihr war.

Zwei Jahre nach dem *Grappa-Unfall* an der Kellertreppe, nachdem man Großvater Tonino mittels einer Seilwinde aus der Tiefe hochgehievt hatte, war Tancredi erkrankt. Die Schwindsucht, an der er als Kind gelitten und an die schon niemand mehr gedacht hatte, brach wieder aus. Thekla wollte ihn zu einem deutschen Arzt bringen; die feuchte Kälte im Zoldotal beförderte die Krankheit zusätzlich. Tancredi spürte, wie es um ihn stand, und überredete sie, ihn zu Hause bleiben zu lassen. Er starb als Vater zweier Kinder, während in Zoldo Alto der letzte Schnee schmolz. Tancredi starb, als der Frühling begann. Tonino und Apollonia boten seiner Witwe an, zu bleiben. Aber die Enge war Thekla zu groß. Sie kehrte mit den Kindern nach Kulmbach zurück.

~

»Mister! Hello, Mister!« Laut rufend lief Lorenzo dem haushohen Gefährt entgegen.

Die Hausfrauen am Rande des Adolf-Hitler-Platzes hielten den Atem an. Alte Kulmbacher Männer – die jungen waren gefallen – riefen Lorenzo Warnungen zu. Das kümmerte ihn nicht. Er rannte den Amerikanern mit seinem Gastgeschenk entgegen.

US-Soldaten sicherten den Platz, damit die Panzer ungehindert einrollen konnten. Die Deutschen gehorchten und blieben am Rand stehen. Mit Gehorsam und Disziplin waren sie immer noch am besten gefahren. Manche jubelten den Besatzungstruppen zu, allerdings verhalten. Wussten die Amerikaner, dass die Kulmbacher bis gestern Nazis gewesen waren? Würde man den Nazis diesen Jubel abnehmen? Die Kulmbacher begrüßten die Amerikaner als neue Freunde, obwohl die US-Truppen Hitlers Autobahn mit ihren Panzern arg in Mitleidenschaft zogen.

Der vorsichtige Beifall Kulmbachs entsprach nicht Lorenzos Gefühlen. Er öffnete sein Herz für die Männer in den bequemen Uniformen mit ihren ein wenig staunenden Gesichtern. Germany war für sie ein unbekannter Planet. Sie waren dabei, ihn zu erobern.

Der US-Panzer hielt, nicht weil Lorenzo ihn zum Stehen brachte, sondern weil der Luitpold-Brunnen ein natürliches Hindernis darstellte. Lorenzo kletterte auf die steinerne Umfriedung und landete mit einem Sprung auf dem Panzer. Über ihm öffnete sich die Luke. Ein Offizier mit Helm und Funkgerät betrachtete den Jungen, der ihm etwas geben wollte. Dieses Etwas hatte eine rötliche Färbung, es tropfte.

»Hey, boy!«, rief Lieutenant Ehrman aus Minnesota.

»Welcome, Mister.« Lorenzo wagte sich auf dem stählernen Ungetüm einen Schritt weiter.

»What have you got there, boy?« Ehrman war ein nüchterner Soldat, doch er verstand einen Spaß, wenn es darauf ankam.

»Gelato di Battaglia!«, rief Lorenzo. »The best icecream in town!« Da er im Stimmbruch war, überschlug sich seine Stimme.

»Icecream, really?« Lieutenant Ehrman lächelte. »I expected quite something in Germany, but not a welcome like this.« Der Offizier nahm Lorenzos Erbeereis und kostete es. »That's quite something, boy. Thank you.«

Von zwei GIs wurde Lorenzo vom Panzer gehoben. Hoch über ihm genoss Lieutenant Ehrman sein erstes Eis in Deutschland.

~

Junge Männer gab es keine mehr in Kulmbach. Nicht einmal Männer in Theklas Alter lebten noch. Die Witwe Battaglia war umgeben von Greisen. Sie war auch umgeben von Frauen, die das gleiche Schicksal teilten. Die Welt nach dem Krieg schien eine Welt ohne Männer zu ein. Doch plötzlich war die Stadt wieder voll davon. Die Kulmbacherinnen wussten nicht recht, wie sie damit umgehen sollten.

Die Amerikaner blieben. Der Frühling platzte aus allen Nähten. Die Wiesen standen so voll wilder Blumen, dass das Auge sich kaum sattsehen konnte. Die Apfelbäume auf den Hügeln präsentierten sich schneeweiß, überall summten Bienen. Keine einzige Bombe war auf Kulmbach gefallen, kein Schuss abgegeben worden. Der alte Markt, die Kirchen, die gepflasterten Gassen, alles erzählte von Deutschlands Schönheit, seiner Tradition, seiner Liebe zum Stil und seiner großen Geschichte. Nirgends gab es Anzeichen jener Barbarei, wegen der die Amerikaner den Atlantik überquert hatten. Das war kein Land von Mördern, sagten sich die jungen Soldaten. Deutschland ähnelte einem Paradies, wie man es in Iowa oder Indiana Montana nicht kannte.

Die Amerikaner bezogen in Kulmbach Quartier. Die Rote Armee sollte die Sache in Berlin allein zu Ende bringen. Lange konnte es nicht mehr dauern. Die Russen hatten die Oder überschritten, der russische Artilleriedonner war bereits im Zentrum Berlins zu hören. Der Führer verbarrikadierte sich zwanzig Meter unter der Erde und ließ weitere Zehntausende Soldaten sterben, da er eine Kapitulation ablehnte. Göring hatte von Bayern aus Friedensverhandlung angeboten und war Hitler damit in den Rücken gefallen. Aber es wurde nicht verhandelt, es wurde gesiegt. Man hatte Göring verhaftet.

Zwar war den US-Soldaten jegliche Fraternisierung mit der deutschen Bevölkerung untersagt, aber der Mensch war eben menschlich. In diesem Frühling wollte der Mensch nicht länger zwischen Feind und Freund unterscheiden. Wo solche Blumen blühten, wo sich die Vögel in den bayerisch-blauen Himmel erhoben, wo die Kulmbacher ihr weltberühmtes Bier anzapften und die bayerische Musik keine Märsche spielte, sondern Walzer und Polka, da fühlte man sich dem Himmel näher. Die Kulmbacher Fräuleins waren gut gewachsen. Keine knochigen Klappergestelle liefen durch die Gassen, keine Mangelkrankheiten entstellten die Menschen. Hier und da sah man einen Einbeinigen seine Krücken zum Marktplatz schwingen, doch das trübte das Bild kaum. In der Stadt und auf den umliegenden Wiesen, an den Waldrändern, in den Burgruinen begann es zu wispern und zu flüstern. Aufgeregte junge Männer überredeten animierte junge Frauen zu Spaziergängen oder zur Einkehr in die Biergärten.

Lorenzo hatte nicht ahnen können, was er mit seinem Begrüßungsgeschenk anrichten würde. Nachdem Lieutenant Ehrman das Erdbeereis gekostet hatte, wollte er in den darauffolgenden Wochen auf den Genuss von *Gelato Battaglia* nicht verzichten. Während seine Kameraden deutsches Bier tranken, kehrte der Lieutenant aus Minnesota lieber im Eissalon nahe dem Luitpoldbrunnen ein. Er führte beim Eintreten die Fingerspitzen der rechten Hand an seine Offizierskappe. Vor Zivilisten brauchte er nicht zu salutieren, am allerwenigsten vor den Deutschen, aber die blonde Eismacherin hatte es ihm angetan. Schön war sie, zart war sie und hielt sich ungewöhnlich aufrecht. Sie besaß die seelenvollsten Augen, in die der Lieutenant je geblickt hatte.

»Was darf ich Ihnen bringen?« Thekla führte ihn an einen Tisch im Freien.

»Ich weiß nicht recht ... Letztes Mal hatte ich Erdbeereis.«

Thekla legte ihm die Karte vor. »Vielleicht probieren Sie unseren Aprikosenbecher?«

Während dieses und all seiner kommenden Besuche wurde Lieutenant Ehrman nie vom Ehemann der Eismacherin bedient. Manchmal brachte ihm Lorenzo die Köstlichkeit, manchmal eine junge Frau, die Donatella gerufen wurde. Eines Tages fasste sich Ehrman ein Herz.

»Darf ich mich nach Ihrem Mann erkundigen, Mrs Battaglia? Ist er gefallen? Ist er in Gefangenschaft geraten?«

Sie sah ihn länger an als sonst und ging hinein, ohne geantwortet zu haben.

Am Nebentisch machte Lorenzo Schularbeiten. »Mein Papa ist schon lange tot«, sagte er, ohne von den Heften aufzublicken.

Der Lieutenant hob die Sonnenbrille über die Augen. »Ist er im Krieg gestorben?«

»Vorher. Bei uns zu Hause.«

»Wo ist euer Zuhause?«

»Val di Zoldo«, antwortete Lorenzo.

»Das kenne ich.«

»Woher?«

»Ich war bei der *Operation Avalanche* dabei. Wir sind im Golf von Salerno gelandet.« Der Lieutenant deutete auf dem Tischtuch eine Landkarte von Italien an. »Von dort sind wir nach Norden vorgestoßen. Bei Verona haben wir uns geteilt. Einige Divisionen zogen nach München, ich und mein Regiment wurden über Belluno an die österreichische Grenze geschickt.« Er verwischte die Karte wieder. »Woran ist dein Vater gestorben?«

Lorenzo verstummte.

Thekla kam mit einem Aprikosenbecher heraus. »An Tuberkulose. Im Frühling vor zehn Jahren. Gestern war sein Todestag.«

Lieutenant Ehrman stand auf. »Bitte verzeihen Sie meine Neugier, Mrs Battaglia. Das war respektlos von mir.«

Sie sah ihn an. »Diese Marillen sind gestern noch auf dem Baum gehangen.«

»*Marillen?*« Er hielt ihrem Blick stand.

»Ich stamme aus Wien, Lieutenant. Wir sagen Marillen dazu.«

29

Lorenzos Entscheidung

Lorenzo saß seiner Mutter im Kulmbacher Wohnzimmer gegenüber. »Meine Großeltern sind alt. Im Winter brauchen sie jemanden, der für sie sorgt. Ich kann Nonno und Nonna nicht allein
lassen.«

»Aber Tonino und Apollonia haben vier Töchter«, entgegnete
Thekla. »Clara wohnt sogar ständig bei ihnen. Deine Tanten Giacinta und Andrea haben ebenfalls Kinder.«

»Aber die wohnen nicht in Zoldo Alto.«

»Wir wohnen auch nur im Winter dort.«

Thekla hatte längst begriffen, wie die Entscheidung ihres Sohnes aussah. Lorenzo war für diese Art von Reise nicht bereit. Vielleicht würde er später nachkommen, in ein paar Jahren, sagte er,
wenn Nonno und Nonna nicht mehr wären.

Thekla glaubte nicht daran. Ihr Junge war der eingefleisch-
teste Battaglia von allen, ein Zoldaner durch und durch. Sein Vater hatte ihm diese unerschütterliche Heimatliebe vererbt. Auch
Tancredi war aus seinem Tal, aus seinen Bergen nicht fortzuden-

ken gewesen. Nur mit Mühe hielt Thekla die Tränen zurück. Ihren Mann hatte sie vor zehn Jahren verloren. Nun würde sie auch Lorenzo verlieren.

Als könnte er Gedanken lesen, sagte der Junge: »Außerdem möchte ich nicht so weit von Papas Grab wegfahren.«

Tancredi hatte seine letzte Ruhe unter einem Kastanienbaum gefunden. Lorenzo liebte diese Kastanie, Thekla hatte öfter beobachtet, wie er den Baum umarmte. Er würde niemals von dort fortgehen. Er selbst war wie ein Baum, verwurzelt in der Erde des Zoldotales.

»Warum willst du nicht wenigstens in Kulmbach bleiben? Unser Geschäft könnte nicht besser laufen.«

»Ich möchte nach Hause.«

Thekla nahm den Jungen, der fast schon ein Mann war, in die Arme. »Ich soll den Eissalon verkaufen?«

»Ja, Mama, verkauf das Geschäft und gib mir von dem Geld, was du richtig findest.«

»Ich gebe dir alles, Lorenzo.« Sie zog die Nase hoch.

»Du brauchst drüben doch auch etwas.«

»Deine Großeltern in Wien haben mir ein bisschen was hinterlassen. Es genügt, um in Minnesota ein neues Leben anzufangen.« Gegen ihre Absicht begann sie nun doch zu weinen.

Nächstes Jahr wurde Thekla 50 Jahre alt. Die Vorstellung, jeden Sommer Gefrorenes zu verkaufen und jeden Winter in dem eingeschneiten Dorf bei den alten Leuten zu verbringen, ängstigte sie. Sie hatte Tancredi über alles geliebt und lange um ihn getrauert. Aber sie war keine Zoldanerin.

Jack Ehrman war jünger als Thekla. Ein ehrlicher, vielleicht etwas ernster Mann. Anfangs war er nur ein treuer Kunde gewesen, der zweimal am Tag zum Eisessen erschien. Manchmal hatte Lorenzo ihn bedient, aber schnell begriffen, dass der Offizier hauptsächlich wegen seiner Mutter kam. Irgendwann hatte sich Thekla zu ihm gesetzt und Jack erfuhr die bewegte Geschichte der österreichischen Baronesse, die vor dem Ersten Weltkrieg mit dem italienischen Eismacher durchgebrannt war. Jacks frühere Frau war nach Louisiana gezogen, weil ihr Minnesota zu kalt war. Thekla beruhigte ihn: Wer viele Winter in den Dolomiten zugebracht hatte, den konnte Minnesota nicht schrecken.

1947 war Jack einer der letzten US-Offiziere in Kulmbach. Auch er sollte bald abziehen. Die Nürnberger Prozesse schleppten sich ihrem Ende entgegen. Die Amerikaner hatten weniger und weniger Lust, deutsche Kriegsverbrecher zu verurteilen, da ein neuer Feind im Osten aufgetaucht war. Wollten die USA ihre Vormachtstellung in Europa behaupten, durfte Deutschland nicht ihr Feind sein. Sie brauchtes das Land als Verbündeten gegen den Kommunismus. Die USA zogen den Großteil ihrer Truppen ab.

Jack Ehrman hatte keine Lust, in sein einsames Haus nach Minnesota zurückzukehren. Er bat Thekla Battaglia, geborene Baronesse von Wagner, seine Frau zu werden. Damit hatte die Zeit der Freude, der Aufregung, des Zweifels und der Tränen begonnen. Thekla liebte Jack genug, um mit ihm zu gehen. Lorenzo würde in das Tal zurückkehren, in dem sein Vater begraben lag.

~

»Du bist allein dortgeblieben?«, fragte Sofia. Sie war bewegt von seiner Geschichte, erhitzt vom Grappa, gefangen in der heimeligen Stimmung in Ninos Blockhütte. Die Flasche war fast leer.

»Meine Mutter hat alles gut organisiert. Sie verkaufte unser Geschäft und hat am nächsten Tag geheiratet.«

»Hat dich das nicht traurig gemacht?«

Lorenzo goss den letzten Grappa in die Gläser. »Zwischen Mama und meinem Vater hat es nichts außer Liebe gegeben. Denke ich an die beiden zurück, spüre ich ihre Zärtlichkeit. Sie hat Wien für ihn aufgegeben. Sie hat alles für ihn aufgegeben und liebt ihn auch heute noch. Mama hat ein Recht auf Glück. Sie ist mit Jack glücklich geworden.«

Selten hatte Sofia Lorenzo lachen und gewiss noch nie weinen sehen. Es war der erstaunlichste Abend ihres Urlaubs. »Und die Hochzeit?«

»Sie dauerte zehn Minuten auf dem Standesamt.« Lorenzo trank. »Was die amerikanischen Papiere betraf, wurde unsere Geduld auf die Probe gestellt. Der Heimflug Jacks stand fest, aber bis zur letzten Minute blieb es ungewiss, ob Mama und Donatella ihre Visa bekommen und als seine Familie mitfliegen würden.«

»Und dann?«

»In Nürnberg sind sie zu dritt in eine Militärmaschine gestiegen. Ich habe ihnen nachgeschaut, bis ich das Flugzeug aus den Augen verloren habe.«

Sofia sah sich um. Einige waren inzwischen aufgebrochen, doch obwohl Mitternacht längst vorbei war, saßen die meisten noch beisammen und feierten das Leben und ihre Heimkehr.

Lorenzo stieß mit Sofia an. »Solange es das Val di Zoldo gibt, werde ich nie allein sein. Weißt du noch, als ich diesen Frühling zwei Wochen lang nicht in München war?«

»Natürlich. Damals fand ein Begräbnis statt, hat Frau Singerl erzählt.«

Er nickte. »Meine Großeltern hatten ein schönes, langes Leben.«

»Sie sind …? Wer ist diesen Frühling gestorben?«

»Apollonia. Tonino ist ihr ein paar Jahre vorausgegangen.«

»Apollonia«, flüsterte Sofia, der seine Großmutter mittlerweile so vertraut war.

»Jetzt liegen sie beisammen unter der Kastanie. Nonno, Nonna und mein Vater.«

»Hast du deshalb deinen Eissalon auf einem Platz eröffnet, wo eine Kastanie steht?«

»Darüber hab ich noch nie nachgedacht. Vielleicht.«

Einer in der Runde fing zu singen an, leise und versonnen. Nach und nach stimmten die anderen ein. Die Worte eines alten italienischen Liedes erblühten im Raum.

Sie sangen das Lied der *giodarotti*, der Nagelschmiede. Es erzählte von einem Nagelschmied, der, während er in seiner Werkstatt die rot glühenden Nägel zurechtklopfte, von der schönen Maria träumte, mit der er tanzen wollte. Der Nagelschmied hatte krumme Beine und keine Zähne mehr im Mund, aber beim Fest auf dem Dorfplatz würde er mit ihr tanzen, denn er liebte sie. Sofia verstand nicht alles, aber den Refrain sang sie bald aus voller Kehle mit.

30

Hinter Belluno

Sofia floss durch die Tage, von denen keiner dem anderen glich. Lorenzo nahm sie auf den Monte Civetta mit, einen der Riesen über dem Zoldotal. Der Berg war nach der Eule benannt und gab der Gebirgskette ihren Namen. Morgens um sechs brachen sie auf und nahmen die leichteste Route. Lorenzo zeigte Sofia die Nordwestwand, die wegen ihres Schwierigkeitsgrades erstmals in den zwanziger Jahren erstiegen worden war. Sie hatte bisher keine höheren Gipfel als die Berge rund um München gekannt. Diesmal ging es auf über 3000 Meter hinauf. Lorenzo passte sein Tempo ihren Kräften an.

Am frühen Nachmittag erreichten sie den Gipfel. Er wollte ihr die Massive in der Umgebung erklären, bis er merkte, dass Sofia nicht zuhörte. Sie musste die Weite, die Freiheit, die Großartigkeit erst verkraften.

»Ich habe mir vorzustellen versucht, wie es bei dir sein würde«, sagte sie gegen den Wind. »Aber das nicht. Das hätte ich niemals für möglich gehalten.«

Ein inneres Lächeln drang aus Lorenzo hervor. »Unten in den Städten vergisst man, was die Natur in Wirklichkeit ist. Hier zeigt uns Gott, dass es ihn gibt. In den Städten besteht die Wirklichkeit nur noch aus Teilen. Hier ist die Wirklichkeit ganz. Wir selbst sind ganz.«

Eine Weile sagten sie nichts. Sie aßen und tranken und ruhten ein wenig aus. Schließlich packte Sofia die Kamera aus, die sie vor der Abreise gekauft hatte.

»Ich mache ein Foto von dir vor dem Gipfelkreuz«, sagte sie.

»Ich lasse mich nicht gern fotografieren. Aber ich mache eines von dir.« Er nahm die Kamera und wählte den Kamerawinkel so, dass die Berge im Hintergrund gut ins Bild kamen. Danach zeigte er auf die Wolkentürme, die rasch näher kamen. »Es ist Zeit.«

»Schon?«, fragte sie enttäuscht.

»Das Wetter schlägt um. Wir sollten uns beeilen.« Sie packten ihre Sachen zusammen.

Auf 1000 Metern gerieten sie in ein Schneegestöber und erreichten das Haus der Battaglias bei strömendem Regen.

～

Lorenzo nahm Sofia mit in den Wald und zeigte ihr die Ruine von Toninos Schmiede. Seit 60 Jahren hatte hier kein Feuer gebrannt, war kein Nagel geschmiedet worden. Er führte sie an den Platz, wo der Kohlenmeiler verpufft war und das Dorf in Brand gesteckt hatte. Heute sah man auf der Lichtung nichts mehr als frische Buchenschösslinge. Die Natur hatte sich den Ort, der für das Schicksal der Battaglias entscheidend gewesen war, seit Langem zurückerobert.

Im nächsten Moment stand ein weißer Hirsch vor ihnen. Kein mythisches Wesen des Waldes, keine übernatürliche Erscheinung, der Hirsch führte sein Rudel auf die Lichtung, wo er gewöhnlich keine Menschen antraf. Er stand mit leicht gesenktem Geweih da und betrachtete die Frau und den Mann. Eine Hirschkuh begann an den Buchenzweigen zu knabbern.

»Ohh«, machte Sofia. Ein winziger Schritt, ein knackender Ast.

Das Rudel jagte über die Lichtung davon und setzte mit großen Sprüngen über einen Graben. Nur noch ihre Hufe waren zu hören.

Sie wandte sich um. »Es gibt auch weiße Hirsche?«

»Er ist schon alt. Ich wusste nicht, dass er noch lebt.« Lorenzo sah in die Richtung, wohin das Rudel verschwunden war. »Schon mein Nonno hat mir von diesem Hirsch erzählt. Ich habe ihn nur ein einziges Mal gesehen. Aber dir begegnet er natürlich auf einem Spaziergang.«

Die Tiere des Zoldotales schienen sich Sofia tatsächlich zeigen zu wollen. Eine Murmeltierfamilie spielte auf der Almwiese. Über Sofia zog ein Steinadler seine Runden. Sie fanden eine Fuchsfährte mitten durch das Dorf. Eines Nachmittags bemerkte Sofia ein Tier, das am Waldrand flink hin und her lief. Lorenzo hatte sein Fernglas dabei.

»Du hast Glück.« Er gab es ihr.

Sie beobachtete die pfeilschnellen Bewegungen. »Was ist das, ein Marder?«

»Darf ich vorstellen: Das ist ein Hermelin.«

»So nahe kommen die ans Dorf heran?«

»Ich glaube, unsere Tiere haben sich verabredet, weil sie neugierig sind, wie eine Münchnerin aussieht.«

~

Wenn sie eine Strecke nicht zu Fuß machen konnten, nahm Lorenzo den Geländewagen seines Cousins. Der betrieb eine Reparaturwerkstatt und bemühte sich, den altersschwachen Toto wieder flott zu kriegen. »Kaum zu glauben, dass ihr es mit der Klapperkiste bis zum Brenner geschafft habt«, sagte er.

»Ich bin bisher jedes Jahr mit Toto ins Val di Zoldo gefahren«, gab Lorenzo zurück.

»Das war definitiv das letzte Jahr. Hast du dir den Zahnradriemen angesehen und die Stoßdämpferaufhängung vorn? Von der Stoßdämpferaufhängung hinten will ich gar nicht reden. Die Lichtmaschine läuft nur, wenn sie gut gelaunt ist, und mit dieser Hinterachse lasse ich dich auf keinen Fall bis nach München fahren.«

Lorenzo nickte bekümmert. »Wird das teuer?«

»Kauf dir ein neues Auto. Das ist billiger.«

»Ich kann Toto nicht in Italien verkaufen. Dazu müsste ich ihn erst importieren.«

»Verkaufen?« Der gutmütige Cousin lachte. »Du kannst froh sein, wenn ihn jemand geschenkt nehmen würde.«

»Ich möchte ihn reparieren lassen«, entschied Lorenzo nach kurzer Überlegung.

Der Cousin wischte sich die öligen Hände an einem Lappen ab. »Wie du willst. Du bist der reiche Eismacher aus München. Du kannst dir das leisten.« Der Cousin bestellte die Ersatzteile.

Drei Tage später traf das Gewünschte in Belluno ein.

»Kann ich dich begleiten, wenn du die Teile abholst?«, fragte Sofia. »Ich würde mir eure Provinzhauptstadt gern ansehen.«

»Versprich dir nicht zu viel davon. Belluno ist nichts weiter als der Ort, an dem alle Straßen aus den umliegenden Tälern zusammenführen.«

Als sie tags darauf aus dem Auto stiegen, rief Sofia: »Du hast mich angeschwindelt! Es ist zauberhaft hier.«

Die Straße, in der sie parkten, wurde auf einer Seite von bunten Palazzi gesäumt. »Das sieht fast aus wie in ... «

»Venedig.« Lorenzo nickte. »Die Serenissima hat ihren Einfluss bis weit in den Norden ausgedehnt. Es gab eine Zeit, da war Venedig die bedeutendste Stadt Italiens, noch vor Rom oder Mailand.«

Auf der anderen Straßenseite, abgeschirmt durch ein Geländer, führte ein felsiger Abgrund in eine Schlucht.

»Wie sind die Leute auf die Idee gekommen, auf diesem Felsen eine Stadt zu errichten?«

Zusammen schlenderten sie in die Altstadt. »Die Ersten waren die Kelten. Von ihnen stammt der Name der Stadt. *Belodonum* bedeutet lichte Anhöhe. Von diesem Felsen aus hast du freie Sicht in alle Himmelsrichtungen. Wenn sich ein Feind nähert, erkennst du es schon von Weitem.«

Mit jedem Schritt wurde der Einfluss Venedigs deutlicher. Die

Renaissancebögen, die Kreuzgewölbe in den Arkaden, die mächtigen Holzbalken, die die Dachstühle trugen, der Marmor, mit dem selbst einfache Gehwege gepflastert waren. Auch in Belluno gab es einen Campanile und den kostbar verzierten Palast eines Fürstengeschlechts. Alles war kleiner, intimer und zu Sofias Freude fehlten die Menschenmassen, die sich davor drängten.

»Jetzt komme ich zu einer anderen Art von Venedig-Besuch!«, rief sie auf der Piazza vor dem Rathaus.

»Sie haben hier sicher auch *Pizza Diavolo*«, lachte er.

»Ich habe Hunger, aber es muss ja keine Diavolo sein.«

Mit wenigen Schritten erreichte sie die Terrasse einer Trattoria. Ein Kellner lief ihr entgegen.

»Verzeihung, Signora, wir servieren um diese Jahreszeit nicht mehr im Freien.«

»Es ist gar nicht kalt.«

»Trotzdem ist die Terrasse geschlossen.«

»Wieso stehen dann Tische und Stühle hier?«

Der Kellner wandte sich an den Begleiter der Touristin. »Wir haben drinnen freie Plätze. Dort ist es viel bequemer für Sie.«

»Müssen wir hineingehen?«, fragte sie Lorenzo.

Er begann einen schnellen, abgehackten Dialog mit dem Kellner zu führen. Es war ein Dialekt, von dem Sofia kein einziges Wort verstand. Der Kellner widersprach, verdrehte die Augen und schüttelte den Kopf. Plötzlich schwieg er und drehte die Serviette zwischen seinen Händen, als wollte er jemanden erwürgen.

»Ich bringe Ihnen die Karte, Signora.« Mit eisiger Miene entfernte er sich.

»Was hast du ihm gesagt?«

»Nichts Besonderes.«

»Verrate es mir.«

»Ich habe gesagt, dass du für ein großes deutsches Reisebüro arbeitest und es keinen guten Eindruck macht, wenn er dich so abkanzelt.«

»Du bist ein Fuchs!«

Sie lachten beim Wein, später bei einer Pizza und bei Gnocchi, die mit Salbei gefüllt waren. Beschwingt fuhren sie zur Poststation und holten die Ersatzteile für Lorenzos VW-Bus ab.

Als sie den Heimweg antraten, wurde es dunkel. Hinter Villa Nova erreichten sie die Abzweigung ins Zoldotal.

»Wohin geht es, wenn man geradeaus weiterfährt?«, fragte Sofia.

»Nirgendwohin.« Lorenzo schaltete die Lichter ein.

»Das ist die Hauptstraße. Sie muss doch irgendwohin führen.« Er stieg aufs Gas.

»Da ist ein Schild. Was steht da?«

Lorenzo gab den Blinker heraus.

»Fahr nicht so schnell. Da steht … *Longarone*. Ist es in Longarone auch so hübsch?«

»Weiß ich nicht.«

»Du weißt nicht, wie es in deinem Nachbarort aussieht?«

»Der Ort wurde komplett neu aufgebaut.«

»Warum, Lorenzo? Warum mussten sie den Ort …?«

Mit quietschenden Reifen raste er in die Abzweigung nach Zoldo Alto.

»Was ist denn?« Sofia musste sich festhalten. »Bleib stehen!«

Er stieg auf die Bremse. Der Geländewagen schlingerte, rutschte noch ein paar Meter und hielt dicht an der Böschung. Lorenzo umklammerte das Lenkrad. Er starrte auf die Kontrollleuchte des Blinkers, die an- und ausging, an und aus.

»Um Gottes willen, was ist denn los?«, stammelte Sofia.

Sein Atem kam nur langsam zur Ruhe. Er löste die Hände und legte sie in den Schoß. Lorenzo stellte den Motor ab. »Entschuldige. Lass uns nach Hause fahren.«

Sie schaltete das Licht im Wageninneren ein. »Was ist in Longarone, Lorenzo? Ich möchte, dass du es mir sagst. Erst danach fahren wir nach Hause.«

Er sah sie an und löschte das Licht. Rund um sie, in der zerklüfteten Landschaft, versank der Tag. Noch war die Umgebung blau, bald würde sie grau und schwarz werden.

31

Allegra

Longarone, Juni 1958

»Wie viele Provinzen hat Italien? Wer kann mir das sagen?« Allegra trat vor die Landkarte.

»Zehn!«, rief der vorlaute Emilio.

»Falsch.« Allegra brauchte sich nicht umzudrehen, um seine Stimme zu erkennen. Er war der Lauteste und gab meistens die falsche Antwort. »Wer weiß es?«

»Zwanzig«, ließ sich die ernste Barbara vernehmen. »Es sind zwanzig Provinzen, Signorina.«

»Gut, Barbara. Kannst du mir einige davon nennen?«

Das Mädchen stand auf. Allegra konnte sich heute schon vorstellen, wie die Neunjährige als Erwachsene sein würde – ernst und gewissenhaft.

»Piemont, Lombardei, Venezien, Emilia-Romagna …«

»Danke. Wer weiß noch ein paar?«, unterbrach Allegra.

»Rom!«, rief Emilio.

Manchmal hatte die Lehrerin den Verdacht, dass er mit Absicht Unsinn daherredete. Emilio war ein Spaßmacher. Ihm kam es darauf an, die Klasse zum Lachen zu bringen.

»Rom ist keine Provinz, sondern die Hauptstadt welcher Region?«

Wieder schnellte Barbaras Hand nach oben. Allegra wollte es aber von jemand anderem hören.

Emilio wartete nicht ab, wen sie drannehmen würde. »Rom ist die Hauptstadt von Italien!«

Einige lachten.

»Danach habe ich nicht gefragt.«

»Aber ich habe es gewusst!«, krähte Emilio.

»Steh auf.«

»Warum?« Provozierend fläzte er auf seinem Stuhl.

»Weil ich es sage.«

»Nur weil Sie sagen, ich soll aufstehen, muss ich aufstehen?«

Allegra Garibaldi trug den Namen eines Revolutionärs. Es bestand keinerlei Verwandtschaft zwischen ihr und dem Freiheitskämpfer, dem Italien die Republik verdankte. Allegra sah sich auch nicht als Kämpferin, sie war Lehrerin aus Leidenschaft und spürte, dass sie hier ihren Platz gefunden hatte.

Rivalta war ein Dorf mit kaum 1000 Einwohnern, in dem sich die Grundschule für die umliegenden Ortschaften Longarone, Faé und Erto befand. In diesem Jahr unterrichtete Allegra nicht mehr die Kleinsten, sondern die Klasse der Acht- bis Zehnjährigen. Die Versetzung hatte Tränen gekostet. Ihre alte Stammklasse wollte die Signorina nicht gehen lassen. Bald merkte Allegra, dass bei den Älteren ein anderer Wind wehte. Während die Sechsjährigen in der Lehrerin noch eine Mutter sahen, probten die Größeren bereits den Widerstand. War es möglich, die Signorina aus der Fassung zu bringen? Wie weit konnten sie gehen? Allegra begriff, dass Kinder ein besonderes Sensorium für Schwäche besaßen, verlässlicher als mancher Erwachsene.

Ihre Kollegen nannten die hochgewachsene Signorina eine durchsetzungsstarke Frau, was nicht unbedingt als Kompliment gemeint war. Norditalien galt als fortschrittlicher als die Provinzen im Süden: Frauen bekleideten hier Bürgermeisterposten und Leitungspositionen in der Wirtschaft. Doch in den Dolomiten gingen die Uhren anders. Die Frauen leisteten harte Arbeit auf den Höfen, sie zogen die Kinder groß, doch das Sagen hatten immer noch die Männer. Dieselben Männer, die vor der resoluten Allegra einen Respektsabstand hielten. Mit ihr war nicht gut Kirschen essen. Wann hatte es in der Gegend je eine Frau von ein Meter achtzig Größe gegeben? Eine Frau mit hellgrünen Augen, aus denen Funken sprühten, wenn sie wütend wurde. Eine wahrhafte Schönheit, die mit ihren dreiundzwanzig Jahren noch keinen Mann hatte. Was stimmte nicht mit der schönen Allegra, fragten sich die Lehrer, der Direktor und die Männer von Rivalta.

»Du kannst es dir aussuchen«, antwortete sie dem frechen Emilio. »Entweder du tust, was ich sage, oder du bleibst nach dem Unterricht hier und schreibst die italienischen Provinzen hundertmal an die Tafel.«

»Ich habe nichts Falsches getan«, erwiderte er etwas kleinlauter.

»Aufstehen.«

Emilio gehorchte.

»Rom ist die Hauptstadt welcher Provinz?« Kühl betrachteten die grünen Augen den Delinquenten.

»Latium.«

»Du weißt es ja doch. Geh an die Tafel und schreib es hin.« Allegra wandte sich zur Landkarte.

Emilio machte einen letzten Versuch, sein Gesicht vor der Klasse zu wahren und blieb stehen.

»Muss ich es zweimal sagen?«

Mit hängenden Schultern schlurfte er nach vorn, nahm die Kreide und krakelte L-A-T-I-U-M an die Tafel.

Allegra zog die Karte Venetiens nach unten. »Und jetzt schreibst du die Einteilung unserer Heimatprovinz auf.«

»Haben wir die überhaupt schon durchgenommen?«, fragte er missmutig.

Barbaras Arm schoss in die Höhe.

»Barbara, du diktierst es Emilio«, forderte Allegra sie auf.

»Padua, Rovigo, Verona, Vicenza, Venedig und ...«

»Moment«, unterbrach die Lehrerin. »Eine fehlt noch. Die kennst du bestimmt, Emilio.«

Er hielt die Kreide erhoben. »Barbara hat sie alle genannt, glaube ich.«

Die Klasse lachte, weil die Aufgabe so leicht war. Sie lachten Emilio aus.

»Die Erde, auf der du stehst, die Luft, die du atmest, das Wasser, das du trinkst, wo gibt es das alles?«

»Ich weiß es nicht.«

»Wollt ihr es Emilio sagen?«

»Belluno!«, schrie die Klasse wie aus einer Kehle. »Belluno, Belluno!«

Als geschlagener Krieger kehrte Emilio auf seinen Platz zurück.

～

So jung er auch sein mochte, Lorenzo galt als Kronprinz der Eismacherfamilie Battaglia. Wenn ein Battaglia ein Projekt wie dieses in Angriff nahm, weckte das Interesse. Er fand es unzumutbar, dass die Menschen der Region gezwungen waren, alljährlich für sechs Monate ihre Heimat zu verlassen, um im Ausland Geld zu verdienen. Er fand es sogar entwürdigend. Deshalb hatte Lorenzo einen Plan entworfen. Deutsche, Österreicher, Schweizer, die ganze Welt lief nicht wegen der Gelatieri in die Eissalons, sondern wegen ihres Produkts. Gefrorenes war eine Ware und die konnte man genauso gut vor Ort herstellen. Was man brauchte, war ein funktionierendes Vertriebssystem, mit anderen Worten: moderne Gefrierwagen.

Lorenzo wollte den Erfolg seiner Idee aber nicht allein einheimsen, er lud seine Kollegen ein, daran mitzuverdienen. Er gründete eine Fachmesse für Speiseeis und nannte sie *Fiera del gelato*. Die Räumlichkeiten, eine leer stehende Lagerhalle, stellte er selbst zur Verfügung und schaffte die Grundausstattung an Maschinen an. Aus seiner Sicht erwuchsen den Eismachern nur Vorteile daraus. Es würde nicht mehr jeder nur für sich produzieren, sie teilten sich den Maschinenpark, und der Weg zum Arbeitsplatz war ein Katzensprung.

Wirtschaftlich sprach allerdings einiges dagegen. Longarone war ein kleiner Ort. Wenn überhaupt Fremde kamen, waren es Bergsteiger, die an Gefrorenem nur auf den Gletschern interessiert waren. Die Begeisterung für Lorenzos Vorhaben war zu Beginn gering.

Er brauchte eine Weile, bis er den eigentlichen Grund für die Zögerlichkeit herausfand: Die Eismacher *wollten* im Frühling und Sommer lieber in den reichen Städten im Norden sein, statt im Gebirge zu bleiben. Nach jedem Winter hatten sie die Nase voll von Kälte, Kargheit und Rückständigkeit. Sosehr sie sich im Herbst freuten, die Familie und die vertrauten Gesichter wiederzusehen, bot ihnen der Ausflug nach München, Wien und Zürich ein anderes Lebensgefühl. Im Norden galten sie als beliebte Exoten, in deren Eiscafés man Kinder glücklich machen konnte. Im Val di Zoldo waren sie eben nur Bippo und Fredo und Carlo, die man seit Ewigkeiten kannte.

Lorenzo zeigte sich geduldig, hartnäckig und erfindungsreich. Wie sein Vater Tancredi besaß auch er die Gabe, ungewöhnliche Eissorten zu kreieren, die er im Kühlwagen über die Alpen transportieren ließ. Damit versorgte er nicht nur seinen früheren Salon in Kulmbach, sondern gleich Dutzende davon. Viele Gelatieri waren inzwischen alt geworden und hatten ihre Betriebe an neue deutsche Eigentümer verkauft. Denen lag daran, weiterhin typisch italienisches Eis zu verkaufen. Sie nützten Lorenzos Angebot. Als die Zoldaner erkannten, wie rasch ihr Kollege eine

Menge Geld verdiente, schlossen sie sich seiner Genossenschaft an.

Es waren gute Jahre für den jungen Unternehmer. Man achtete und bewunderte ihn. Aber Lorenzo hatte weitergehende Pläne. Das alte Haus in Zoldo Alto, wo die Geschicke der Battaglias ihren Ausgang genommen hatten, würde er nie verkaufen. Zugleich wollte Lorenzo etwas Neues schaffen, das nur ihm gehörte. Thekla, seine Mutter, hatte in Minnesota ein gutes Leben gefunden, sie schrieb ihm häufig. Aus ihren Briefen las er, dass sie zufrieden war. Nichts anderes suchte Lorenzo, ein eigenes Leben und sein persönliches Glück.

Mit dem Geld, das vom Verkauf des Kulmbacher Eissalons übrig geblieben war, begann er in Longarone ein Haus zu bauen. Modern musste es sein, nicht nur die Stube sollte warm werden, daher ließ Lorenzo eine Zentralheizung einbauen. Um aufs Klo zu gehen, würde man nicht mehr hinters Haus laufen müssen.

In Deutschland gab es das alles längst, nun zog der Luxus auch in Longarone ein. Lorenzo engagierte eine Firma aus Belluno, die seine Pläne umsetzte. Seine Vorfreude hätte nicht größer sein können.

Die Leute von Longarone sahen in ihrem Ort ein Haus von solcher Größe entstehen, dass darin nicht eine, sondern drei Familien Platz gefunden hätten. Zu ihrer Bewunderung für Lorenzo mischten sich Neid und Häme. Sie lachten hinter seinem Rücken: Er war ein tüchtiger Unternehmer, aber mit seinem Geschick bei Frauen schien es nicht weit her zu sein. Warum hatte er noch keine gefunden? Traute er sich nicht, oder *konnte* er möglicherweise nicht? Während das Gebäude emporwuchs, bedauerten die Leute Lorenzo, wenn er einsam auf seiner Baustelle stand und weit und breit niemand in Sicht war, der ihm in seinem Haus Gesellschaft leisten wollte.

32

Die Stille nach dem Blitz

Auch eine Lehrerin war nur ein Mensch mit Nerven und Gefühlen. Aber eine Lehrerin sollte sich besser beherrschen können. Allegra war zu weit gegangen, das tat ihr leid. Sie wurde zur Schulleitung zitiert. Der Direktor unterrichtete Sport und Religion. Auch er kannte den frechen Emilio, hatte bereits Gespräche mit dessen Eltern geführt und den Eindruck gewonnen, dass auch sie ihrem Sohn nicht gewachsen waren.

Der Direktor bot Allegra einen Stuhl an. »Was haben Sie nach Emilio geworfen, Kollegin? Es soll ein Stein gewesen sein oder eine Büchse.« Stehend wartete er, bis sie Platz genommen hatte.

»Meinen Schlüsselbund«, antwortete Allegra ernst.

»Sie haben einen Schlüsselbund nach Ihrem Schüler geworfen?« Der Direktor drehte den Füller zwischen seinen Händen. »Kein großer Schlüsselbund, hoffe ich.« Er bemühte sich, entlastende Argumente für Allegra zu finden.

»Der Schlüssel für mein Haustor hängt auch daran«, gab sie zu. »Er ist aus Gusseisen.«

»Wie kam es denn …? Ich meine, welchem Umstand ist es zuzuschreiben, dass Sie den Schlüsselbund …?«

Der Direktor war Witwer, nicht mehr jung, aber bemüht, sich ein jugendliches Aussehen zu verleihen. Die flotten Farben seiner Jacken, die gemusterten Westen, die bunten Krawatten, so kleideten sich junge Männer in Belluno, wenn sie die Promenade auf und ab stolzierten. Der Direktor hatte Allegra gegenüber einmal die Andeutung gemacht, dass ein Leben ganz allein doch nicht das Richtige sei.

Sie wollte nicht, dass er aus Sympathie ein zu sanftes Urteil fällte. »Es war meine Schuld. Ich werde mich bei Emilio und Emilios Eltern entschuldigen. Wenn Sie darüber hinausgehende Maßnahmen verhängen, füge ich mich Ihrem Urteil, Herr Direktor.«

»Aber, aber, liebe Signorina, wir wollen die Kirche im Dorf lassen. Es ist ja nichts Schlimmes passiert.«

»Emilio hat geblutet.«

»Aber schon nach fünf Minuten hat es zu bluten aufgehört.«

»Werden Sie mich in eine andere Klasse versetzen?« Allegra bemerkte, dass einer ihrer Blusenknöpfe aufgegangen war und schloss ihn.

»Ich habe nicht genügend Personal für so einen Wechsel.« Er machte eine begütigende Handbewegung. »Was war der Auslöser für den Schlüsselwurf?«

Allegra schilderte den Vorfall sachlich pädagogisch. Man hätte es auch einfacher beschreiben können: Emilio hatte sich geweigert, einen Wald zu zeichnen. Die Aufgabe im Kunstunterricht lautete *Wald*. Die Klasse hatte angefangen, Bäume zu malen. Nach wenigen Sekunden hatte Emilio sich zurückgelehnt. Allegra begutachtete seine Arbeit. Sie sah darauf nur einen einzelnen Nadelbaum.

»Das ist kein Wald. Das ist ein Baum.«

»Es ist ein Wald, nachdem die Holzfäller drin waren.«

Gekicher setzte in der Klasse ein.

»Ich möchte von dir einen Wald sehen, *bevor* die Holzfäller drin waren.«

»Das haben Sie aber nicht gesagt.«

Sie zwang sich zur Ruhe. »Zeichne einen Wald, Emilio.«

»Ich bin schon fertig.«

Sie versuchte es mit einem Witz. »Und wenn ich dir sage, dass die Holzfäller krank sind und den Wald nicht fällen können?«

»Das ist noch nie vorgekommen, dass alle Holzfäller auf einmal krank sind.« Anschwellendes Gelächter. »Ich bin fertig, Signorina. Darf ich gehen?«

»Du bist nicht fertig.«

Er stand auf und lief zur Tür.

»Du bleibst hier!«

Emilio fasste nach der Klinke.

Sie griff in ihre Jackentasche, spürte den Schlüssel und zog ihn hervor. Er flog durch die Luft und traf den Jungen hinter dem Ohr. Er schrie nicht, war nur sehr erschrocken, fasste sich an die verletzte Stelle und sah die Lehrerin an. Während dieses Blickes geschah etwas zwischen ihnen.

»Ist dir etwas passiert? Lass mal sehen.« Während sie auf ihn zulief, begann die Schuld an ihr zu nagen. Willenlos ließ Emilio sich untersuchen. »Das tut mir leid. Das wollte ich nicht.«

Er, der sonst auf alles eine freche Antwort wusste, schwieg. Er war blass geworden.

Barbara hob den Schlüssel auf und brachte ihn Allegra. »Hier, bitte, Signorina.«

»Das muss der Schularzt untersuchen.«

Die Schule hatte keinen Schularzt. So bezeichneten sie den praktischen Arzt, dessen Praxis um die Ecke lag.

Dem Direktor lag an einem harmonischen Abschluss der Angelegenheit. »Warum unternehmen Sie heute nicht etwas mit Ihrer Klasse? Damit wieder Ruhe einkehrt.«

»Wollen Sie mir nicht erst meine Strafe nennen?«

»Also schön, ich erteile Ihnen einen Verweis, Signorina«, antwortete er ungeduldig, erheiterte sich aber gleich, denn er hatte eine Idee. »Warum gehen Sie mit den Kindern nicht Eis essen? Emilio soll eine extragroße Portion bekommen. Was meinen Sie zu meinem Vorschlag?«

Allegra war mit dieser Lösung unzufrieden. Sie glaubte an das Prinzip von Ursache und Wirkung und fand, sie sei zu glimpflich davongekommen. Ein Blick aus dem Fenster, es war ein wunderbarer Junitag. An so einem Tag sollte man tatsächlich nicht im dumpfen Klassenzimmer sitzen und einen Wald malen. Man sollte in den Wald gehen, Blätter sammeln, sie mitnehmen und beim nächsten Kunstunterricht nachzeichnen.

»Ich mache mit den Kindern lieber einen Ausflug in den Wald.«

»Sie wollen zeigen, dass es Ihnen leidtut, Kollegin«, gab der

Direktor zurück. »Dafür ist der Wald der falsche Ort. Nehmen Sie die Fahrräder, radeln Sie nach Longarone und kaufen Sie Ihren Schülern Gefrorenes. Danach will ich von der ganzen Sache nichts mehr hören.«

Allegra kehrte ins Klassenzimmer zurück. Emilio hatte beim Arzt ein Pflaster hinters Ohr bekommen. Sie wartete, bis Ruhe eingetreten war. »Wir nehmen die Fahrräder. Wir fahren nach Longarone.«

»Was machen wir in Longarone?«, fragten einige.

»Ich bin mit meinem Wald noch nicht fertig«, sagte Barbara.

»Vergiss den Wald. Wir essen ein Eis. Ich lade euch ein.«

Allegra und Emilio wechselten einen Blick. Beide spürten, dass sich etwas verändert hatte.

~

Während sie den Hügel hochfuhren, mussten sie auf Barbara warten. Richtung Longarone ging es dann wie im Flug bergab.

»Seid vorsichtig! Nicht so schnell!«, rief Allegra.

18 Fahrräder hielten vor der Halle mit der leuchtend roten Aufschrift *fiera del gelato*. Allegra hatte von der Genossenschaft gehört, doch obwohl Rivalta und Longarone nur durch einen Hügel getrennt waren, wusste sie nicht, was sie sich darunter vorstellen sollte. Zunächst beeindruckte sie die Größe. Das war kein Eisgeschäft, das mussten zwanzig Eisgeschäfte sein. Nicht nur das: In der Halle wurde das gesamte Zubehör angeboten, das man für die Eisherstellung brauchte. Kühlgeräte, Rührwerke in verschie-

denen Größen, moderne Maschinen, die die Arbeitsvorgänge vom Anrühren bis zur fertigen Eiscreme vollautomatisch erledigten. Auch Waffeleisen für die Herstellung der knusprigen Tüten wurden angeboten, die nach österreichischer Tradition *Stanitzel* hießen.

»Sta – nit – zel«, sprachen die Schüler das schwierige Wort aus.

Im hinteren Teil der Halle wurden Obstsorten gelagert, die man in der Gegend sonst nicht bekam: Südfrüchte, Trauben und andere Köstlichkeiten, deren Namen Allegra heute zum ersten Mal hörte.

Zum Eisessen war sie aus dem Nachbarort herübergekommen und sah sich mit einem Betrieb konfrontiert, der im verschlafenen Longarone blühte und gedieh. Sie waren nicht die einzigen Besucher. Nach den unterschiedlichen Sprachen zu urteilen, waren neben Italienern auch Deutsche, Niederländer, sogar Skandinavier hier. Man begutachtete den Herstellungsprozess, ließ sich beraten, erkundigte sich nach Liefermengen. Hinter großen Glasscheiben entdeckte Allegra Büros, in denen offenbar Bestellungen aufgegeben und Verträge geschlossen wurden.

»Wann kriege ich mein Eis?«, fragte Emilio, der verstanden hatte, dass der Klassenausflug das erlittene Unrecht an ihm wieder gutmachen sollte.

»Ich weiß nicht recht. Das Angebot ist … Man kann sich gar nicht entscheiden. Welche Sorte möchtest du?«

»Cremeeis.«

Emilio erntete die Zustimmung seiner Mitschülerinnen.

»Nur Cremeeis?« Sie zeigte auf die vielen Sorten in unterschiedlichen Farben, die in den Rührmaschinen in Arbeit waren.

»Ist das nicht ein bisschen einfallslos?«

»Nichts an Cremeeis könnte einfallslos sein«, sagte eine unbekannte Stimme. »Gutes Cremeeis zu machen, ist eine Kunst.«

Hinter einem Verkaufsstand hantierte ein Mann, nicht eben groß, nicht eben kräftig, mit gelocktem schwarzem Haar. Das Auffälligste an ihm waren seine dichten Augenbrauen.

»So, meinen Sie?«, entgegnete Allegra.

Die Geräte an seinem Stand wirkten antiquarisch. Kein Chrom blitzte, nichts wurde vollautomatisch gerührt. Auf einer altmodischen Waage wog er Zutaten ab.

»So viel Zucker nehmen Sie?«, staunte Emilio.

»Das ist die Menge für meinen Tagesbedarf«, antwortete der junge Mann. »100 Liter Milch, 40 Kilo Zucker und 80 Eier ergeben 120 Kilo Cremeeis.«

»Wer soll denn 120 Kilo Eis essen?«, fragte Barbara todernst.

»Der Kühlwagen wird bald hier sein. Er bringt die Menge nach Passau. Der Kunde wartet schon.«

Der Eismacher setzte die Maschine in Gang. Die Masse nahm langsam die Farbe der Eier an.

»Müssen Sie alles nach Passau schicken?« Emilio drängte sich vor. »Könnte ich nicht eine Portion Cremeeis in dem ähm … Sta – nit – zel bekommen?«

»Ich denke, eine fehlende Portion wird in Passau nicht auffallen. Aber noch ist es kein Eis. Komm in 20 Minuten wieder, dann ist dein Cremeeis fertig.« Er betrachtete die 20 Kinder, betrachtete auch die Lehrerin.

»Ich möchte kein Cremeeis«, sagte sie.

Diese Lehrerin war ein Stück größer als er, ihr Haar fiel tief über den Rücken. Augen wie diese hatte der Gelatiero noch nie gesehen. »Was ist denn Ihre Lieblingssorte?«

»Fruchteis. Aber da Sie nur Cremeeis haben, gehe ich weiter.« Sie wandte sich zum nächsten Stand, wo Melonen, Orangen und Bananen ausgestellt lagen. Hier schien allerdings niemand zu bedienen.

»Hallo?«, rief Allegra.

Ein Vorhang wurde zurückgezogen. Der junge Eismacher mit dem schwarzen Haar und den dichten Augenbrauen trat ein. »Was kann ich für Sie tun, Signorina?«

»Schon wieder Sie? Vertreten Sie einen Kollegen?«

»Der Stand gehört mir. Darf ich Ihnen, was die Eissorte betrifft, einen Vorschlag machen?« Er knipste einen Schalter um. Eine Anzeigentafel leuchtete auf. »Das sind die Sorten, die ich für die diesjährige Saison vorbereite. *Mandorla tostata, Macedonia, Dattero, Gianduiotto* ... «

»Was ist Gianduiotto?«

Die Klasse war hinterhergekommen, allen voran Emilio.

»Das ist eine Nusspraline aus Turin«, antwortete der Eismacher. »Man kann die Geschmacksrichtung auch als Gefrorenes herstellen.«

»Wie meinen Sie das, Sie haben die Sorten für die Saison vorbereitet?«, fragte Allegra.

»Ich habe sie erfunden.«

»Rühren Sie die Masse denn nicht nur an?«

»Irgendwo muss die Masse schließlich herkommen«, gab er lächelnd zurück. »Die Mischung fällt ja nicht vom Himmel.«

Hinter sich hörte Allegra das Gekicher, das ihr im Klassenzimmer so auf die Nerven ging. »Woher können Sie das?«

»Darf ich mich vorstellen: Lorenzo Battaglia.«

»Sie sind …?«

»Meine Großeltern sind aus diesem Tal fortgezogen und haben in Wien den ersten Eissalon eröffnet. Mein Vater, Tancredi Battaglia, hatte einen ungewöhnlich feinen Geschmackssinn. Wenn ich nur ein bisschen von seinem Talent geerbt habe, kann ich stolz sein.«

»Hat denn nicht jemand, der Battaglia heißt, diese Genossenschaft ins Leben gerufen?«

»So ist es, Signorina.«

Allegra spürte die Blicke ihrer Klasse. »Wenn Sie das alles gegründet haben, warum arbeiten sie dann an der uralten Maschine?«

»Es ist die Maschine meines Vaters. Ich habe sie aus Deutschland mitgebracht und halte sie in Ehren.«

»Und Ihr Vater …?«, fragte sie ein wenig sanfter.

»Er ist hier gestorben. Ich komme jeden Tag an seinem Grab vorbei.«

Mit einem Mal wurde es still. Nicht die Stille, wenn irgendwo das Licht ausgemacht wurde und man sich erst an die Dunkelheit gewöhnen musste. Nicht die Stille, wenn die Grillen nachts plötzlich zu zirpen aufhörten. Vielleicht war es die Stille, nachdem ein Blitz vom Himmel herabgezuckt war und man auf den Donnerschlag wartete. Ja, es war die Stille zwischen Blitz und Donner. In dieser Stille sahen die Schüler und Schülerinnen einander an. Sie verstanden nicht genau, was passierte, aber auf unerklärliche Weise verstanden sie es doch. Eine Brücke wurde geschlagen, ein Band wurde geschlungen.

Signorina Garibaldi entschied sich für *Gianduiotto*. Der Eismacher gab ihr eine Kugel Traubeneis obendrauf und machte sie auf den Kontrast zwischen süß und sauer aufmerksam. Sie kamen ins Gespräch. Allegra erzählte von der Schule und gab zu, dass ein Besuch bei den Eismachern nicht zum Lehrplan gehöre. Lorenzo wunderte sich, wieso man einander noch nie über den Weg gelaufen sei, obwohl die Ortschaften doch so nahe waren.

»Natürlich sind wir uns nicht begegnet«, antwortete Allegra. »Weil Ihre Kinder nicht bei mir in die Schule gehen.«

»Das liegt daran, dass ich keine Kinder habe.«

»Im Val di Zoldo hat jeder Kinder.« Lächelnd zupfte sie an ihrem Blusenkragen.

»Ich lasse mir eben Zeit damit.«

»Ist mein Eis schon fertig?«, meldete sich Emilio, der spürte, dass er als Hauptperson in Vergessenheit geriet.

33

Der Heiratsmarkt

Der Größenunterschied machte Lorenzo Sorgen. Keiner der Battaglias war besonders groß gewachsen. Als Kind hatte sich Lorenzo vor den deutschen Soldaten erschrocken, diesen Riesen mit blitzenden Emblemen an den Uniformen und Stiefeln, mit denen sie durch die Gassen Kulmbachs knallten. Lorenzo hoffte auf Allegras Feingefühl, zu der Verabredung keine Stöckelschuhe zu tragen.

In diesem Punkt ließ ihr Feingefühl zu wünschen übrig. Sie kam in einem schwingenden hellgrünen Kleid, dazu passten am besten hochhackige Sandalen.

Lorenzo holte sie mit dem Auto ab, ließ sie einsteigen und schloss hinter ihr die Tür. Die Höhe ihrer Absätze war ihm nicht entgangen. »Ich dachte, wir fahren nach Belluno.«

»Bis wir dort sind, ist es dunkel.«

»Stört Sie das?«

»Ich möchte die Sonne noch genießen. Den ganzen Tag bin ich im Klassenzimmer … «

»Das habe ich nicht bedacht.« Er startete und ließ den Lieferwagen den Hang hinunterrollen. »In der Trattoria von Dogna haben sie eine Terrasse.«

»Dogna liegt am anderen Piaveufer.«

»Ich weiß.«

»Aber die Brücke ist geschlossen.«

»Nicht für Baustellenfahrzeuge.«

»Das ist kein Baustellenfahrzeug.«

»Die Leute auf der Brücke kennen mich. Sie wissen, wenn ich den Umweg über die Brücke bei Ponte nelle Alpi nehmen muss, wäre mein Eis geschmolzen.«

Allegra warf einen Blick in den Laderaum. »Sie haben kein Eis dabei.«

Lächelnd schaltete Lorenzo in den dritten Gang. »Das wissen die Leute auf der Brücke aber nicht.«

»Gut. Fahren wir nach Dogna.«

Er nahm die Serpentinen schneidig. »Wussten Sie, dass in Dogna früher die Grenze zu Österreich verlaufen ist?«

Sie schmunzelte. »Ich bin die Lehrerin in der Gegend. Haben Sie das vergessen?«

Sie erreichten die Brücke. Lorenzo fuhr dicht an die Absperrung heran. Man hatte dem Posten eine hellblaue Jacke und einen Schutzhelm gegeben.

»Ich bringe Eis nach Dogna.«

»Die Brücke ist geschlossen«, antwortete der Posten.

»Eine Hälfte der Brücke ist wieder befahrbar«, hielt Lorenzo dagegen.

»Trotzdem kann ich Sie nicht durchlassen.«

Lorenzo spürte Allegras prüfenden Blick. »Warum nicht?«

»Weil ich hier stehe, um keinen durchzulassen.«

Der Erfolg des Abends hing davon ab, dass Lorenzo sich durchsetzte. »Hey, Tino!«, rief er.

In der Brückenmitte drehte sich ein Mann mit dem gleichen Bauhelm um. »Was gibt's?«

»Ich fahre Eis nach Dogna!« Lorenzo winkte.

Die Sekunden bis zur Entscheidung des Vorarbeiters schienen Lorenzo endlos.

»Kann passieren!«, rief der Polier zurück.

So schnell wollte der in der blauen Jacke seine Autorität nicht abgeben. »Aber mir wurde gesagt ... «

»Lass ihn durch und fall mir nicht auf die Nerven.«

»Ich frage mich, warum ich überhaupt hier stehe.« Der Blaue öffnete die Absperrung.

Allegra nickte ihm zu. »Das ist sehr nett von Ihnen.«

»Mit Vergnügen, Signorina.« Im selben Moment war sein Groll vergessen.

Lorenzo und Allegra aßen in der *Piccolo Ranch,* einer Gastwirtschaft, deren Besitzer nach Texas hatte auswandern wollen. Als daraus nichts wurde, schuf er sein eigenes Texas in den Dolomiten. Lorenzo staunte, dass Allegra nach den Bruschetti und der Pasta noch gegrillten Fisch bestellte und mehr Wein trank als er selbst. Ihre Laune wurde mit jedem Glas ausgelassener. Lorenzo erzählte von der Eisherstellung und wünschte sich, ihm würde etwas Interesanteres einfallen.

»Wie gut, dass wir nicht nach Belluno gefahren sind«, sagte

sie. »Wenn wir bald aufbrechen, haben wir am Fluss jetzt das schönste Licht.«

Unter den schräg einfallenden Sonnenstrahlen verwandelte sich die Piave in ein glitzerndes Band. Allegra und Lorenzo wanderten an diesem Strom aus Licht entlang. Zwischen Weiden, Erlensträuchern und Schilf spielte sich überraschend viel Leben ab. Der Uferweg, die Buchten, die Kiesstrände waren von sonderbarem Volk erfüllt.

»Wer sind die alle?«, fragte Lorenzo. »Was ist das hier?«

»Der Heiratsmarkt«, antwortete Allegra mit warmer Stimme. »Zu Hause können sich die jungen Leute nicht treffen, da sind ihre Eltern. Auf den Straßen wäre es unmöglich. Für die Trattoria fehlt ihnen das Geld. Also verabreden sie sich am Fluss.«

Das war ein Schlendern und Lachen, rundum gab es große Gesten, leise Worte und überraschte Ausrufe. Manche Paare lagen unter Bäumen, andere saßen am Wasser, hatten die Schuhe ausgezogen und ihre Jacken für die Mädchen hingebreitet. Es war ein stilles Vergnügen. Hier geschah nichts, was sie ihren Eltern nicht hätten erzählen können.

»Wie jung sie alle sind«, sagte Lorenzo im Vorübergehen.

»Wir sind auch jung.« Allegra schritt zügig aus.

»Manchmal komme ich mir nicht mehr jung vor.«

»Dummkopf.«

»Warum sagen Sie das?«

An dieser Stelle befand sich ein kleiner Gehweg, höher als die ungepflasterte Straße. Allegra ließ Lorenzo oben gehen. Plötzlich war der Größenunterschied zwischen ihnen aufgehoben. Sie legte die Arme um seinen Nacken und zog ihn zu sich. Allegra küsste Lorenzo lange und selbstvergessen. Sie sahen einander an. Umarmt gingen sie weiter.

Erst als sie wieder im Auto saßen, stellte sich Beklemmung ein. Vorhin war gerade das Größte geschehen, nichts Größeres hätte es für Lorenzo geben können. Sollte, durfte er etwas dazu sagen, oder vertrieb er damit das Geheimnis, das Wunder? Er war froh, dass es dämmerte, das machte es leichter, durch die neue Welt zu fahren. Neu war es für ihn, unbekannt und überwältigend. Allegra, dachte er, Allegra! Er konnte nicht aufhören, ihren Namen zu denken.

Auf der Brücke brannte schwaches Arbeitslicht, sonst war alles dunkel. Die Arbeiter hatten sich längst auf den Heimweg gemacht. Die Brücke war von beiden Seiten gesperrt.

»Das wusste ich nicht«, sagte Lorenzo. »Es tut mir leid.«

Sie lehnte sich an seine Schulter. »Dann nehmen wir eben die Brücke bei Ponte nelle Alpi.«

»Das ist ein ziemlicher Umweg.«

»Stört es dich, wenn ich ein bisschen schlafe?«

»Nein.«

»Das ist der Wein.«

»Es war ein langer Tag.«

Vorsichtig legte er den Arm um sie. Er roch ihr Haar, spürte, wie ihr Körper langsam weich und schwer wurde, wie sie tief atmete. Lorenzo fuhr durch die Nacht. Keine Nacht war je schöner gewesen.

34

Emilio sei Dank

»Darf ich dir etwas zeigen?« Diesmal holte er sie von der Schule ab.

»Wo denn?«

»In Longarone.«

»Was könnte es in Longarone Interessantes geben?« Heute war sie ganz in Blau und trug flache Schuhe.

»Warte, bis wir dort sind.«

Kurz darauf parkte Lorenzo vor einer Baustelle. Das Haus war fast fertig.

Sie stieg nicht aus. »Ein Haus und weiter?«

»Es ist mein Haus.«

»Ich dachte, euer Hof steht in Zoldo Alto.« Allegra setzte einen Fuß ins Freie. »Willst du mit deiner Familie denn nach Longarone übersiedeln?«

»Meine Leute ziehen nicht fort aus Zoldo Alto, so viel ist sicher.«

»Aber wer soll dieses riesige Haus bewohnen?«

Lorenzo sagte es ihr. Er erklärte, er wolle Kinder haben. Er sagte, dass er das Haus für seine Familie gebaut habe, und fragte Allegra, ob sie sich vorstellen könne, in diesem Haus zu leben. Ein leichter Wind ging durch die Bäume, er bewegte die Plastikplanen auf der Baustelle.

Ein Heizungsmonteur kam aus dem Keller und trat vor die Tür. »Wir können den Warmwasserkessel nicht anschließen.«

»Warum nicht?«, fragte Lorenzo.

»Weil Sie uns Anderthalbzollrohre gebracht haben.«

»Sie sagten ausdrücklich, ich soll Anderthalbzollrohre aus Belluno holen.«

»Der Kessel hat aber Anschlüsse für Zweizollrohre.«

»Warum haben Sie mich dann Anderthalbzollrohre bringen lassen?«

»Weil wir den Kessel erst vorhin ausgepackt haben.«

»Ich kümmere mich später darum.«

Lorenzo sah Allegra an. Der Tag war trüb. Es begann zu nieseln. Sie hatte inzwischen Zeit gehabt, über Lorenzos Angebot nachzudenken. Hatte sie überhaupt verstanden, was er meinte? Sein Herz raste. Er lehnte sich an den Lieferwagen, um nicht umzufallen.

»Was sagst du dazu?«

Allegra sah zum grauen Himmel empor. »Nach welcher Sonnenseite liegt das Haus?«

»Es hat Abendsonne.« Er zeigte nach Westen. »Aber die Küche liegt in Richtung des Sonnenaufgangs.«

»Hast du keine Angst vor Winterstürmen?«

»Die kommen aus Westen, das stimmt. Bei uns in Zoldo wäre es verrückt, ein Haus nach Westen auszurichten. Aber an der felsigen Flanke, siehst du, dort bricht sich der Wind. Das Haus ist geschützt.«

»Ich müsste jeden Tag von Longarone nach Rivalta radeln«, sagte sie nachdenklich. »Bei jedem Wetter.«

»Ich habe einen Fiat. Ich brauche ihn nicht, weil ich immer mit dem Lieferwagen fahre.«

Lorenzo sagte ihr, dass er sie liebe. Dass er noch nie jemanden außer seinem Vater so geliebt habe wie sie.

»Woran ist Tancredi gestorben?«

»Tuberkulose. Ich war noch ziemlich klein.«

»Das ist schlimm.«

Er wusste nicht, was er seinem Angebot noch hinzufügen sollte. Daher fragte er sie nach ihren Eltern und erfuhr, dass beide wohlauf waren.

Der Wind nahm zu, der Regen wurde stärker.

»Willst du nicht hineingehen?«

Allegra verschränkte die Arme und folgte ihm zur Eingangsschwelle. Lorenzo beschloss, nicht eher einzutreten, bis er eine Antwort von ihr bekommen hatte. Während der Regen stärker wurde, bat Lorenzo Allegra um ihre Hand.

Sie schlug den Jackenkragen hoch. »Ich möchte meinen Beruf nicht aufgeben.«

»Warum solltest du das tun?«, fragte er überrascht.

»Viele Männer verlangen das von ihren Frauen, wenn sie heiraten.«

Sie zogen sich unter das Vordach zurück. Es regnete in Strömen.

»In dieses Haus sollte unbedingt eine große Familie einziehen«, sagte sie nachdenklich. »Dann könnte es sehr schön sein.«

Lorenzo verstand, sie wollte ihm keine direkte Antwort geben. Sie scheute sich davor, ihn zu verletzen.

»Wir sollten die Besichtigung verschieben, bis das Wetter besser ist.« Er bot ihr an, zum Wagen zurückzukehren.

»Nein, im Gegenteil. Man muss ein Haus immer bei schlechtem Wetter besichtigen. Im Sonnenschein sieht jede Bruchbude freundlich aus.«

»Da haben wir uns ja den besten Tag ausgesucht.« Er wischte sich das nasse Haar aus der Stirn.

Allegra trat über die Schwelle. Im Flur war es dunkel.

Er ging voraus. »Der Strom ist bereits angeschlossen, aber wir haben noch keine Lampen hier.«

Im Zwielicht blieb sie stehen. »Vielleicht später, wenn die Kinder da sind«, sagte sie plötzlich.

»Wie meinst du?«

»Dann könnte ich meinen Beruf aufgeben. Aber im Augenblick wüsste ich nicht, wie die Schule ohne mich auskommen soll.«

»Wenn die *Kinder* da sind?«

Lorenzo verstand nicht, wieso der Flur plötzlich strahlend hell wurde. Ihm war, als müssten das Haus und Allegra und er im nächsten Moment vor Glück zu fliegen beginnen. Stattdessen tauchte der Heizungsmechaniker mit einer Halogenlampe aus dem Keller auf. Der Mann zog ein Kabel hinter sich her.

»Sie müssen sich das ansehen.« Er leuchtete in die Tiefe.

»Was denn?«

»Im Keller kommt irgendwo Wasser rein. Ich vermute, es drückt von der Böschung nach innen.«

»Wir haben das Fundament dreimal isoliert.« Lorenzo wollte die Verzauberung des Augenblicks nicht abstreifen.

»Sie sollten besser runterkommen.« Der Mechaniker schwenkte die Lampe.

Allegra stieß Lorenzo an. »Geh nur.«

»Ich wollte dir alles zeigen.«

»Ich warte so lange auf dich.«

»Du *wartest* auf mich?«, fragte er leise.

»Ich habe schon ziemlich lange auf einen wie dich gewartet. Da kann ich auch noch ein paar Minuten länger warten.«

~

Als Allegra Battaglia im darauffolgenden Jahr mit einer stimmungsvollen Feier verabschiedet wurde, trug sie keine hohen Absätze mehr. Je bequemer die Schuhe, desto besser. Es konnte jeden Moment so weit sein. Allegra hatte ihre Klasse bis zum neunten Monat unterrichtet.

Rivalta war eine kleine Schule. Es verstand sich von selbst, dass alle ausnahmslos zum Abschied ihrer Lehrerin zusammenkamen. Der Direktor sprach über den Fleiß und die Herzenswärme, mit der Allegra den Lehrstoff an ihre Schutzbefohlenen weitergegeben hatte. Darauf sang die Klasse ein Lied, das sie zu diesem

Anlass einstudiert hatte. Da auch Barbara mitsang, klang es ein bisschen falsch. Als der offizielle Teil vorbei war, trat der kleine Emilio auf seine Lehrerin zu.

»Ich habe ...« Er, der Rotzfreche, wusste nicht weiter und hielt Allegra eine Papierrolle hin.

»Was ist das?«

»Das habe ich für Sie gemalt, Signorina ... Ich meine, Signora Battaglia«, verbesserte er sich.

Allegra wollte das Band um die Rolle öffnen.

»Bitte warten Sie, bis ich weg bin«, sagte er rasch.

»Wieso denn?«

»Vielleicht gefällt es Ihnen nicht.«

»Emilio, du weinst ja.«

Der Kleine rannte aus dem Klassenzimmer.

Allegra entrollte seine Zeichnung und musste sie erst herumdrehen, um zu verstehen, was es war. »Ein Wald«, flüsterte sie. »Emilio hat mir einen Wald gezeichnet.«

»Was bedeutet das?«, fragte Lorenzo.

Allegra stand auf, hielt ihren Bauch mit beiden Händen und ging vorsichtig zur Tür. »Hier war es.«

»Was denn?« Er kam ihr nach.

»Genau hier hat mein Schlüsselbund Emilio am Ohr getroffen.«

»Du hast den Schlüsselbund nach einem Kind geworfen?«

Verwundert sah sie ihn an. »Im Grunde haben wir es Emilio zu verdanken, dass wir uns kennengelernt haben. Hätte er nicht geblutet, wäre ich nicht zum Direktor bestellt worden. Hätte ich nicht die Aussprache mit dem Direktor gehabt, wäre ich mit meiner Klasse nicht zum Eisessen nach Longarone gefahren.«

»Emilio sei Dank.« Lorenzo umarmte sie.

»Nicht so fest, du drückst mich.« Sie drehte ihren Bauch zur Seite.

»Entschuldige.«

»Ich bin müde.«

»Wir gehen nach Hause.«

»Ja, nach Hause.« Ohne noch einen Blick zurückzuwerfen, verließ Allegra ihr Klassenzimmer für immer.

35

Der Damm

Bei den Battaglias schien es Tradition zu sein, dass die Mädchen zuerst geboren wurden. Allegra brachte Zwillingsmädchen zur Welt, Apollonia und Maria, nach den Großmüttern beider Familien benannt. Anderthalb Jahre später folgte Antonio, genannt Tonino.

»Er ist das Abbild meines Großvaters«, sagte Lorenzo, als Mutter und Kind wieder zu Hause waren.

»Woher weißt du, wie dein Großvater als Baby aussah?«

»Die Augen, schau nur, sie sind vorwitzig und vorsichtig zugleich. Diesen Blick hatte mein Nonno.«

»Die meisten Neugeborenen sehen ähnlich aus«, entgegnete Allegra. »Nur ihre Eltern deuten besondere Eigenheiten in sie hinein.« Sie gab Tonino die Brust.

In Longarone, auch in Zoldo Alto oder in Rivalta, sowohl im Zoldotal als auch im Cadoretal waren die Leute davon überzeugt, dass sie noch nie eine glücklichere Ehe erlebt hatten. Allegra und Lorenzo, das war die pure Liebe; anders konnte Liebe nicht aussehen, anders sollte sie nicht sein. Wenn Lorenzo morgens in seine Genossenschaft kam, sah man ihm das Glück von Weitem an. Sobald er irgendetwas erzählte, das nichts mit der Eisherstellung zu tun hatte, sprach er von Allegra. Berichtete er von den Kindern, erzählte er immer wieder, was für eine großartige Mutter sie sei.

Jeder wusste, dass es vollkommenes, zeitloses Glück nicht gab, doch die Battaglias schienen an dieses Ideal nahe heranzukommen. Das mochte der Grund sein, weshalb niemand ihnen ihr Glück neidete. An der jungen Familie lasen die Menschen ab, dass die Liebe die stärkste Kraft im Universum darstellte und dass, wer liebte, alles, tatsächlich alles überwinden konnte.

Eine Nacht, nur ein paar Minuten genügten, um die Macht der Liebe ad absurdum zu führen. Es gab stärkere Mächte im Universum.

Sie wussten es nicht, keiner von ihnen. Wie konnten die Battaglias und die anderen ahnen, dass eine späte Zeit für sie gekommen war und die Dunkelheit hereinbrechen würde, dass dieser Moment noch voll Hoffnung war, der nächste aber Trauer und Asche in sich trug? Einmal noch Atem holen, einmal noch Gemeinsamkeit erleben, Liebe und Freundschaft. Es war der Winter der Gedanken, die letzte Zuflucht vor dem Endgültigen.

Hier war das Land, dem sie jahrhundertelang ihr Leben abgetrotzt hatten, ein karges Land, zwei Täler inmitten der Dolomiten, aber sie achteten, liebten dieses Land. Sie waren hier geboren worden, hatten hier gelebt und ihrem Fluss, der Piave, zugesehen, wie er sich aus den Bergen in wärmere, südliche Gefilde aufmachte. Wie hätten sie wissen sollen, dass ausgerechnet die Piave sie dem Abschied entgegenreißen würde?

Italien hatte im Vajont-Tal den höchstgelegenen Staudamm Europas errichtet. Am 9. Oktober 1963 machten Wartungsarbeiter auf der Staumauer Mittagspause und beobachteten dabei ein alltägliches Naturschauspiel. Gesteinsbrocken des Monte Toc stürzten in den Stausee. Auf ihrem Weg in die Tiefe rissen sie Bäume aus den steilen Wäldern mit sich.

Die Einwohner der unter dem Staudamm liegenden Gemeinden wussten um den langsamen, nicht weiter gefährlichen Bergrutsch. Vom Dorf Casso aus, das gegenüber dem Monte Toc lag, konnte man die Risse im Berg gut erkennen. Einige im Tal machten sich Sorgen, manche hatten Ahnungen oder Träume. Die Verantwortlichen bezeichneten solche Warnungen als Schreckgespenster.

Nicht weit von der Talsperre entfernt lag das Elektrizitätswerk Soverzene. Dort trieb das Wasser des Stausees vier riesige Turbinen an. Täglich wertete der Direktor die Erdbewegungen des Monte Toc aus. Am 9. Oktober wurden ihm so hohe Daten übermittelt, dass er eine Fehlmessung vermutete. Telefonisch teilte er den Talsperrenbetreibern seine Zweifel mit. Aus dem tiefer gelegenen Kontrollraum erklärte man ihm, man könne mitansehen, dass viel mehr Erdklumpen als gewöhnlich vom Berg herabstürzten, bedeutend mehr sogar. Das ließ den Schluss zu, der Hang könnte bald als Ganzes abrutschen. Die Arbeiter hatten bereits einige Schleusen geöffnet und den Wasserstand des Sees gesenkt. So würde die Staumauer eine eventuelle Flutwelle aufhalten.

Trotz dieser Vorsichtsmaßnahmen gab der Direktor die Anweisung, die Bauern sollten ihr Vieh von den Hängen des Monte Toc heruntertreiben.

Der Priester von Casso bemerkte Angst und Unsicherheit unter den Dorfbewohnern. Schon in den Nachmittagsstunden versammelten sie sich in der Kirche. Der Geistliche beschwichtigte die Gemeinde, man könne auf die Sorgfalt der Talsperrenbetreiber und ihrer wissenschaftlichen Methoden vertrauen.

Der Viehabtrieb vom Monte Toc war eine aufwendige Prozedur, die zwei Tage in Anspruch nehmen würde. Früher waren die Kinder oft mit den Eltern auf den Berg hochgestiegen, diesmal bestimmten die Erwachsenen, die Kinder sollten im Tal bei den Großeltern bleiben.

Longarone lag zwei Kilometer vom Fuß der Talsperre entfernt. Um fünf Uhr nachmittags setzten sich Allegra und Lorenzo, die beiden Mädchen und der kleine Tonino zum Abendessen. Früher als sonst, weil Lorenzo abends noch einmal aufbrechen und die modernste Eismaschine, die es auf dem Markt gab, in Belluno abholen wollte. Er wartete seit Wochen auf die Lieferung.

»Etwas liegt in der Luft«, sagte Allegra beim Verteilen der Pasta.

Lorenzo beobachtete seinen anderthalbjährigen Sohn auf dem Kindersitz. Er schaufelte die klein geschnittenen Spaghetti mit dem Babylöffel in sich hinein, wobei ein Großteil der Nudeln auf dem Lätzchen landete.

»Was soll denn in der Luft liegen? Solange Tonino so einen gesegneten Appetit hat, ist die Welt in Ordnung.« Er strubbelte das

Haar des Kleinsten. »Du wirst einmal so stark wie dein Urgroß-vater, mein Sohn.«

»Stark«, knurrte Tonino mit vollem Mund.

»Dein Urgroßvater konnte glühendes Eisen biegen und die größten Bäume fällen.«

Tonino lachte, als sein Vater ihm das Bäumefällen vorspielte.

»Die Familien in Longarone sind unruhig«, sagte Allegra. »Manche schicken ihre Kinder zu Verwandten.« Sie faltete die Hände.

»Warum schicken sie die Kinder weg?«, fragte die kleine Maria. »Haben sie etwas angestellt?«

»Meine Familie hat keinen Grund, unruhig zu sein.« Auch Lorenzo senkte die Augen zum Gebet. »Vater unser, der du bist im Himmel ...«

Nach dem Essen fing Allegra noch einmal, diesmal unter vier Augen davon an. »Sollten wir nicht etwas unternehmen?«

Er nahm sie in die Arme. »Wir wollen den Teufel nicht an die Wand malen. In ein paar Stunden bin ich zurück, dann lege ich mich zu dir ins Bett und für den Rest der Nacht passe ich auf uns alle auf. Das ist ein starkes Haus, das ich dir gebaut habe. Mach dir keine Sorgen.«

Er setzte seine Mütze auf, zog die Regenjacke an, räumte die Ladefläche des Lieferwagens frei und machte sich auf den Weg nach Belluno.

~

Am frühen Abend sahen es die Männer im Kontrollraum als Gewissheit an, dass der Hang abrutschen würde. Sie luden den Direktor des Kraftwerks und andere leitende Angestellte ein, das Naturereignis von der Dammkrone aus zu beobachten. Der Direktor lehnte dankend ab und blieb im Kraftwerk. Von ihrem *Logenplatz* auf Europas höchster Talsperre wollten die anderen den Bergrutsch miterleben. Die Techniker errechneten beim Aufschlag im Stausee eine 15 Meter hohe Flutwelle, was durch das vorherige Ablassen des Wassers kein Problem sein sollte.

In Longarone waren die unheilvollen Gerüchte für diesen Abend vergessen. Die Bars, Trattorien und Ristorante füllten sich mit Fußballbegeisterten. Alle wollten das Euopapokalspiel zwischen Real Madrid und den Glasgow Rangers im Fernsehen verfolgen.

Der Lärm, der sich am späten Abend erhob, übertönte die anfeuernden Rufe der Fußballfans. Oben im Kontrollraum hatten die Männer die Scheinwerfer eingeschaltet und leuchteten den Abhang des Monte Toc an. Sie und die Leute auf der Dammkrone sahen ein schwarzes *Ding,* einen Schatten, der rasch größer wurde.

Das *Ding,* das der Geistliche in Casso auf sein Dorf zurasen sah, reichte bis zur Spitze des Kirchturms. Wasser und Gestein prasselten auf das Dorf nieder. Der Geistliche fiel auf die Knie und schrie Gott um Hilfe an. Casso lag 250 Meter *über* dem Stausee, das Dorf wurde trotzdem überspült. Die Bewohner stürzten aus ihren Häusern und rannten instinktiv bergauf.

In Longarone erloschen zum gleichen Zeitpunkt die Straßenlaternen. Auch in den Häusern gab es keinen Strom mehr. Tonino und seine Schwestern lagen im Bett und warteten auf den Gutenachtkuss ihrer Mutter. Meistens kamen die Eltern gemeinsam, lasen den Kleinen noch etwas vor, sangen mit ihnen und beteten. Noch nie waren die Battagliakinder ohne Kuss und ohne Nachtgebet eingeschlafen.

Allegra kam ins Zimmer. »Ich schließe die Läden. Ein Sturm zieht auf.« Sie legte die schweren gusseisernen Riegel vor. »Jetzt lasst uns beten.«

Allegra hatte ihre Kinder beten gelehrt, wie alle Mütter in den Tälern es taten. Sie glaubten an Gottes höheren Willen und seine Liebe. Sie beteten Worte der Demut und der Anmaßung. »Vater, gib, dass ich Liebe bringe, wo Verachtung ist, verzeihen will ich, wo Schuld ist, vereinen, wo Zwietracht herrscht. Nicht um getröstet zu werden, sondern um zu trösten, nicht um verstanden zu werden, sondern um zu verstehen.«

In dieser Oktobernacht gab es nichts zu verstehen. Kein Sinn lag in dem Geschehen. Die Regeln Gottes waren aufgehoben. Das Chaos erhob sein fratzenhaftes Haupt.

»Denn da wir geben, empfangen wir«, betete der Priester von Casso in seinen letzten Sekunden. »Da wir uns selbst vergessen, finden wir. Da wir vergeben, erhalten wir Vergebung. Da wir sterben, gehen wir ein in das ewige Leben.«

Der Sturm, den Allegra angekündigt hatte, war eine Flutwelle. Im Bruchteil einer Sekunde klappte Toninos Bett in der Mitte zusammen, der kleine Junge lag noch darin. Das Bett wurde vom Wasser mitgerissen. Waren die Fenster denn nicht geschlossen?

Hatte das Haus nicht solide Wände, ein festes Dach? Wohin riss es Toninos Bett, wohin seine Schwestern, wohin die Mutter?

Eine 300 Meter hohe Wasserwand türmte sich im Stausee auf, 30 Millionen Kubikmeter Wasser stürzten ins Tal, wo sie einen 40 Meter tiefen Krater in den Talboden rissen. Die Enge des Tales beschleunigte das Wasser, es strömte mit unfassbarer Geschwindigkeit. In weniger als zwei Minuten wurde Longarone zerstört. Das Wasser zermalmte Häuser wie Streichholzschachteln. Es traf noch sechs weitere Dörfer. Fast alle Menschen starben.

Die Alten fanden ihr Grab in den Betten. Jene, die laufen konnten, rannten hinaus, sahen es und bekreuzigten sich. Wohin konnten sie sich wenden? Nichts war schneller, nichts gewalttätiger als das Wasser. Die Piave, die Lorenzo und Allegra einmal im glitzernden Schein der Abendsonne erlebt hatten, wurde zur Zerstörerin, die ihre Opfer in der Dunkelheit überfiel und alles Leben auslöschte.

36

Tonino

Val di Zoldo, 1966

»Wie konntest du … « Sofia weinte.

Lorenzo hatte in kurzen, abgehackten Sätzen gesprochen und sich oft unterbrochen. Während die entsetzlichen Bilder in Sofia aufstiegen, überwältigten der Schmerz, die Wirklichkeit der Katastrophe sie so sehr, dass sie ihre Tränen nicht beherrschen konnte.

»Wie hast du danach überhaupt weiterleben können?«

Sie waren das letzte Stück nach Zoldo Alto hochgefahren, zum alten Haus der Battaglias. Bis hierher war das Wasser damals nicht gekommen.

»Ich wollte nicht mehr leben«, antwortete Lorenzo. »Als ich in der Nacht aus Belluno zurückkam, mit dieser Rührmaschine im Laderaum, war das Wasser bereits wieder abgelaufen. Die Piave hatte sich ins Tal davongemacht. Erst als es hell wurde, konnte man ihr Vernichtungswerk sehen.«

Bei der Ankunft hatte Lorenzo nicht gleich ins Haus gewollt. Gemeinsam liefen sie den schmalen Pfad hoch, mitten in der Nacht.

»Die Rettungsarbeiten hatten begonnen. Sie fanden …« Er stützte die Hände auf die Knie und atmete hastig wie nach einer großen Anstrengung. »Sie haben nur wenige Überlebende geborgen. Die Häuser, die Straßen, die Bahnlinie, alles war weggespült oder unter meterhohem Schutt und Schlamm begraben worden.«

Langsam ging er weiter.

»Ich habe mein Auto unterhalb von Longarone stehen gelassen, wo die Straße plötzlich aufhörte. Zu Fuß bin ich weitergestolpert, über Schuttberge geklettert, durch Schlamm gewatet. Ich sah es von Weitem. Von meinem Haus war nichts übrig geblieben. Es lag genau in der Schneise der Flutwelle.«

Sofia blieb an seiner Seite.

»Ich musste etwas tun. Sonst hätte ich nur geschrien und geweint. Ich habe mitgeholfen.« Er hob das Bein zum nächsten Schritt und ließ es wieder zu Boden sinken, als wüsste er nicht, wie er weitergehen sollte.

»Bei manchem Verschütteten schaute eine Hand aus den Trümmern hervor, manchmal ein Fuß. Bei jedem und jeder, die wir ausgruben, hofften wir, sie hätten überlebt. Fast immer haben wir Leichen ausgegraben. Manchmal sogar …« Er schüttelte den Kopf. »Manchmal nur Teile von Leichen.«

Am Wegesrand lehnte er sich an einen Baum.

»Da war ein kleines Mädchen, Mikaela. Sie wurde gerettet. Jemand hat ihre Hand im Schlamm entdeckt. Über ihr hatten sich

Holzbretter so zusammengeschoben, dass ein Hohlraum entstand. Sie konnte atmen. Man hat sie lebend geborgen. Wenn es bei Mikaela möglich ist, dachte ich, kann es bei meinen Kindern und meiner Frau auch möglich sein. Ich habe zur Mutter Gottes gebetet. Wieder und wieder habe ich das Ave-Maria hergesagt und sie angefleht, meine Familie möge überlebt haben.«

Sofia fragte nichts. Sie kannte die Wahrheit.

»Ich habe Allegra und die Kinder bei der Ruine meines Hauses gesucht. Mit einer Stange habe ich vorsichtig den Schlamm durchforscht. Aber das Wasser hat sie weiter mitgerissen als angenommen.«

»Und hast du sie ...?«

Er schüttelte den Kopf. »Nicht ich. Ein Mann von den Gebirgsjägern hat gerufen, da liege noch jemand. Ich habe ihn nicht gleich gehört. Als ich dazugekommen bin, hatte man sie schon ausgegraben.«

Langsam rutschte Lorenzo an dem Baum zu Boden. Sofia setzte sich neben ihn. Der Boden war kalt, die Nacht war kalt, es hatte geregnet. Sie saßen da.

In der Nacht von Longarone waren über 2000 Menschen getötet worden, unter ihnen 60 Mitarbeiter des Talsperrenbetreibers, die auf der Dammkrone der Welle entgegengesehen hatten. Der Direktor hatte im Elektrizitätswerk überlebt. Viele Bewohner von Casso hatten sich in höhere Regionen retten können, bis auf den Priester.

Am Morgen sahen die Überlebenden, die Helfer und der Abgesandte der Provinzregierung, dass Schlamm und Gestein das riesige Staubecken fast vollständig füllten. 270 Millionen Kubikmeter Stein, Ton und Schiefer hatten das Wasser des Stausees verdrängt und die Flutwelle ausgelöst. Eine Narbe aus Kalkstein, in der Form eines riesigen *M* prangte dort oben, wo Stunden zuvor noch Bergweiden gewesen waren. Der Abhang des Monte Toc war in einer Breite von drei Kilometern zu Tal gestürzt. Es war die größte Naturkatastrophe, die Italien je getroffen hatte. Das Ereignis ging durch die Weltpresse. Die Nation trauerte. Die Regierung setzte eine Kommission ein, die feststellte, dass man die Bevölkerung rechtzeitig hätte warnen können. Zu spät erinnerte man sich daran, dass der Monte Toc im Volksmund der *wandernde Berg* genannt wurde. Die verantwortlichen Konstrukteure der Talsperre wurden wegen Totschlags angeklagt.

»Meine Mädchen sahen aus, als ob sie schliefen«, sagte Lorenzo. »Ich glaube, sie hatten einen schnellen Tod. Aber Allegra …«

Sofia kannte Lorenzo seit einem halben Jahr. Nie war ein Wort, nicht einmal eine Andeutung zu der Tragödie über seine Lippen gekommen. Wie hätte sie, während sie auf dem stillen Platz ihr Eis löffelte, ahnen können, welche Bedeutung der *Eisbecher Allegra* hatte? Heute Nacht wollte Lorenzo erzählen, er lud es sich von der Seele, in allen Einzelheiten.

»Bei Allegra war es so schrecklich, dass die Helfer, die um ihre Leiche standen, verstummten. Ich kniete mich neben meine tote Frau. Ihr Gesicht erzählte die ganze Katastrophe, das Grauen, die unfassbare Gewissheit, dass es gleich vorbei sein würde. Nicht erst in vielen Jahren, wenn wir gemeinsam alt geworden wären, nicht nach einem ereignisreichen Leben, sondern jetzt, sofort. In Allegras Gesicht sah ich den letzten Augenblick, die Gegenwart, die zur Ewigkeit wurde. Ihre vor Schreck aufgerissenen Augen. Ihr Mund, zum Schrei geöffnet, ihre Arme von sich gestreckt, weil sie bis zuletzt die Kinder beschützte. Allegra trug ihren geblümten Bademantel. Als ich ihn ihr schenkte, habe ich mich in der Größe vertan. Er war zu weit. Sie liebte diesen Mantel, weil sie sich darin so gut einkuscheln konnte. Ich habe die Umstehenden gebeten, mich mit meiner Frau allein zu lassen.

Es fing zu nieseln an. Lorenzo hob den Kopf. »Wie damals.«

»Was meinst du?«

»Als ich Allegra gebeten habe, mich zu heiraten, hat es auch genieselt. Sie ist mir in das halbfertige Haus gefolgt und sagte: Ich habe lange auf einen wie dich gewartet.«

Er barg das Gesicht in den Händen. »Ich habe mich bei meiner Frau entschuldigt, weil ich nicht bei ihr gewesen bin. Ich habe sie in meinen Armen gehalten und Gott gefragt, warum er mich am Leben lässt. Ich hätte zusammen mit meiner Frau sterben wollen. In den Minuten, als ich im kalten Schlamm kniete, war ich sicher, dass dies der einzige Ausweg war. Zuerst wollte ich Allegras Beerdigung und die der Kinder ausrichten. Danach wollte ich mich vom Vajont-Damm in die Tiefe stürzen. Als ich Allegras Augen schloss, versprach ich ihr, dass ich es so machen würde.«

»Was hat dich … zurückgehalten?«

Er sah sie an. »Du weißt es.«

»Tonino.«

»Tonino.« Er lehnte sich an Sofias Schulter. »Zwölf Tage und zwölf Nächte habe ich meinen Jungen gesucht, mehrere Kilometer im Umkreis. Am zwölften Tag haben sie den Priester zu mir geschickt.«

»Hatten sie deinen Sohn gefunden?«

»Nein. Es gab sonst niemanden, der sich getraut hätte, es mir zu sagen. Die meisten Bewohner von Longarone hatten sie inzwischen ausgegraben und identifiziert.« Ein schmerzvolles Lachen. »Während der Suche fand man nicht nur leblose Körper. Die Rettungskräfte entdeckten auch viele Koffer voller Geld.«

»Geld – was?«

»Eine Eissaison im Norden ist ein einträgliches Geschäft. Aber meine Leute vertrauen den Banken nicht. Jeden Herbst packen sie ihr Geld in Koffer und bringen es nach Hause. Alle möglichen Währungen sind darunter.«

»Der Priester hat dich doch nicht wegen der Geldkoffer angesprochen.«

»Er sollte mir ausrichten, dass sie nun mit den Baggern anrücken würden.« Auf Sofias verständnislosen Blick setzte er hinzu: »Das ganze Tal war verschüttet worden. Sie mussten Tonnen an Schutt und Schlamm wegräumen, um die Straßen freizumachen und die Bahnlinie zu reparieren. Dazu brauchten sie Bagger. Damit war die vorsichtige Suche nach den Verschütteten zu Ende.«

»Haben die Bagger …?«

Er schüttelte den Kopf. »Auch sie brachten keine Kinderleiche zum Vorschein. Mein kleiner Junge wurde nie gefunden. Ich habe meine Frau und meine Mädchen zu Grabe getragen. Ich habe mich nicht von der Staumauer gestürzt. Falls Tonino doch lebte, falls sie ihn noch finden würden, sollte er einen Vater haben. Ich bin wieder nach Zoldo Alto gezogen.« Lorenzo richtete sich auf.

»Aber eines Tages musst du ... Ich meine, wie bist du nach München gekommen?«

»Ein Jahr später wurde Tonino für tot erklärt. Er hat in den Geröllmassen sein Grab gefunden.«

Lorenzo stand auf und gab ihr die Hand, damit sie über den Straßengraben springen sollte. »Ich bin von einem Tag auf den anderen aufgebrochen, habe meine Sachen in den VW-Bus gepackt und bin losgefahren. Es machte keinen Unterschied, wohin. Toto war schon damals ein altes Auto. Er hat mich über den Brenner gebracht, bis nach Innsbruck, aber an der Stadtgrenze von München gab er den Geist auf. Ich bin in München geblieben. Es war mir egal.«

37

Es war eine Zeit

München, Winter 1966

Eine gute Zeit war es, wenn jemand nach Hause kam, der viel erlebt hatte. Es war eine schlimme Zeit, wenn man nicht wusste, wem man alles erzählen sollte. Es war eine herzerwärmende Zeit, weil man die Kinder wieder um sich hatte, eine grausame Zeit, wenn man abends in die leere Wohnung kam, die Heizung anmachte und die Gedanken um und um gingen wie ein Kreisel. Es war eine Zeit frühlingshafter Gefühle, es war Winterszeit in München. Die kahlen Bäume streckten ihre nackten Äste gegen einen verhangenen Himmel. Die Menschen standen dick vermummt in der Straßenbahn und versteckten sich hinter ihren missmutigen Gesichtern. Es war eine Zeit der Weisheit, in der man Neues erfahren, viel gelernt und mitgefühlt hatte. Es war eine Zeit der Unwissenheit, weil man es immer noch nicht verstand.

Sofia erklärte der Heimleiterin Frau Schuster, dass sie Venedig interessant und zugleich beängstigend gefunden habe. Den Diebstahl ihres Portemonnaies verschwieg sie und erwähnte auch nicht, dass der Eismacher, mit dem sie über die Alpen gefahren war, Sofia buchstäblich aus der Lagunenstadt gerettet hatte.

Mit Lorenzos Hilfe waren ihr in Belluno provisorische Papiere ausgestellt worden. Er hatte ihr Geld geliehen, so war sie nach Hause gekommen.

Den Kindern erzählte sie die schönsten Erlebnisse ihres Urlaubs, vor allem von den Tieren. Wie sich der Fuchs in seinem Bau versteckte, wie majestätisch der Steinadler über das Zoldotal flog, wie ein Hermelin aussah und welche Sprünge die Gämse machte. Während sie und die Kleinen beisammensaßen, beobachtete Sofia ihre neugierigen Gesichter und dachte, so wie Rosa könnte eine von Lorenzos Töchtern ausgesehen haben. Sie musste an die 2000 toten Seelen von Longarone denken, die vielen Kinder, die aus dem Leben geschieden waren, bevor es richtig begonnen hatte.

Es war eine Zeit, in der Sofia über den Himmel nachdachte. Sie meinte nicht die Ungerechtigkeit Gottes, der so ein Unglück zuließ, sondern den Himmel, den Lorenzo und Allegra während ihrer kurzen Ehe erleben durften. Sofia dachte auch an die Hölle, durch die er seitdem ging.

Während sie das und vieles mehr beschäftigte, während ihre Gefühle auf Achterbahnfahrt gingen und sie in ihrem vertrauten Tagesablauf den Halt fand, der ihr die Einsamkeit vertreiben half, erkannte sie, wie kleinmütig ihre eigenen Sorgen im Vergleich zu dem waren, was das Schicksal Lorenzo aufgebürdet hatte. Sie war gesund, übte einen Beruf aus, den sie liebte, das Leben lag weit und offen vor ihr. Wenn sie wollte, konnte sie sich verlieben, Kinder kriegen, sie groß werden sehen und lange leben, während für Lorenzo diese Tür zugeschlagen worden war. Nun, da Sofia ihre eigenen Sorgen recht unbedeutend fand, war es nur noch ein kleiner Schritt zu dem Entschluss, ihre Dämonen zu bekämpfen. Das sollte das größte Geschenk Lorenzos an sie werden, dass Sofia ihr Leben mit anderen Augen sah.

~

»Ich bin überrascht, das ist alles«, sagte Gabriel am Telefon.

»Wieso?«, fragte sie, obwohl Überraschung bestimmt die kleinste mögliche Reaktion ihres früheren Mannes war.

»Du hast mich noch nie angerufen … seither. Und ich darf dich nicht anrufen, wie du weißt.«

»Stimmt. Und du hast dich immer daran gehalten.«

Das klang wie ein Lob. Wollte sie Gabriel dafür loben, dass er den Terror, den er in ihr Leben gebracht hatte, nicht fortsetzte?

»Es ist mir nicht leichtgefallen«, antwortete er.

»Deshalb rufe ich jetzt dich an.«

Es sollte unbeschwert klingen, aber die pochende Ader an ihrem Hals strafte Sofias Leichtigkeit Lügen. Sie fühlte Abwehr und Widerstand, sie hörte alle Alarmglocken in sich schrillen. Trotzdem machte sie weiter. Der Dämon musste besiegt werden. »Ich habe überlegt, ob wir uns mal treffen.«

Es blieb so lange still, dass sie fürchtete, Gabriel könnte aufgelegt haben.

»Und was ist mit der gerichtlichen Verordnung?«

»Das ist natürlich ein Problem«, antwortete sie, als hätte ihr dieses *Problem* in den letzten Jahren nicht Schutz und Sicherheit gegeben. »Ich dachte, wenn wir uns an einem öffentlichen Ort treffen, wo viele Leute um uns sind, wäre es möglich.«

»Es verstößt trotzdem gegen die Auflagen.«

»Stimmt, aber wenn wir es dem Gericht nicht mitteilen, würde es ja niemand erfahren.«

Das Gespräch drohte über ihr zuammenzufallen wie ein Kartenhaus. Sofia diskutierte mit dem Mann, dessen Grausamkeit das Scheidungsgericht bewogen hatte, strenge Auflagen zu verhängen, wie sie diese Auflagen umgehen könnten.

»Du hast recht«, machte sie einen Rückzieher. »Wir sollten alles so lassen, wie es ist.«

»Nein. Ich freue mich, dass du anrufst, Sofia.« Als er ihren Namen aussprach, gab es ihr einen Stich. »Ich kann dir gar nicht sagen, wie sehr ich mich freue. Die Vorstellung, dass wir einander für immer … dass wir nie wieder ein Wort miteinander wechseln sollen, macht mich oft traurig.«

»Traurig, du?« Ein Lachen entfuhr ihr. »Du hast die seltene Gabe, immer die anderen traurig zu machen. Du bist imstande, mit deinem berühmten Lächeln über Leichen zu gehen.«

»Wahrscheinlich verdiene ich, dass du solche Sachen sagst.«

»Wahrscheinlich stimmen sie sogar.«

»Ja!«, schrie er plötzlich ins Telefon. »Ich habe mich wie ein Schwein benommen. Willst du das hören?«

Da war sie wieder, die schneidende Gabrielstimme, voll Häme, ohne Gnade, überheblich gegen jedes echte Gefühl. Für ihn waren Empfindungen wie Mitleid, Trauer, Anteilnahme ein Zeichen von Schwäche. In diesem Moment erinnerte sich Sofia an die Gründe für ihren Hass, ihre Angst und den Entschluss, den Mann zu verlassen, den sie anfangs so anziehend gefunden hatte. Doch diesmal ließ sie sich von sich selbst nicht einschüchtern.

»München-Giesing.«

»Was heißt das?«

»Kennst du den Bahnhofskiosk in München-Giesing?«

»Ich glaube nicht. Das ist nicht meine Strecke.«

»Ich komme da täglich durch. Im Kiosk von Herrn Oskar kaufe ich manchmal ein. Es ist nicht sehr gemütlich dort, aber einen Tee kann man schon trinken.«

»Wenn wir uns nach Jahren wiedertreffen, warum nicht an einem schöneren Ort? Wie wäre es in der Pizzeria, wo wir öfter …?«

»Danke, nein, Pizza hatte ich in letzter Zeit genug. Wir treffen uns bei Herrn Oskar. Hast du morgen Zeit? Wie wäre es um zwei?«

»Um zwei im Bahnhofskiosk«, wiederholte er, als könnte er es noch nicht glauben.

»Morgen.«

»Ja, morgen, Sofia.«

Sie legte auf, um seinen Namen nicht aussprechen zu müssen.

Es war eine Zeit, wie Sofia sie nicht kannte, eine mutige Zeit, in der sie die Dinge in die Hand nahm. Eine riskante Zeit, weil sie dem Teufel ein Angebot gemacht hatte. Er mochte überrascht, überrumpelt gewesen sein, aber er blieb doch der Teufel. Sofia hatte eine Verabredung mit ihm und überlegte, was sie anziehen sollte.

~

Sie fühlte sich wie eine Spionin in einem Agentenfilm. Langsam näherte sie sich der Drehtür. Gabriel kam meistens zu früh, um den anderen Vorwürfe machen zu können, dass sie sich verspäteten. Sofia trat vor die Auslage, hinter der blauweiße Bierkrüge, blauweiße Wimpel, Anstecknadeln mit blauweißen Wappen angeboten wurden.

Rund um sie hasteten die gleichen Passagiere wie immer vorbei. Einige liefen auf die Drehtür zu, bedienten sie mühelos und kauften eine Zeitung oder ein belegtes Brötchen. Sie lasen, dass die Tochter von Josef Stalin sich in den USA niedergelassen hatte. Kopfschüttelnd erfuhren sie, dass die katholischen Bischöfe in Großbritannien das Verbot des Fleischverzehrs am Freitag aufgehoben hatten.

Es fiel ihr jetzt erst auf: Beide Tische im Kiosk waren besetzt! Was würde sein, wenn sich das Paar dort und die Dame mit der Zuckerschnecke unnötig viel Zeit ließen? Wenn sie nicht den nächsten Zug erreichen mussten, sondern sitzen blieben und noch einen Kaffee bestellten? Was, wenn …

»Traust du dich nicht hinein?«, fragte eine schrecklich vertraute Stimme hinter ihr.

Sie fuhr herum. »Gabriel – «

Groß war er, riesig, er trug das rot gelockte Haar inzwischen länger und hatte sich einen Schnäuzer wachsen lassen. Seine dunklen Augen fixierten sie. Er streckte ihr die Hand entgegen. »Servus.«

Ihr Blick fiel auf die Sommersprossen auf dem Handrücken. Warm fühlte sich seine Hand an, während ihre eiskalt war. »Hallo.«

»Wollen wir reingehen?«

»Leider ist nichts frei«, sagte sie, als müsse sie sich dafür entschuldigen.

»Das sieht für mich aber anders aus.«

Tatsächlich, das Paar stand auf und näherte sich der Drehtür. Nachdem sie draußen waren, ging Gabriel voraus. Sofia folgte, ängstlich darauf bedacht, die Prüfung der rotierenden Tür zu bestehen. In diesem Moment entdeckte sie den Riss im Glas wieder. Hier hatte sie geglaubt, Gabriel in der Spiegelung zu sehen. Nun trat er leibhaftig vor ihr in den Kiosk und fragte: »Was nimmst du?«

Gleich darauf hielt Sofia eine Tasse heiße Schokolade mit beiden Händen fest. War es kindisch, heiße Schokolade zu bestellen? Wenigstens wurden ihre Hände warm. Gabriel trank Wasser, das fand sie erstaunlich, da er der Weltmeister im Kaffeetrinken war. Wie sollte sie beginnen? Warum begann er eigentlich nicht? Der banalste Satz schien der beste zu sein.

»Wie geht es dir?«

»Nicht so gut.«

Die Unterhaltung begann mit einem Paukenschlag. Hätte Sofia ihren früheren Mann mit wenigen Sätzen beschreiben sollen, müssten sie lauten: »Ihm geht es immer gut. Er sprüht, er strahlt, er überfährt andere mit seiner Energie. Er ist nie in Ruhe, immer auf dem Sprung, sein Optimismus, sein Enthusiasmus können einen zum Wahnsinn treiben.« Schmaler war er geworden. Ein paar graue Fäden durchzogen seinen Schnäuzer.

»Lass uns lieber über etwas anderes reden.« Er machte eine wegwerfende Geste.

»Wir haben noch gar nicht geredet.«

»Mich interessiert vielmehr, wie es dir geht. Bist du noch im Kinderheim Fasangarten? Hast du jemanden kennengerlernt?«

Das war typisch Gabriel: Immer den Überblick behalten, lautete sein Prinzip, Vogelperspektive einnehmen und von oben herab beurteilen. Aber so leicht machte sie es ihm diesmal nicht.

»Sag doch, wieso geht es Mister Hunderttausend-Volt nicht gut?«

»Der Magen«, erwiderte er, scheinbar froh, doch darüber zu sprechen. »Erinnerst du dich an Doktor Hochsinger?«

»Unseren Hausarzt? Er hat meinen gebrochenen Arm behandelt.«

»Weder Hochsinger noch seine Kollegen wissen, was es ist. Dabei wurde schon so viel ausprobiert.«

»Aber es ist doch nicht … Krebs?«

»Keine Ahnung.« Er lachte bemüht. »Ich bin eben etwas ganz Besonderes: Meine Krankheit ist noch nicht erforscht.«

»Du warst immer etwas Besonderes.«

Warum sagte sie das? Musste er nicht annehmen, alles sei vergeben und vergessen?

»Ich habe jemanden kennengelernt«, fuhr sie fort, um diesen Eindruck zu zerstreuen. »Einen außergewöhnlichen und seltenen Menschen.«

»Ist er Liliputaner? – Entschuldige.«

Sofia war erleichtert, dass der alte Gabriel auch der neue war. Magenkrank oder nicht, scharfzüngig, schlagfertig und mit bösem Humor gesegnet, so war er immer gewesen. Wenn dem großen Spötter ein Bonmot in den Sinn kam, geschmacklos oder nicht, gab er es zum Besten.

»Er ist Italiener«, antwortete sie. »Ich war im Urlaub bei ihm zu Hause, in seiner Heimat.«

»Und dieser Italiener lebt in München? Was macht er?«

Sofia beging nicht den Fehler, zu verraten, wo der Eissalon Bella Italia lag. Gabriel war imstande, Lorenzo zu besuchen und durch Andeutungen etwas zu zerstören, das ... Sie hielt mitten im Gedanken inne. Gabriel konnte nichts zerstören, weil zwischen ihr und Lorenzo nur eine wunderbare Freundschaft existierte.

»Jetzt bist du dran mit Erzählen«, wich sie aus.

Er zuckte die Schultern. »Ich bin immer noch bei der gleichen Firma. Ich wähle immer noch CSU. Ich habe niemanden kennengelernt. Wenigstens niemand von Bedeutung.«

So unspektakulär ihr Gespräch auch verlief, für Sofia fühlte es sich groß an. Gabriel, der als Gespenst in den Ritzen ihres Lebens lauerte und sie bis in ihre Träume verfolgte, saß ihr mit rotem Kopf gegenüber. Herr Oskar heizte den Kiosk zu stark; Gabriel vertrug Hitze nicht. Es gab keinen Grund, diesen Gabriel zu fürchten. Er war ein etwas übergewichtiger Mann aus Sofias Vergangenheit, der Magenprobleme hatte.

»Weißt du was?«, sagte sie aus diesem Gefühl heraus. »Ich trinke jetzt was. Du auch?«

»Du hast deine Schokolade kaum angerührt.«

»Ich trinke ein Gläschen Sekt.« Sie stand auf.

»Musst du nicht zur Arbeit?«

»Wegen eines Schlucks Sekt werde ich vor den Kindern nicht gleich lallen. Bist du dabei?«

»Nein danke. Der Magen. Aber ich stoße natürlich mit dir an auf unser ...« Ihm wollte kein passendes Wort einfallen.

»Auf unseren Plausch!« Sie bestellte bei Herrn Oskar Piccolo-Sekt. »Zwei Gläser bitte.«

Zurück am Tisch, schenkte sie ein.

»Mir nur eine Winzigkeit«, sagte Gabriel.

»Jetzt hab dich mal nicht so.«

Das war ein Satz, den sie noch nie zu ihm gesagt hatte: *Jetzt hab dich mal nicht so!* Sofia ließ die Gläser klingen.

38

Der Mann mit der Olive

Morgens die Fahrt nach Fasangarten, Umsteigen in Giesing, Herrn Oskar besuchte Sofia nur noch selten. Sie verspürte keine Lust nach Kieferbrechern, noch weniger nach Liebesromanen. Solange die Liebe Sofia verschont hatte, war es angenehm gewesen, sie sich mit einem Schmöker ins Haus zu holen. Das konnte sie nun nicht mehr. Sie hatte die echte Liebe gefunden und erkannt, dass sie aussichtslos war. In den meisten Romanen erschien die Liebe anfangs immer aussichtslos, doch jedes Mal bahnte sie sich ihren Weg zum Happy End. Aber so war das Leben nicht, darum wollte Sofia solche Lügengeschichten nicht mehr lesen.

Mit jedem Tag, den ihre Reise weiter zurücklag, schwand auch das Glücksgefühl, sie erlebt zu haben. Sofia kannte nun das Tal der Eismacher, hatte Eindrücke von Venedig und die Wahrheit über Lorenzos Schicksal erfahren. Für ihr eigenes Leben änderte sich dadurch wenig. Sie traute sich, vorsichtig zu behaupten, Gabriel war nun Vergangenheit. Der Weg war frei für eine neue

Liebe. Doch Sofias wahre Liebe verbrachte den Winter in Zoldo Alto. Irgendwann würde er zurückkommen, die blauen Läden aufstoßen und die nächste Eissaison eröffnen.

Und dann? Vergangenen Frühling waren ihre Ausflüge auf den stillen Platz voll Hoffnung gewesen, dass im Bella Italia etwas Neues, vielleicht etwas Glückliches begann. Für diesen Frühling rechnete Sofia mit nichts. Ein Mann, der geliebt hatte wie Lorenzo und seine Liebsten erst vor wenigen Jahren verloren hatte, war ab jetzt tabu. Es gab einen Schmerz, ein Leiden, das sich nicht heilen ließ. Lorenzo Battaglia war gezeichnet. Sofia liebte ihn weiterhin, doch in der Gewissheit, dass er ihr stets nur ein guter Freund sein würde.

Wenn sie bei den Kindern war, verschwand ihre Resignation für ein paar Stunden. Aber sie versteckte sich nur. Während die Kleinen Mittagsschlaf hielten und Sofia durch das große Fenster in die verschneite Landschaft schaute, setzte sich die Einsamkeit zu ihr. Die Aussichtslosigkeit nahm auf der anderen Seite Platz. Während sie in das schmutzige Weiß schaute, kroch lähmende Kälte in sie hinein. Sie bat eine Kollegin, auf die Schlafenden achtzugeben, zog den Mantel an und lief auf den Friedhof. Manchmal beneidete Sofia diejenigen, die von dort nie mehr fortgehen würden. Sie hatten es hinter sich. Das waren dumme Gedanken, und sie verschwanden, sobald die Kinder die Augen aufschlugen und ihren Anteil am Leben lautstark geltend machten.

Wenn die Dämmerung um diese Jahreszeit früh hereinbrach, wenn Sofia sich von den Kindern verabschiedete und dick vermummt zur S-Bahn stapfte, konnte sie sich nicht auf ihren Feierabend freuen. Sie kaufte Lebensmittel, kochte meistens eine Suppe und löffelte sie mit einer Lustlosigkeit, die ihr unheimlich war. Manchmal trat sie im Bademantel vor den Spiegel und sagte: »Es ist ein Trauerspiel mit dir.«

Heute Abend hatte sie nicht einmal Lust, zu kochen. Sofia aß ein Butterbrot. Sie spülte ab und schaltete den Fernseher ein. Es lief der Fernsehstammtisch, eine Runde mittelalterlicher Herren mit Hornbrillen. Sie wollte schon abschalten, als ein bekanntes Gesicht ins Bild kam, das nicht zu der Gesellschaft passte. Das war Alfred Hitchcock, und er sprach Deutsch! Die Brillenträger befragten ihn zu seinem Welterfolg *Psycho*. Sofia sank auf die Couch. Sie hatte Psycho nicht gesehen, weil alle sagten, der Mord unter der Dusche sei zu gruselig. Hitchcock erzählte, er habe für diese Szene von 45 Sekunden volle sieben Tage lang gedreht.

Ich könnte ins Kino gehen, dachte Sofia. Heute wollte sie nicht schon wieder die dumpfe Fernsehgemütlichkeit, nach der man missmutig ins Bett sank. Mit einem entschlossenen Seufzer drehte sie ab, zog den Bademantel aus und setzte sich vor den Spiegel. Eine blasse Frau im BH saß ihr gegenüber. Die Müdigkeit stand ihr ins Gesicht geschrieben. »Mit Mitte zwanzig sitzt man abends nicht zu Hause«, kämpfte sie gegen ihre Lustlosigkeit an. »Man macht die Stadt unsicher und die Nacht zum Tag.«

Als sie im Kinderheim angefangen hatte, wollte sie Anschluss an die Kolleginnen finden. Die meisten waren verheiratet und fuhren nach dem Dienst nach Hause. Bis heute war Sofia noch nie auf die Idee gekommen, allein auszugehen. Sie begann sich

zu bemalen. Lidstrich oben, Lidstrich unten, ein kräftiger Augen-
brauenstrich. Etwas Rouge, ein wenig Puder. Sie hielt den Lippenstift, den sie täglich trug, in der Hand. Das war die Farbe für
alle Tage. Heute sollte die Farbe ein Signal sein. Sofia öffnete den
anderen Lippenstift und malte.

»Erstaunlich«, sagte sie schließlich zum Spiegel.

Der Spiegel presste die Lippen aufeinander, bis das Rot vollkommen war. Der Spiegel wagte zu lachen. Da kam ja eine völlig
andere Person zum Vorschein. Eine mit Schalk und Charme, die
sich etwas traute. Diese Frau nahm ihr einziges elegantes Kleid
aus dem Schrank. Sie hatte es noch nie getragen.

»Heute wirst du eingeweiht«, begrüßte sie das Kleid und
schlüpfte hinein.

Sofia konnte ihre Verwandlung kaum glauben. War das möglich? Sie musste lachen. »Mehr braucht es nicht? Das ist alles?«

»Ein Paar Schuhe wären praktisch«, antwortete der Spiegel.

Gleich war das Richtige gefunden. Um Zentimeter größer,
begutachtete sich Sofia und kam sich nun doch ein bisschen zu
forsch und mondän vor. Irgendetwas, das ihr Halt gab, brauchte
sie. Sie steckte die schöne Fotografie ein, die sie auf dem Gipfel
der Civetta zeigte.

Sie entleerte ihre Handtasche bis auf ein paar Mark, bei ihr
sollte es nichts zu klauen geben. Ein Griff zum Mantel, zum
Schlüsselbund, schon war sie draußen. Wohin jetzt? In der Nähe
gab es kein Kino, nur bayerische Esslokale und eine Pizzeria. In
der Heinrichstraße konnte man zumindest etwas trinken. Während Sofia losstöckelte, fiel ihr das Lokal *Zum treuen Heinrich* ein.

Dort hatte sie einmal durch die Scheiben eine Bar mit hohen Hockern und einer verspiegelten Flaschenbatterie gesehen. Sollte man nicht alles mal ausprobieren? Sie lief die kurze Strecke und betrat den *Treuen Heinrich*. Sofia fühlte sich nicht besonders gut dabei, wollte sich aber um jeden Preis gut fühlen. Dazu musste sie die Distanz vom Eingang bis zum Tresen überwinden.

Bildete sie sich das ein, oder folgten ihr die Blicke der Männer? Hatten diese Männer ein schiefes Grinsen im Gesicht? Sofia war nicht sicher, was ihr lieber war: Männer, die ihr nachstarrten, oder Männer, die sie nicht bemerkten. Einige Paare saßen an Tischen, sonst einzelne Herren und keine einzige einzelne Frau. Musste man sie nicht für *so eine* halten, die auf Kundenfang ging? In ihrem Alter hatte man es nicht nötig, als Frau allein zu sein. In ihrem Alter zog man in Gruppen durch die Lokale. In ihrem Alter gab es genügend junge Männer, die anboten, einen zu begleiten. Sofia fühlte sich gerade nicht in ihrem Alter.

Als sie die Bar erreichte, schlüpfte sie unauffällig auf einen Hocker und duckte sich, als wollte sie unsichtbar werden.

»Was darf's sein?« Ein schwerer Mann beugte sich zu ihr.

»Was haben Sie denn?«

Hinter ihm erhob sich eine Wand aus Schnaps. Sie hatten im *Treuen Heinrich* alles, was das Trinkerherz begehrte. Überfordert ließ Sofia den Blick über die Batterie schweifen. Er schob ihr eine abgegriffene Karte hin. Viele Namen waren Englisch und klangen lustig, sagten ihr aber nichts. Die Preise waren beängstigend.

»Dich habe ich ja noch nie hier gesehen«, bemerkte ein junger Mann. Er näherte sich Sofia mit seinem Bierglas.

Sie zuckte zusammen. Sie wollte nicht zusammenzucken, denn das war wohl der Moment, auf den es ankam. Ein Kontakt wurde hergestellt. Sofias blutroter Lippenstift sandte ein Signal aus, und es war angekommen. Jetzt musste sie sich bewähren.

»Mir geht es genauso«, sagte sie frecher, als sie sich fühlte. »Ich habe Sie auch noch nie gesehen.«

»Da sind wir schon zwei.« Neben ihr schlüpfte er auf den Hocker. Die Brillantine in seinem Haar ließ die Frisur erzittern. War er älter oder jünger als sie? Sie tauschten ihre Namen aus. Er wirkte nicht wie ein *Bernhard,* eher wie ein *Kurt.* Er empfahl ihr einen Drink im hohen Glas, mit Cocktailkirsche und Strohhalm. Nachdem sie ein paar Minuten geplaudert hatten, hielt er die Zeit für gekommen, den Lohn für seine Freundlichkeit zu fordern.

»Du bist eine Hübsche.«

»Danke.« Sie klammerte sich an ihr Glas.

»Wollen wir ein bisschen weiterziehen?«

»Ich habe noch nicht ausgetrunken.«

»Du trinkst verflucht langsam.« Er stellte sein leeres Glas auf den Tresen.

»Eigentlich möchte ich lieber bleiben.«

»Wozu?«

Als sie ihn ansah, entdeckte sie Tränensäcke und eine unsympathische Nase.

»Du bist doch nicht hier, um Rum zu süffeln.«

»Wozu bin ich denn Ihrer Meinung nach hier?«

Bernhard fasste Sofia ans Knie. Sie war so erschrocken, dass sie ihn einige Sekunden gewähren ließ. Diese Sekunden waren ihr

Verhängnis. Er glaubte, die richtige Masche gewählt zu haben. Seine Hand wanderte unter das Kleid. Sein lächelnder Mund näherte sich Sofia.

»Lassen Sie das.« Sie schob die Hand weg. Sie wusste nicht, dass eine Männerhand so hart zupacken konnte.

»Das gefällt dir doch.«

»Verziehen Sie sich«, zischte sie.

»Warum verziehen wir uns nicht gemeinsam?« Die zweite Hand legte sich um Sofias Schulter.

»Schluss jetzt.« Sie zappelte, schreien wollte sie nicht. An ihrem ersten und absehbar letzten Abend auf freier Wildbahn konnte sie nicht gleich um Hilfe rufen. Sofia wand sich, stieß ihn beiseite und warf ihm einen bösen Blick zu, ohne Erfolg.

»Ich bestell dir noch einen Drink«, sagte er. »Damit du lockerer wirst.«

»Sie bestellen hier gar nichts mehr«, sagte eine angenehme Stimme. »Sie sollten jetzt zahlen.«

Ein Mann im Smoking stand hinter ihnen. Sein Aufzug wirkte im *Treuen Heinrich* ungewöhnlich. Er hielt ein Glas an dünnem Stiel, in dem eine Olive schwankte.

»Was ist denn?«, fragte Bernhard unwillig.

»Verschwinden Sie.« So wie der Fremde es sagte, klang es, als würde man ihm nicht oft widersprechen.

Bernhard wollte das nicht akzeptieren. »Verpiss dich«, knurrte Bernhard. »Wer bist du denn, ihr Vater?«

Der Fremde machte sich nicht die Mühe, darauf zu antworten. Er machte etwas mit Bernhards Hand, die auf Sofias Knie lag. Sie konnte nicht erkennen, was er tat, bemerkte nur das Erstaunen in Bernhards Augen. Bernhard schrie nicht, er sog vor Schreck die Luft ein.

»Wenn ich weitermache, brechen deine Finger. Möchtest du das?«, fragte der Fremde fürsorglich.

»Hör auf, du Scheißer. Lass los.«

»Das ist die falsche Antwort.« Der Mann im Smoking packte fester zu. Etwas knackte.

»Hören Sie auf«, sagte Sofia.

»Hör auf, hör auf!«, wimmerte Bernhard.

»Ich begleite dich jetzt nach draußen.« Ohne seine Hand loszulassen, dirigierte der Fremde ihn vom Hocker an die Tür. Als Bernhard ein letztes Mal protestieren wollte, sah ihn der andere nur an. Die Wirkung dieses Blicks war erstaunlich. Bernhard machte sich in die Nacht davon.

Gelassen, als habe er sich gerade von einem Freund verabschiedet, kehrte der Fremde zurück. »Ich glaube, er hat es eingesehen. Geht es Ihnen gut, Fräulein?«

»Ja, danke.« Ihre Augen waren groß und staunend. »Haben Sie ihm den Finger gebrochen?«

»Nicht wirklich. Ich hoffe nur, dass er kein Pianist ist, sonst könnte er jetzt ein paar Tage nicht spielen.«

Sofia wusste nicht, warum sie das zum Lachen brachte. »Stimmt, als Pianist wäre er jetzt übel dran.«

»Wollen Sie lieber für sich sein? Oder darf ich mich zu Ihnen setzen?«

»Nein – ich, gerne, also … «

»Nein ich gerne also?«, wiederholte er lächelnd. Er war um einiges älter, aber wie ihr Vater sah er bestimmt nicht aus.

Der Fremde hob die Hand, schon war der Kellner da. »Darf ich Ihnen etwas bestellen, Fräulein …?«

»Sofia.«

»Ein schöner Name.« Er machte eine leichte Verbeugung. »Guten Abend, Fräulein Sofia. Ich bin Michael.«

»Guten Abend. Wieso können Sie das … mit dem Griff und den Fingern, meine ich?«

»Ich war früher bei der Polizei. Aber das ist lange her.«

39

Der Besuch

»Letzte Runde«, sagte der Barmann. »Ich will auch mal nach Hause.«

Der Mann im Smoking betrachtete das Bild mit einer Herzlichkeit, als liege eine persönliche Erinnerung in dieser Aufnahme. »Da müssen Sie sehr glücklich gewesen sein.«

Sofia betrachtete sein dunkles, an den Schläfen ergrautes Haar. Die Nase war etwas schief, als wäre sie ihm einmal gebrochen worden.

»Es war vielleicht der schönste Moment meines Lebens.«

»Zu diesem Zeitpunkt wussten Sie von dem Unglück noch nichts?« Er gab ihr die Fotografie zurück.

Sie schüttelte den Kopf. »Lorenzo hat mich nur einen Tag, nachdem wir aus Venedig kamen, auf die Civetta mitgenommen. Erst später hat er mir die ganze Wahrheit gesagt.«

War es unsinnig, vielleicht gefährlich, einem Fremden die Geschichte ihrer Liebe zu erzählen? Heute Abend war Sofia schrecklich allein gewesen. Sie hatte sich überwunden und ihre Höhle verlassen, war hinausgegangen und Michael begegnet. Sofia hatte ihm nichts verschwiegen und festgestellt, dass es leichter war, einem vollkommen Fremden die Wahrheit zu offenbaren. Es fühlte sich an, wie auf ein weißes Blatt zu schreiben.

»Ich nehme noch mal das Gleiche.« Der Mann im Smoking hob sein leeres Glas. »Und Sie?«

»Nichts, danke. Ich bin schon ein bisschen betrunken.« Sie sah auf die Uhr. »So spät?«

»So eine wunderbare Geschichte braucht eben ihre Zeit.«

»Wunderbar? Na, ich weiß nicht.«

»Sie ist schön – und traurig, das haben tiefgründige Geschichten so an sich.«

»Es ist keine Geschichte. Das bin ich, ich selbst. Ich fürchte, ich habe mich ein bisschen verloren.«

»Danke, dass Sie sich mir anvertraut haben.«

»Nein, ich meine, ich habe mich in den Ereignissen um Lorenzo verloren. Und jetzt weiß ich nicht mehr, wie ich in mein altes Leben zurückfinden soll.«

Für einen Moment berührte er ihre Hand. »Sie sagen es selbst: Das war ihr altes Leben. Jetzt kommt etwas Neues.«

»Aber was?« Sie seufzte. »Erst kommt Weihnachten, dann das neue Jahr, und dann dauert der Winter noch schreckliche drei Monate. Das ist alles, was mich erwartet.«

»Mich wundert nur … «

»Ja?«

»Ich kann nicht recht glauben, dass dieses Kind nie gefunden wurde.«

»Tonino?«

Michael zögerte. »Wissen Sie, mir ist das Unglück von Longarone nicht unbekannt.«

»Natürlich. Die Bilder sind um die ganze Welt gegangen.«

»Das meine ich nicht. Die Italiener ... Nein, ich muss anders beginnen. Ich bin Generalmajor im Ruhestand.«

»Sagten Sie nicht, Sie sind bei der Polizei gewesen?«

»Es gibt verschiedene Polizeieinheiten.« Er nahm seinen Drink entgegen. »Vor drei Jahren war ich noch im Dienst und verantwortlich für den bayerischen Katastrophenschutz.« Er nippte. »Die Verwüstung in den Dolomiten war ... unvorstellbar. Die Katastrophe wurde mit dem Vulkanausbruch des Vesuv verglichen, der die Stadt Pompeji vernichtet hat.« Er nahm die Olive aus dem Glas und legte sie daneben. »In Longarone hat das Wasser die Menschen im Schlaf überrascht, sie hatten nicht die geringste Chance, sich zu retten. Sechs Dörfer wurden in Sekunden ausgelöscht. Die Italiener standen unter Schock. Weder die Provinzregierung noch die Verantwortlichen in Rom waren auf so etwas vorbereitet. Italien hat die Nachbarländer um Hilfe gebeten. Und wir haben geholfen.«

»Sie waren damals in Longarone?«

»Nicht persönlich, nein. Ich habe die Organisation von hier aus überwacht. Wir haben den Italienern schweres Gerät geschickt, Hubschrauber, vor allem aber Detektoren, mit denen man Verschüttete orten kann. Wir haben für Tausende Obdachlose Zelte und das Nötigste in die Dolomiten gebracht. Es war Oktober und in den Bergen schon eisig kalt.«

Sofia schwieg mehrere Sekunden. »Wieso glauben Sie nicht, dass die Leiche des kleinen Tonino nie gefunden wurde?«

»Weil ich die Berichte kenne. Um helfen zu können, musste ich wissen, welcher Art die Schäden waren. Man hat mir alle Berichte zugeschickt.«

»Und das heißt?« Sie merkte nicht, dass sie dichter an ihn heranrückte.

»In dem verschütteten Gebiet wurden enorme Erdbewegungen durchgeführt. Zehntausende Kubikmeter Schutt, Sand, Schlamm und Gestein mussten entfernt werden. Damit nicht genug, wurde nach den Aushubarbeiten das Material noch einmal gesiebt, bevor es entsorgt worden ist.«

»Gesiebt?«

»Dabei sind schreckliche Dinge gefunden worden, auch wunderbare und traurige Dinge. Hochzeitsfotos, Familienschmuck, ganze Kleiderschränke.« Er sah sie an. »Während des Siebens hat man viele Leichen gefunden. Und am Ende ...«

»Ja?«

»Am Ende waren sämtliche Einwohner Longarones und der umliegenden Gemeinden identifiziert worden. Es erscheint mir daher unwahrscheinlich, dass man Tonino nicht gefunden hat.«

»Er war noch so klein, erst anderthalb Jahre alt.«

Michael trank aus. »Wenn man Schmuckschatullen oder Koffer findet, hätte man bestimmt auch ...« Er hob die Schultern, zum Zeichen, dass sie ihn wohl verstanden hatte.

»Aber dann ... Dann würde das ja bedeuten ...«

Er zog Geldscheine aus einer Silberspange. »Seither sind Jahre vergangen. Daher ist es äußerst unwahrscheinlich, aber Tonino könnte vielleicht noch leben.«

»Hätte Lorenzo nicht zu dem gleichen Schluss kommen müssen?« Sie bemerkte kaum, dass er ihre Drinks mitbezahlte.

»Das weiß ich nicht. Damals sind sonderbare Dinge passiert, auch wegen des Geldes.«

»Das Geld der Eismacher?«

Er nickte. »Ich habe die Fotos gesehen. Nachdem die ersten Aufräumarbeiten beendet waren, hat man unterschiedliche Gegenstände auf unterschiedliche Stapel getan. Ein ganzer Berg von Koffern war dabei. Geldkoffer. Es ist zu Diebstählen gekommen. Die Menschen, denen das Geld gehört hatte, waren tot. Das brachte einige auf die Idee, sich zu bedienen.«

»Was hat das mit Tonino zu tun?«

»Ich weiß es nicht. Ich sage nur, nach dem Unglück sind ungewöhnliche Dinge passiert.« Er glitt vom Hocker. »Wir sollten den armen Barkeeper jetzt wirklich schlafen lassen.«

Sie sprang zu Boden und sah sich um. »Wir sind ja die Letzten!«

Sie verließen den *Treuen Heinrich*. Im Freien, in der Kälte waren sie plötzlich wieder zwei Fremde, die einen unerwartet intensiven Abend erlebt hatten.

»Kann ich Sie irgendwohin bringen?« Er zeigte auf seinen Wagen.

»Danke, nein, ich wohne nicht weit.«

»Soll ich Sie begleiten? Ich meine, es ist schließlich zwei Uhr früh.«

»Die Gegend ist so verschlafen, mir passiert nichts.«

»Wie Sie wollen.« Er schüttelte ihr die Hand. »Es hat mich besonders gefreut.«

»Mich auch, Michael.«

Er ging zum Auto. Sofias Absätze klangen auf dem Pflaster übertrieben laut.

~

»Sofia?«

Frau Schuster kam in den Spieleraum. Sofia saß mit den Kindern auf dem Boden. Es wurde gezeichnet und gemalt.

»Ja?«

»Ein Herr ist für Sie da. Er wollte mir seinen Nachnamen nicht sagen, nur *Michael*, Sie wüssten dann schon.«

Sie sprang auf. »Michael ist hier? Im Fasangarten?«

»Warum kommen Sie nicht einfach raus?«

»Und die Kinder?«

»Ich passe so lange auf.«

Während Sofia langsam, dann immer zügiger zur Tür ging, überlegte sie, wie viel Zeit seit der Nacht im *Treuen Heinrich* vergangen war. Weihnachten war vorüber, auch Silvester, inzwischen hatten sie Mitte Februar. Ihre Begegnung mit dem Mann im Smoking lag zwei Monate zurück. Woher wusste er, wo er sie finden würde? Durch ihre Erzählung vom Kinderheim natürlich. Für einen Polizisten konnte es nicht schwer sein, Sofia aufzuspüren.

Er erwartete sie im Foyer. Dunkler Mantel, heller Schal. Michael trug eine Pelzmütze. »Entschuldigen Sie den Überfall.«

»Michael, nein, ich … nein … Wie?«

Er lächelte. »Es ist sonst nicht meine Art, meine polizeiliche Tätigkeit noch auszuüben, aber ich kannte Ihren Nachnamen nicht.«

»Wieso kommen Sie persönlich her?«

»Es erschien mir wichtig genug. Außerdem mag ich den Perlacher Forst.«

»Was ist wichtig, Michael?«

Er sah sich im Foyer um, einem quadratischen Raum, von dem fünf Türen und eine Treppe abgingen. »Könnten wir vielleicht woanders …?«

»Ich habe kein eigenes Zimmer hier. Und jetzt ist eigentlich meine Dienstzeit.«

»Mein Besuch kommt ungelegen.«

»Einen Moment.« Sofia kehrte ins Spielzimmer zurück. »Frau Schuster, ich habe eine Bitte.«

40

Wunderbar

Sofia saß an dem kleinen Tisch in der Ecke und betrachtete das Matratzenlager. Alle hatten sich hingelegt. Nicht jedes Kind schlief, aber sie hielten das Ritual ein, die *Siesta*, wie Sofia es seit ihrem Italienbesuch nannte.

Sie führte kein Tagebuch, dafür glichen ihre Tage einander zu sehr. Sofia hatte ein *Heft für Gedanken*. Anfangs hatte sie kluge Sätze, die sie hörte oder las, eingetragen, doch das waren ja nicht ihre eigenen Gedanken. Sie wollte fremden Leuten nicht hinterherdenken. Heute benützte sie das Heft, um Michaels Informationen aufzuschreiben.

Sofia und der Generalmajor a. D. waren in den Perlacher Forst gegangen. Obwohl er kräftig ausschritt, merkte sie, mit seinem linken Bein war etwas nicht in Ordnung. Manchmal knickte es zur Seite weg.

Er bemerkte ihren Blick. »Ein Reitunfall. Das Bein ist nicht wieder richtig verheilt.«

»Waren Sie bei der Kavallerie?«

Das löste ein trauriges Lachen bei ihm aus. »So alt bin ich nun auch wieder nicht. Nein, es ist keine Kriegsverletzung. Mein Pferd hat sich vor einem Hund erschreckt, ist gestürzt und hat mich unter sich begraben. In der kalten Jahreszeit ist es schmerzhaft. Na ja, jetzt wissen Sie also auch etwas über mich. Aber deshalb bin ich nicht hier.« Er lief einige Schritte voraus.

In aufrechten Buchstaben schrieb Sofia hin, was Michael ihr erzählt hatte.

Es gab eine Frau, sie hieß Maddalena Greco und wurde in Italien polizeilich gesucht. Sie war Venezianerin und hatte in Mestre gelebt. Was sie mit der Tragödie von Longarone zu tun hatte, war ungeklärt. Vielleicht hatte sie Verwandte in der Region gehabt, möglicherweise war sie in das Katastrophengebiet gereist, um zu helfen. Italiener aus allen Landesteilen hatten das getan.

Maddalena Greco hatte sich nachweislich in einem Hotel in der Nähe von Longarone einquartiert. Sie war dem Wirt aufgefallen, weil sie nicht wollte, dass man bei ihr sauber machte. Als das Mädchen das Zimmer eines Tages doch aufsperrte, entdeckte es mehrere gestapelte Koffer, zerbeulte, verkratzte Koffer.

Überall in der Gegend war der traurige Fund der Geldkoffer bekannt, die Polizei bewachte die gefundenen Bestände. Das Zimmermädchen hatte darauf den Wirt benachrichtigt. Der wollte die Frau nicht zu Unrecht verdächtigen, informierte aber einen befreundeten Polizeileutnant. Als der Leutnant Maddalena Greco am selben Abend zur Rede stellen wollte, war sie verschwunden.

An dieser Stelle war Sofia im Wald stehen geblieben. »Und das konnten Sie alles nur aus dem Bericht ersehen, den Sie aus Longarone hatten?«

»Nein. Das wäre unmöglich.« Er lehnte sich an eine Birke. »Ich habe einen früheren Kollegen in Belluno angerufen. Er hat mich wiederum an jenen Polizeileutnant verwiesen. Mit ihm habe ich telefoniert.«

»Das haben Sie alles … für mich getan?«, fragte Sofia verblüfft.

Er entlastete das linke Bein. »In gewisser Weise. Bei unserem ersten Gespräch war nicht schwer zu verstehen gewesen, was Ihnen der Vater dieses Jungen bedeutet und dass Sie alles tun würden, um sein Schicksal zu erleichtern.«

»Ja, alles, wirklich alles.« Sofia stellte den Mantelkragen auf, es war bitterkalt.

Michael schaute zur Baumkrone hinauf. »Für einen Vater oder eine Mutter gibt es nichts Schlimmeres, als das eigene Kind zu überleben. Dieser Mann hat zwei Kinder und seine Frau begraben. Das ist …«

»Unvorstellbar.«

Langsam gingen sie weiter.

»Was ist aus dieser Frau Greco geworden?«

»Es wurde eine Fahndung nach ihr eingeleitet.«

»Hat man sie gefasst?«

»Es gab eine Spur. In Südtirol, nahe der österreichischen Grenze, hat ein Hotelbesitzer etwa zu der gleichen Zeit eine Frau beherbergt, die kein Gepäck bei sich hatte. Sie habe es auf dem Bahnhof von Sterzing deponiert, sagte sie. Das kam ihm seltsam vor, denn die Frau war mit einem kleinen Kind unterwegs.«

»Ich kenne Sterzing«, begann Sofia. »Dort war ich mit ...«
Sie verstummte, drehte sich langsam um und sah den Generalmajor an. »Ein Kind? Was für ein Kind? Wie alt war das Kind?«

»Das konnte ich nicht erfahren. Am nächsten Morgen war die
Frau nicht mehr da. Sie hatte das Geld für ihr Zimmer auf das
Bett gelegt, aber keine italienischen Lira, sondern österreichische
Schillinge.«

»Die Frau, die die Geldkoffer gestohlen hatte, reiste also mit
einem Kind. War es ihr Kind?«

»Das ist nicht bekannt. Interessant ist in diesem Zusammen-
hang, dass Maddalena Greco in dem Hotel in Longarone kein
Kind dabeihatte.«

»Natürlich, ich verstehe, was Sie meinen. Aber das würde doch
heißen ...« Sofia machte ein paar rasche Schritte.

»Es kann sich in Longarone und Sterzing natürlich auch um
zwei unterschiedliche Frauen gehandelt haben«, beschwichtigte
Michael.

»Sterzing liegt nicht weit vom Brenner entfernt.«

Der Generalmajor nickte. »Daher nimmt man an, dass die Frau
nach Österreich weitergefahren ist. Ihre Spur hat sich danach verloren. Von Maddalena Greco, die angeblich die Geldkoffer gestohlen hatte, wurde ebenfalls nie wieder etwas aktenkundig.«

Sterzing, schrieb Sofia in ihr Heft. *Die Frau hatte kein Gepäck*,
schrieb sie. *Ein kleines Kind*, schrieb Sofia hin.

Vorhin im Wald hatte sie ihre Aufregung nicht beherrschen
können. »Wäre das nicht unglaublich, wäre es nicht großartig,
wenn dieses Kind niemand anders wäre als ...?«

Michael hatte ihren Enthusiasmus gedämpft. »Diese Ereignisse liegen drei Jahre zurück. Von der Frau fehlt jede Spur. Ich habe bei den Tirolern, auch bei unserer Behörde nachgefragt. Eine Maddalena Greco war zu keiner Zeit in Österreich oder Bayern gemeldet.«

»Sie könnte ihren Namen geändert haben.«

»Die wahrscheinlichste Lösung ist, dass es zwei verschiedene Frauen gewesen sind.«

»Wenn Sie nicht an die Möglichkeit glauben, das Kind könnte Lorenzos Junge gewesen sein, warum sind Sie dann zu mir gekommen?«

»Weil Wunder manchmal tatsächlich passieren.« Eine hilflose Geste. »Ein kleiner Junge wird vermisst. In den Ermittlungsakten, zu denen ich Zugang habe, taucht ein unbekanntes Kind auf. In einer Bar lerne ich eine Frau kennen, der der Vater eines verschwundenen Kindes viel bedeutet. All diese Ereignisse zusammengenommen haben eine Hoffnung in mir geweckt ...«

Sie lief auf ihn zu. »Entschuldigen Sie, dass ich ruppig war. Ich danke Ihnen.«

Sie waren umgekehrt und hatten sich vor dem Kinderheim verabschiedet. Mit zerrissenen Gefühlen war Sofia hineingegangen.

Allmählich erwachten die Kinder im Ruheraum, streckten sich, machten lustige Geräusche, fingen entweder zu plappern an oder schauten schlaftrunken an die Decke.

Von Sterzing nach Österreich, schrieb Sofia in ihr Heft. *Wohin war sie unterwegs? Wo ist Maddalena Greco heute? Wo ist das Kind?*

Sie klemmte den Kugelschreiber an die Seite, schlug das Heft zu, ging in die Küche und machte eine große Kanne Kindertee.

～

Wunder gab es nicht. Gott sprach weder aus brennenden Dornbüschen noch manifestierte er sich im Wind oder in den Wolkengebilden. Wunderbare Begebenheiten entsprangen dem Wunsch des Menschen, bestimmte Ereignisse so zu verknüpfen, dass sie übernatürlich erschienen. Aber das *Übernatürliche* war schließlich auch nur ein Teil der Natur. In letzter Konsequenz ließ sich alles natürlich erklären, vielleicht nicht sofort, aber irgendwann bestimmt. Jahrtausendelang hatten die Menschen dem Blitz göttliche Eigenschaften zugeschrieben, bis sie eines Tages die Elektrizität entdeckten. War die Natur nicht Wunder genug? Dreizehneinhalb Milliarden Jahre hatte es kein Leben auf dem Planeten gegeben. Dann begann die Evolution, bis schließlich der Mensch auftrat. Er war die einzige bekannte Spezies, die verstand, dass sie verstand. Wenn das kein Wunder war!

Der Mensch konnte, wenn er Glück hatte, auf eine Existenz von 90 Jahren hoffen. Sobald er starb, war alles vorbei, er würde niemals wiederkommen. Aber viele Menschen waren mit diesem großzügigen Angebot der Natur unzufrieden. Sie glaubten, zu außergewöhnlich zu sein, um für immer zu verschwinden. So war der Mensch auf die Idee mit dem Himmel verfallen, wo er weiterleben würde. Manche glaubten sogar, sie würden dereinst wiederkommen, nicht als sie selbst, sondern als jemand anderes. Diese

Menschen behaupteten mitunter, sich an ihre vorherige Existenz zu erinnern. Sonderbarerweise waren sie im früheren Leben immer jemand Besonderes gewesen. Unter den Wiedergeborenen gab es keinen Steuerberater, Fliesenleger oder Leichenwäscher, aber viele Napoleons.

Die Einzigen, die ein Recht hatten, an Wunder zu glauben, waren die Kinder. Ihnen ließ man den Glauben daran. Würde wohl jemand zu einem Kind wie Tonino, bevor die Wassermassen ihn verschlangen, sagen: »Es gibt keinen Himmel. In einer Sekunde ist für dich alles vorbei.« Niemand würde das tun.

Obwohl es keine Wunder gab, existierten doch unterschiedliche Begebenheiten, die sich zur selben Zeit abspielten. Ihre Gleichzeitigkeit erschuf eine Koinzidenz, die an ein Wunder nahe herankam. So war es zum Beispiel, als Hilde Rösler sich Gedanken darüber machte, ob sie richtig entschieden hatte. Ihre Zweifel veranlassten sie, zu handeln. Das geschah zur gleichen Zeit, als Sofia mit dem pensionierten Generalmajor durch den Perlacher Forst lief.

41

Der richtige Schritt

Hilde Rösler erschien nicht unangekündigt im Kinderheim Fasangarten, sie hatte einen Termin bei Frau Schuster gemacht. Das fand die Heimleiterin ungewöhnlich; zwischen den Kindeseltern und der Leitung ging es ungezwungen zu.

»Ich kann nur das Beste über Ihren Sohn Guido berichten«, begann Frau Schuster. »Er hat sich sehr gut bei uns eingelebt.«

»Das freut mich.« Hilde behielt ihre Handtasche auf dem Schoß.

»Sie werden ihn bestimmt nachher sehen wollen. Ich veranlasse das.«

»Ich weiß noch nicht«, ging Hilde dazwischen. »In erster Linie wollte ich zu Ihnen und ...« Sie atmete einmal tief durch. »Wissen Sie noch, warum ich Guido zu Ihnen geben musste?«

»Ich bin informiert«, antwortete Frau Schuster. »Es steht in den Unterlagen.«

»Was steht da?«

Frau Schuster fand es seltsam, dass Guidos Mutter den Grund

ihres eigenen Entschlusses hören wollte. »Sie haben angegeben, dass Sie nach mehreren Jahren ohne festen Partner Herrn Rösler kennengelernt haben, der sich von Anfang an schlecht mit Guido verstand«, las sie aus der Akte. »Für eine Heirat hat Herr Rösler die Bedingung gestellt, dass er das Kind nicht im Haus haben wollte.«

Hildes Gesicht wurde bitter. »Er ist ein guter Mann. Wir verstehen uns, ich bin froh, ihn geheiratet zu haben. Aber die Sache mit Guido ... die finde ich heute nicht mehr richtig.«

Frau Schuster hatte diese Erfahrung öfter gemacht, dass Eltern mit der Zeit Gewissenbisse bekamen, weil sie glaubten, ihre Kinder im Stich gelassen zu haben. »Es geht um das Glück und die beste Entwicklung für Ihren Sohn, Frau Rösler«, erwiderte sie ruhig.

»Was hat Guido denn über meinen Mann und mich erzählt?«, fragte Hilde.

»Es sind eigentlich keine Erzählungen.« Frau Schuster wurde das Gespräch immer unverständlicher. »Guido hat ein bestimmtes Spiel. Wenn das Wochenende kommt und die Eltern ihre Kinder besuchen, läuft er jedes Mal mit hinaus, obwohl Sie nicht da sind.«

»Oh Gott«, seufzte Frau Rösler.

»Ich weiß, dass Sie nicht jede Woche kommen können, und Guido weiß es auch. Deshalb spielt er sich den Besuch von imaginären Verwandten vor. Er redet mit ihnen. Er freut sich, dass sie da sind, er spricht mit Onkeln, Tanten und natürlich auch mit Papa und Mama.«

Hilde sah Frau Schuster verzweifelt an. »Mein früherer Mann ist seit vielen Jahren tot. Guido hat ihn nie kennengelernt.«

»Seit vielen Jahren? Guido ist fünf, also kann der Tod seines Vaters nicht länger zurückliegen als ...«

»Mein Mann ist vor elf Jahren gestorben.«

Frau Schuster gelang es, sich keine Regung anmerken zu lassen. »Das bedeutet, Ihr verstorbener Mann ist nicht Guidos Vater?«

Hilde nickte.

»Aber sie kennen seinen biologischen Vater natürlich.«

»Nein. Es ist ... anders.« Hilde schüttelte den Kopf.

Unauffällig nahm Frau Schuster den Kugelschreiber zur Hand. »Bitte erklären Sie mir das.«

»Ist unser Gespräch vertraulich?« Hilde öffnete ihre Handtasche.

»Absolut.«

Sie zog ein maschinengeschriebenes Dokument hervor. »In dem Fall, könnten Sie mir das unterschreiben?«

»Was ist es?« Frau Schuster nahm das Blatt entgegen, las es und sah Hilde mit gerunzelter Stirn an.

»Mein Anwalt hat mir dazu geraten. Um sicherzugehen.«

»Sollten wir in dieser Angelegenheit einen Anwalt brauchen?«

»Bitte unterschreiben Sie. Es ist wichtig für mich.«

Die Heimleiterin setzte ihren Namen auf die gepunktete Linie.

~

Frau Schuster lief in ihrem Büro auf und ab. Wenn sie am Schreibtisch vorbeikam, blieb sie stehen und betrachtete das Notizbuch. Es war ledergebunden und hatte eine schöne Prägung. Hilde hatte Frau Schuster dieses Buch übergeben. Es war ihr schwergefallen, zugleich schien sie über den Schritt erleichtert zu sein. Bevor sie gegangen war, hatte sie sich entschuldigt, dass sie ihren Sohn heute lieber nicht sehen wollte. Frau Schuster hatte Hilde zur Hintertür hinausgelassen.

Dreimal ging Frau Schuster noch am Schreibtisch vorbei, bevor sie Platz nahm und das Buch aufschlug. Sie las die entscheidende Passage noch einmal, Wort für Wort. Sollte sie gleich die Polizei rufen? Sie machte sich strafbar, wenn sie, im Besitz dieses Dokuments, nicht umgehend Schritte unternahm. Frau Schuster packte das Notizbuch in die Schublade, sperrte sie ab und ging nach drüben.

Sofias Gruppe spielte im Aufenthaltsraum *Bergsteigen*. Dazu hatte sie Tische und Stühle aufeinandergestellt und ineinander verkeilt. Wenn die Kleinsten hochkletterten, blieb sie in der Nähe und half ihnen.

Guido Rösler gehörte nicht zu den Kleinsten. Er stellte sich geschickt an, das Klettern schien ihm im Blut zu liegen.

»Sofia?«

»Ja?« Sie hielt einen Stuhl fest.

»Später, wenn die Kinder essen, kommen Sie dann bitte zu mir?«

»Natürlich, Frau Schuster.« Da die kleine Inge das Hindernis nicht schaffte, hob Sofia sie hinauf.

Eine halbe Stunde später, die Gruppe machte sich über Kartoffelpüree und Knackwürste her, erschien sie bei der Heimleiterin.

»Wir haben hier einen besonderen Fall.« Frau Schuster bot ihr einen Platz an. »Sie leiten Ihre Gruppe schon seit Langem, Sofia, deshalb möchte ich zuerst mit Ihnen sprechen, bevor ich den offiziellen Weg einschlage.«

»Worum geht es denn?«

Frau Schuster erzählte über den Besuch von Guidos Mutter. Sie öffnete die Schublade und übergab Sofia das Tagebuch einer Toten.

»Bitte lesen Sie es in Ruhe. Danach sagen Sie mir, was Sie davon halten. Warten Sie, ich mache Ihnen Licht, es wird ja schon dunkel.« Frau Schuster drehte die Deckenlampe an.

Sofia begann zu lesen. Nach wenigen Zeilen, nach kaum einer Seite, stand sie auf, sah zur Decke und stieß einen Schrei aus. Das ledergebundene Buch entglitt ihr. Sie hielt sich die Hand vor den Mund, kippte vornüber und schlug mit der Stirn an der Tischkante auf. Es blutete stark.

Frau Schuster eilte zum Erste-Hilfe-Kasten. Daneben hing der Wandkalender. Heute war der 1. März. Während sich Frau Schuster über ihre blutende Kollegin beugte, ging ihr durch den Kopf, dass nach diesem schrecklich langen Winter der Frühling hoffentlich nicht mehr lange auf sich warten lassen würde.

42

Die Suche

Am 3. März machte Lorenzo Battaglia seine Verabschiedungs-
runde in Zoldo Alto. Nicht nur die Alten und die Kleinen sagten
den Eismachern für ein halbes Jahr Arrividerci, auch die Gelatieri
untereinander nahmen Abschied. Ein letzter Abend, eine letzte
Feier in Ninos Blockhütte.

Lorenzo saß mit gemischten Gefühlen bei den anderen. Viele
Kollegen hatten Frau und Kinder nach Hause mitgebracht. Einige
Männer freuten sich wiederum, ihre deutsche Geliebte, Freundin
oder Verlobte bald wiederzusehen, die im Norden geblieben war.
Lorenzo konnte nichts dergleichen erzählen. Er wusste nicht, ob
er sich freuen sollte, ob das Kribbeln in seinem Bauch Vorfreude
oder Angst vor der Begegnung mit Sofia war. Er aß Polenta, Salsiccie und trank Rotwein, aber es hielt ihn nicht lange in Ninos
Blockhütte. Sie fragten, weshalb er so früh aufbreche. Lorenzo erklärte, mit dem alten VW-Bus brauche er lange bis München, er
wolle ausgeschlafen sein.

In der letzten Nacht im Battagliahaus lag er wach und grübelte, was Sofias Anruf zu bedeuten habe. Sie hatte am Telefon so sonderbar geklungen und wollte wissen, wann er zurückkomme.

Lorenzo freute sich sie wiederzusehen, aber die Dringlichkeit in ihrer Stimme besorgte ihn. Was erwartete Sofia von ihm? Er empfand etwas für sie, weigerte sich aber beharrlich, dieses Gefühl Verliebtheit zu nennen. Die meisten aus seiner Familie hatten Andeutungen gemacht, dass man die deutsche Signorina ins Herz geschlossen habe. Sobald Sofia und Lorenzo sich irgendwo zeigten, war der Ausruf »Ein schönes Paar!« zu hören gewesen. Sofia war nur knappe drei Wochen im Zoldotal gewesen. Selten hatten die Eingeborenen eine Fremde so schnell akzeptiert. Im Bett dachte Lorenzo, dass er sich nicht vorschreiben ließ, wann und in wen er sich neu verlieben sollte.

»Am vierten März bin ich in München«, hatte er am Telefon gesagt.

»Das ist gut«, lautete ihre Antwort. »Ja, das ist sehr gut.«

Lorenzo wälzte sich zur Seite. Was sollte daran gut sein? Was war am 4. März so besonderes? Er hoffte, dass Toto es bis München schaffen würde. Dort begann dann die alljährliche Routine: Lüften und Frühjahrsputz, die Maschinen mussten gewartet, Rohmaterial eingekauft werden. Als offizieller Eröffnungstermin für die Eissaison galt der 21. März, Frühlingsbeginn. Sollte der Himmel über Bayern allerdings vorher aufklaren, gab es keinen Grund, nicht früher zu eröffnen. Lorenzo zog die Decke bis unters Kinn. Er musste endlich schlafen.

~

Der Eissalon erwartete seinen Besitzer so, wie Lorenzo ihn verlassen hatte. Die Kastanie auf dem stillen Platz war noch kahl, doch ihre Knospen würden bald aufgehen. Der Himmel zögerte, sich bayerisch-blau zu zeigen. Der Winter klammerte sich an München.

Im dicken Anorak saß Lorenzo vor dem Café. Er wollte nicht zugeben, dass er wartete, doch in Wahrheit tat er genau das. Sofia musste doch wissen, dass er zurück war. Inzwischen schrieb man den 9. März, aber sie war noch nicht aufgetaucht. War sie krank? In dem Fall hätte sie anrufen können. Welcher andere Grund wäre vorstellbar, weshalb sie den Weg auf den stillen Platz nicht fand?

Seufzend kam Lorenzo vom Klappstuhl hoch. Wenn sie nicht wollte, dann eben nicht! Er hielt das Gesicht in die kalte Luft. *Eine* Möglichkeit hatte er noch nicht bedacht, die sich jetzt um ihn legte wie ein schwerer Mantel. Hatte Sofia jemanden kennengelernt? Wäre das eine logische Erklärung für ihr Fernbleiben? Im Oktober hatten sie einander zuletzt gesehen. In einem halben Jahr konnte viel passieren.

Sofias Anruf in Zoldo Alto bekam auf einmal eine andere Bedeutung: Wollte sie Lorenzo den neuen Mann in ihrem Leben vorstellen? Wartete sie noch, bis das Wetter besser wurde, um mit ihrem Freund ein Eis zu essen? Hätte Lorenzo Sofia im Herbst eindeutigere Zeichen seiner Sympathie schenken sollen? Im Zustand seiner Unrast begann er zu frieren. Die Münchner Kälte kroch ihm in die Glieder. Wann kam der verdammte Frühling denn endlich? »Der Frühling und Sofia«, murmelte er und ging hinein.

Zwei Tage später wurde seine Unruhe so schlimm, dass er der Sache auf den Grund zu gehen beschloss. Bisher war Sofia immer zu Lorenzo gekommen, das Bella Italia war ihr Treffpunkt gewesen. Er schlug das Telefonbuch auf. Eine Sofia Gottlieb war nicht eingetragen. Ihm fiel ein, dass sie aus Angst vor ihrem Exmann eine Geheimnummer beantragt hatte. Warum war er nie auf die Idee gekommen, sie danach zu fragen?

Das Kinderheim war sein nächster Gedanke. Es lag irgendwo beim Perlacher Forst. Er blätterte in den Gelben Seiten. Es gab eine Kindertagesstätte *Kunterbunt* in der Gegend, das Seniorenheim *Grüner Frieden* und eine Niederlassung des Malteser Bundes.

Lorenzo schloss den Eissalon und fuhr nach Berg am Laim. Von dort arbeitete er sich Richtung Perlacher Forst voran. Er fuhr zahllose Straßen ab, fand mehrere Kirchen, einen Friedhof, zwei Pizzerien, eine Brauerei, aber nicht das gesuchte Kinderheim.

Sollte er aussteigen und sich erkundigen? »Hallo, ich suche ein Kinderheim. – Nein, ich habe selbst keine Kinder. – Was ich dort will? Meine Freundin arbeitet dort. – Ja, sie ist meine Freundin, aber ich weiß nicht, wo sie arbeitet.« Nein, so konnte man unmöglich vorgehen. Lorenzo wählte den umständlichen Weg und fuhr weiterhin die Straßen auf und ab. Mit jeder Ampel, jeder Kreuzung, sogar jedem Kind, das ihm begegnete, sank seine Laune. Zu dem Verdacht, dass es einen anderen Mann geben könnte, kam ein neuer: Was, wenn Sofia das Kinderheim erfunden hatte? Vielleicht existierte es genauso wenig wie Gabriel, der ihr angeblich so viel angetan hatte. War sie möglicherweise nur eine einsame Frau, die gern Eis aß und auf dem stillen Platz ein erfundenes Leben erzählt hatte?

An der nächsten Ampel schüttelte Lorenzo den Kopf. Sein Gefühl sagte ihm, so war Sofia nicht. Wegen ihrer Ehrlichkeit und ihres Einfühlungsvermögens hatte er sie ins Herz geschlossen. Sie war der Mensch, den das Schicksal nach der Tragödie von Longarone zu ihm geschickt hatte. Sie war seine Chance, seine Hoffnung, vielleicht seine Rettung. Und er, der italienische *cretino*, konnte sie nicht wiederfinden.

Mit der Erkenntnis, dass er Sofia um keinen Preis verlieren durfte, fuhr Lorenzo zum Eissalon zurück. Im Stillen betete er, dass Sofia bald kommen möge. Er hatte ihr vieles zu sagen.

43

Der Atem

Die Geschichte einer Schuld, die nicht hatte gesühnt werden können, war die traurigste aller Geschichten. Zum Zeitpunkt der Katastrophe war Maddalena Greco 37 Jahre alt gewesen. Mit ihrem rückenlangen Haar, dem etwas schleppenden Gang, ihrer Art, die Welt hinter halb verhangenen Lidern zu betrachten, war sie eine auffallende Frau.

In einem Vorort von Venedig aufgewachsen, hatte sie sich zeitlebens in der Lagunenstadt getummelt. Maddalena erträumte die gleichen Dinge wie die meisten jungen Italienerinnen, sie wollte einen netten Mann heiraten und eine Familie gründen. Hübsch wie sie war, lernte Maddalena früh Männer kennen. Sie verliebte sich in einen Gemüsehändler, der seine Ware nahe der Rialtobrücke verkaufte. Maddalena, die keine besondere Ausbildung hatte, verrichtete auf demselben Markt Gelegenheitsarbeiten.

Der Gemüsehändler liebte sie und bot ihr den Schutz seines Namens, Treue und Geborgenheit an. Ihr Glück dauerte drei

Monate, bis sie fand, dass es für eine feste Bindung noch zu früh sei.

Um dem Gemüsemann auf dem Markt nicht ständig zu begegnen, arbeitete sie von nun an im Büro der Gondolieri nahe dem Markusplatz. Sie registrierte Gruppenbuchungen und hatte die Aufgabe, die Touristen zu den richtigen Anlegestellen zu bringen. Maddalena begann ein Verhältnis mit einem älteren Gondoliere, auch er bot ihr die Ehe an. Da sie ihm nicht sagen wollte, dass er ihr zu alt sei, lehnte sie sein Angebot mit der Ausrede ab, sie passten nicht zusammen.

Ein Schweizer Tourist machte ihr Avancen. Sie trennte sich von ihm, weil sie nicht in der Schweiz leben wollte.

Nach ein paar Jahren, Maddalena war inzwischen Ende 20, gestand sie sich ein: Wie glücklich, leidenschaftlich und vielversprechend ihre Beziehungen auch begannen, sie fand jedes Mal einen Grund, sich nicht endgültig darauf einzulassen. Das Ideal von Partnerschaft und Familie entpuppte sich mit jedem neuen Mann wieder als Fata Morgana. Wie enthusiastisch sie auch darauf zulief, immer löste es sich in Luft auf.

Dabei hatte Maddalena in ihrer Schwester Carlotta ein solides Beispiel, wie einfach es war, ein zufriedenes verheiratetes Leben zu führen. Carlotta lebte zwei Stunden von Venedig entfernt in den Bergen, war glücklich mit einem Postbeamten verehelicht und erwartete ihr drittes Kind. Manchmal besuchte Maddalena ihre Schwester in Longarone, fühlte sich im Kreis der Familie wohl, spielte mit den Kindern und fand es schön, einen Säugling im Arm zu halten. Doch jedes Mal war sie froh, nach ein paar

Stunden in ihr unabhängiges Leben nach Venedig zurückzukehren. Sie weigerte sich zu glauben, dass sie zu wahrer Partnerschaft unfähig sei, und nützte ihren Liebreiz weiterhin, um in immer neue Arme zu taumeln.

Mit Mitte 30 machte Maddalena die Erfahrung, dass es nicht jedes Mal sie war, die den Männern den Laufpass gab, umgekehrt kam es auch vor. Sie redete sich ein, dass ihr der Mann nur zuvorgekommen sei.

Der Leiter des Gondolierebüros offenbarte ihr überraschend, er sei in sie verliebt und könne sein Gefühl nicht länger verheimlichen. Maddalena war geschmeichelt, weil er seine Frau für sie verließ, und lebte einige Monate mit ihm zusammen. Nachdem sie ihn mit einem Wiener Touristen betrogen hatte, zog sich der Büroleiter sofort zurück. Die Zusammenarbeit in der Gondolierezentrale wurde für beide unerträglich, Maddalena kündigte.

Sie hatte weder Arbeit noch einen Partner. Bald wurde ihre finanzielle Lage klamm. Am 9. Oktober desselben Jahres stürzten die Wassermassen des Vajont-Dammes über die Staumauer, zerstörten Longarone und töteten 2000 Menschen. Bereits am 10. Oktober ließ Maddalena alles in Venedig stehen und reiste in die Berge, um das Schicksal ihrer Schwester zu erfahren. Sie mietete sich in einer billigen Herberge ein und beteiligte sich an der groß angelegten Suchaktion.

Das Haus Carlottas war nur zum Teil zerstört worden, es bestand die Möglichkeit, dass die Familie überlebt hatte. Doch man fand die Leichen des Postbeamten, Carlottas und der Kinder zwei Tage später. Schutt und Schlamm hatten sie 100 Meter talwärts geschwemmt. Man händigte Maddalena ein paar Habseligkeiten und die Papiere ihrer Schwester aus, damit sie sich um die Bestattung kümmern konnte.

In der darauffolgenden Nacht lief sie ziellos durch das zerstörte Tal, das einer Mondlandschaft glich. Durch ihre Trauer ratlos, fragte sie sich wie Hunderte in der Umgebung, Tausende auf der Welt, welche Bedeutung die sinnlose Zerstörung, die Auslöschung so vieler Menschenleben haben mochte. In ihre Gedanken versunken, kam Maddalena an einem eingezäunten Bereich vorbei. Dahinter hatte man die Habseligkeiten der Opfer gelagert. Maddalenas Blick fiel auf einen Stapel mit Koffern. Sie setzte ihren Gang durch die Trümmer fort.

Sonderbarerweise führte ihr Weg sie schließlich zu dem eingezäunten Bereich zurück. Wenn das Universum tatsächlich gleichgültig war, wenn Gott eine solche Tragödie zugelassen hatte und es folglich keine moralische Instanz gab, die des Menschen Wege lenkte, konnte es auch kein Verbot geben, sich hier zu bereichern.

Nicht lange, und Maddalena hatte eine Stelle im Zaun gefunden, wo sie durchschlüpfte. Es war tief in der Nacht, niemand hielt sich noch hier auf. Die meisten Koffer waren verschlossen, zwei jedoch hatte der Wasserdruck aufgesprengt. Maddalena hatte noch nie so viel Geld auf einmal gesehen. Sie kämpfte ihr Gewissen damit nieder, dass sie gerade ihre Schwester verloren habe, und nahm den Koffer in die Herberge mit. Niemand sah sie, niemand wurde Zeuge ihrer Tat.

Tags darauf erfuhr sie, dass die italienische Regierung die Kosten der Beisetzung aller Katastrophenopfer übernahm. Da es so viele Tote waren, konnte man mit der Beerdigung Carlottas frühestens in zwei Wochen rechnen. In der darauffolgenden Nacht zog Maddalena noch einmal los, brachte einen weiteren Koffer in ihren Besitz und wollte am Morgen nach Venedig zurückkehren.

In der Herberge überfiel sie eine große Unruhe, ihr Gewissen plagte sie. Was war sie im Begriff zu tun? Wollte sie die Toten berauben und den Überlebenden, denen alles genommen worden war, die Hinterlassenschaft ihrer Liebsten stehlen? Sie hielt es im Zimmer nicht mehr aus, zog sich noch einmal an und stürzte ins Freie. Sie lief durch die Nacht, weiter und weiter, hinaus aus dem beleuchteten Bereich. Maddalena rannte in die Dunkelheit und fiel über ein Hindernis.

Sie lag im getrockneten Schlamm, tastete um sich und fühlte eine Hand. Sie schrie auf, schreckte zurück, wollte fort, nur fort von diesem grauenhaften Ort. Was Maddalena dazu brachte, nicht davonzulaufen, war der Atem. Hier war Leben, hier befand sich jemand an der Grenze zwischen Leben und Tod. Dieser Mensch atmete!

»Was denn, was?«, flüsterte sie. »Wieso haben sie dich noch nicht gefunden?« Während sie sprach, räumte Maddalena Holz und Steine, Sand und Erde beiseite, die das Kind daran hinderten, sich zu bewegen. Sie barg den kleinen Körper.

Der Junge war nicht bei Bewusstsein, aber er atmete. Sie säuberte sein Gesicht mit ihrer Bluse und wickelte den Kleinen in ihren Mantel, kam auf die Beine und lief los. Er musste in ein Krankenhaus. Es gab kein Krankenhaus an diesem Ort der Ver-

wüstung. Man hatte eine provisorische Krankenstation eingerichtet. Ärzte waren nach Longarone gekommen.

Maddalena versuchte, sich zu orientieren. Ein milchiger Mond
stand über dem Monte Toc. Hell grinste die aufgerissene Berg-
flanke herab. Die Krankenstation lag zur Linken. Sie barg das
Kind an ihrer Brust. Ihre Schritte wurden langsamer.

Wenn sie den Jungen zu den Ärzten brachte, würde man ihre
Personalien aufnehmen. Sie hatte vorgehabt, die Herberge vor
Tagesanbruch zu verlassen, damit niemand die Koffer bei ihr sah.
Würde es nicht auffallen, wenn eine Frau, die in der Nacht ein
Kind gerettet hatte, am nächsten Morgen verschwunden war? Erwartete man von dieser Frau nicht, dass sie sich nach dem Befin-
den des Kindes erkundigte und half, seine Eltern ausfindig zu machen? Sollte Maddalena das Kind retten, würde sie die Geldkoffer
hierlassen müssen. Konnte sie den Jungen einfach vor der Krankenstation ablegen und sich davonmachen? Sie hatte bereits die
Toten bestohlen, nun durfte sie nicht auch noch den Tod eines
Kindes riskieren. Die Vorsehung hatte sie diesen Jungen finden
lassen, das sah sie als Fingerzeig an, vom Üblen abzulassen und
das Richtige zu tun. Maddalena musste sich zwischen dem Geld
und ihrer Menschlichkeit entscheiden.

Dort leuchtete das rote Kreuz der Krankenstation vor dem
Nachthimmel. Vielleicht kann ich ja beides haben, überlegte sie,
das Geld und das Kind. Der Junge schien unverletzt zu sein, seine
Gliedmaßen bewegten sich normal. Er atmete schwach, aber
gleichmäßig. Es war ein hübscher Bursche, ein Jahr alt, vielleicht
anderthalb. Bisher schien man ihn nicht vermisst zu haben. Das

Wasser war über Longarone hinweggerast und hatte viele Leben ausgelöscht. Wahrscheinlich war seine Familie tot. Ihn hatte der Tod verschont. Das Schicksal hatte diesen Jungen in Maddalenas Arme gelegt.

»Guido«, flüsterte sie.

Manchmal, wenn sie darüber nachgedacht hatte, wieso sie noch nicht Mutter war, lautete ihre Antwort: Manchen Frauen war Mutterschaft eben nicht vorbestimmt. Doch falls sie ein Kind bekommen sollte, wollte sie es Guido nennen und Ines, wenn es ein kleines Mädchen war.

»Wollen wir nach Hause gehen, Guido?«

Mit einem Mal hustete das Kind. Es erwachte nicht, schlug auch nicht die Augen auf. Trotzdem nahm Maddalena sein Husten als Antwort auf ihre Frage. Sie kehrte der Krankenstation den Rücken und lief zur Herberge.

Nachdem Guido erwacht war, sie ihm zu trinken gegeben und in ihrem Bett zugedeckt hatte, setzte sie sich auf den Stuhl gegenüber, betrachtete das Kind und die Koffer mit dem Geld. In ihrer neuen Situation konnte sie unmöglich nach Venedig zurückkehren. Sie war ab jetzt eine Mutter mit Kind, die ungewöhnliches Gepäck mitführte. Als Maddalena Greco hatte sie sich in der Herberge angemeldet, als Maddalena Greco würde man sie in Venedig aufspüren. Ihr Diebstahl und der Fund des Kindes zwangen sie, ihr Leben von Grund auf zu ändern.

Einige Tage später stieg eine Frau namens Carlotta Positano in der Pension *Zum Engel* in Sterzing ab. Sie hatte ihr Gepäck am Bahnhof deponiert. Frau Engel gab ihr und dem Kind ein Zimmer und verköstigte die beiden. Der Kleine war schmal und sehr scheu. Er konnte noch nicht laufen und sprach auch nicht.

»Ist er krank?«, fragte Frau Engel.

»Er ist nur schüchtern.«

»Wo geht es denn hin?«

»Nach Norden. Sie werden den Ort nicht kennen«, antwortete Carlotta Positano.

Da Maddalena spürte, bei der Wirtin Misstrauen geweckt zu haben, verließ sie auch diese Herberge im Morgengrauen, nicht ohne die Bezahlung zurückzulassen. Nach Norden, mehr wusste Maddalena selbst nicht über ihr Ziel. In Italien durfte sie nicht bleiben. In der Schweiz sprach man auch Italienisch, doch die Schweizer waren streng mit ihren Einreisekontrollen. Über die Österreicher sagte man, sie seien schlampig. Mit bangem Herzen näherte sich Maddalena der österreichischen Grenze. Sie zupfte die Kleidung zurecht, die sie für Guido gekauft hatte und versprach ihm, nun seien sie bald zu Hause.

Der Junge hatte bisher kaum gesprochen und die unbekannte Frau nur aus großen Augen angesehen. Seine ersten Worte gaben Maddalena einen Stich.

»Mama – Papa – Mama.«

44

Eisbecher Allegra

Wie viel Sofia dem Generalmajor und Frau Schuster verdankte, war in Worte nicht zu fassen. Im Grunde hatte sie nichts weiter vorzuweisen als das ledergebundene Buch, jenes Notizbuch, das Frau Schuster von Hilde Rösler bekommen hatte. Es enthielt kein Geständnis, nur ein paar handschriftliche Seiten, auf denen eine Frau ihr Gewissen erleichterte.

Hätte sich Sofia darauf verlassen, dass die Behörde die Angelegenheit auf dem Dienstweg regelte, Monate wären ins Land gegangen. Doch die Verbindungen des Generalmajors hatten Gewicht. Er nützte sie Sofia zuliebe.

Carlotta Positano und Hilde Rösler waren Arbeitskolleginnen beim OTTO-Versand gewesen, Zweigstelle München. Viele Stunden hatten sie zusammen im Warenlager verbracht. Dort gab es ruhige Ecken, wo zwei Frauen miteinander rauchen und plaudern konnten. Die beiden freundeten sich an. Die Italienerin lebte mit ihrem Sohn in der sogenannten *Südtiroler-Siedlung,* einer Gegend Münchens, in der Italienisch gesprochen wurde. Hilde Rösler genoss den Kontakt zu der neuen Freundin, sie selbst war verwitwet und oft allein.

Ein Jahr nachdem Carlotta bei OTTO angefangen hatte, erfasste sie bei nebeligem Wetter eine Straßenbahn. Sie war sofort tot. In Italien hatte es zwar tatsächlich eine Carlotta Positano gegeben, doch sie war beim Unglück von Longarone ums Leben gekommen. Etwaige Verwandte waren nicht festzustellen.

Die kinderlose Hilde Rösler hatte den kleinen Guido ins Herz geschlossen. Als sie erfuhr, dass er in ein Waisenhaus kommen sollte, bot sie an, ihn in Pflege zu nehmen und später vielleicht zu adoptieren. Guido war ein Kind, das gern in seiner Phantasie lebte. Wenn Hilde ihn beim Singen oder im Gespräch mit einem unsichtbaren Dritten überraschte, sagte er oft: »Ich bin gerade in meiner Welt.« Er ging in den Kindergarten, Deutsch wurde allmählich zu seiner Muttersprache. Nur manchmal kamen unbekannte Worte aus seinem Mund, die Hilde nicht verstand.

Hans Rösler trat in Hildes Leben. Der Hydraulikschmied war ein gemütlicher Mensch, außer wenn er seine *Zustände* hatte. Er warb um Hilde. Sie war selig, nach Jahren wieder das Prickeln eines Flirts, die Wonne des Begehrtwerdens zu erleben. Sie wollte gern die Reise in die Zukunft mit Hans antreten und nahm seinen Antrag an. Auch Hans wünschte sich diese Reise, allerdings ohne Guido. Hilde sah ihr Glück in Gefahr, handelte kopflos und übereilt – wenn nur Hans sie nicht verließ! Guido kam in das Kinderheim Fasangarten.

Woher sollte sie wissen, dass der kleine Tonino Battaglia dadurch zum dritten Mal seine Mutter verlor. Hilde wusste es nicht bis zu jenem Tag, an dem sie im Keller Kisten entrümpelte und auf Carlottas Habseligkeiten stieß. Sie beschloss, ein paar persönliche Dinge für Guido aufzubewahren, falls er später danach fragen sollte. Das ledergebundene Notizbuch fiel ihr in die Hände. Seit damals kannte Hilde die wahre, unglaubliche Geschichte des kleinen Italieners.

~

»Vielleicht ist es noch zu kalt«, sagte Sofia.

»Nein! Es ist ganz warm!« Zum Beweis zog Guido seine Strickjacke aus, öffnete die Schiebetür in den Garten, rannte hinaus und sprang im Sonnenschein herum.

»Nicht in den Hausschuhen!«, rief Sofia. »Da draußen ist alles nass.«

Es war tatsächlich nass vom Regen und vom Auftauen des Bodens, doch heute wurden sie mit einem bayerisch-blauen Himmel beschenkt. Die Sonne wärmte, die Sonne schimmerte in Guidos Haar. Heute sollte der große Tag sein. Sofia hatte Angst davor. Nicht weil sie noch zweifelte. All ihre Nachforschungen konnten sich unmöglich als Irrtum erweisen. Sofia hatte Angst, weil das Ganze zu groß war, um es auf einmal zu verkraften. Die Freude konnte eine ähnliche Wucht besitzen wie ein Schicksalsschlag. Sofia brach auf, um Lorenzo, der den schlimmsten denkbaren Schicksalsschlag erlitten hatte, die höchste Freude zu bringen.

Guido kam zurückgelaufen. »Wir gehen Eis essen, hast du versprochen.«

»Schuhe ausziehen!«

Er streifte die Pantoffel ab.

»Ihr geht Eis essen?« Die kleine Rosa tauchte neben Guido auf.

»Das ist noch nicht sicher«, antwortete Sofia ausweichend.

»Ist es wohl! Komm doch mit«, ermunterte Guido seine Freundin.

»Das geht nicht.« Sofias Satz klang härter und schärfer, als ihr lieb war. Die Kinder sahen sie an. »Es ist zu weit bis zu meinem Eissalon.«

»In Perlach kann man auch Eis essen«, versuchte Rosa es anders.

»Das machen wir auch bestimmt bald. Wir gehen mit der ganzen Gruppe.«

»Wieso darf Guido allein Eis essen gehen?«

Sofia entschied sich für die Wahrheit. »Weil ich Guido jemand Besonderem vorstellen will.«

»Wie besonders ist der denn?« Ihm begann zu dämmern, dass dies kein gewöhnlicher Ausflug sein würde.

»Zieh dich warm an«, umging Sofia die Antwort.

Eine halbe Sunde später stiegen sie aus der Tram. Eine lange Straße führte von hier bis zu dem stillen Platz. Eine Gasse, die rechts und links von Birken gesäumt war. Gestern waren die Birken noch kahl gewesen. Auch heute erkannte das Auge darauf keine Blätter, nur einen zarten grünen Flaum. Dieser grüne Schimmer war mehr zu fühlen als zu sehen, und doch markierte er den unumkehrbaren Frühlingsbeginn. Die Wiesen waren noch braun, nur die Krokusse signalisierten, lange würde es nicht mehr so sein. Ein paar Tage brauchte es noch, dann würde sich das Antlitz dieser Gasse, das Antlitz Münchens von Grund auf ändern.

»Schneller!«, rief Guido. »Warum wirst du denn immer langsamer?«

Sie fiel zurück, weil sie den Kastanienbaum entdeckt hatte. Unter seinen Ästen würde sich nun der Vorhang für einen neuen Akt heben. Sofia spielte in dem Stück selbst mit und zwang Lorenzo in eine Rolle, auf die er nicht vorbereitet war. Nur das Bühnenbild stand fest. Ein Tisch, zwei Stühle, ein Eiscafé und die Kastanie, die über den stillen Platz wachte.

Guido erreichte den Platz als Erster. Die blauen Läden waren offen, von drinnen hörte man das Brummen einer Maschine.

»Hier war ich schon einmal.« Er drehte sich im Kreis. »Weißt du noch?«

»Natürlich. Ich komme ja oft hierher.«

»Was habe ich damals nur gegessen?«, überlegte der Junge.

»Einen Eisbecher, der den Namen einer Frau hatte.«

»Der Name einer Frau?« Er setzte sich und versuchte, auf die Lösung zu kommen.

Dort trat Lorenzo ins Freie, aber vorsichtig, zögernd, schien ihr. Er trug den Anorak, den sie auch aus Zoldo kannte. Sein Haar hätte geschnitten gehört. Plötzlich kam es ihr vor, als scheine die Sonne heller, als zwitscherten die Vögel lauter.

»Sofia«, sagte er verhalten. »Herzlich wollkommen im Bella Italia.«

»Herzlich willkommen zurück in München.« Sie ging auf ihn zu.

»Ich bin schon seit ein paar Tagen zurück.« In der Mitte trafen sie sich. »Warum bist du nicht früher gekommen?« Er gab ihr die Hand.

Sie spürte den warmen, freundlichen Händedruck. »Das Wetter passte noch nicht zum Bella Italia.«

»Ich dachte, du hast mich vielleicht … vergessen.«

»Dich vergessen?« Darüber musste sie lachen. »Ich habe dich nicht vergessen, Enzo.«

Er trat einen Schritt zurück.

»Was hast du?«

»Entschuldige. Meine Frau … Allegra hat mich Enzo genannt.«

»Das wusste ich nicht.«

»Allegra!«, krähte es hinter ihnen. »Jetzt weiß ich es wieder, Allegra hat der Eisbecher geheißen!«

»Du hast jemanden mitgebracht?«

Sofia hielt den Atem an. »Er ist nicht zum ersten Mal im Bella Italia.«

Lorenzo ging zum Tisch weiter. »Ich glaube nicht, dass wir uns schon begegnet sind«, sagte er zu dem Jungen.

Guido sah den Eisverkäufer an. Lorenzo sah in die Augen dieses Jungen. Es waren seine eigenen Augen. Es war der Mund seiner Mutter, es war die Kopfform der Battaglias, ihre Haare und ihr besonderes Lächeln. In diesem Kind erkannte Lorenzo seine Familie, die Battaglias aus dem Zoldotal. Aus Hunger hatten sie um die Jahrhundertwende ihr Tal verlassen und durch Apollonias genialen Einfall ihr Glück in der Fremde gemacht. Sie brachten das Gefrorene nach Wien. Sie wurden dafür geliebt, sie wurden von den Wienern verdammt, man zündete ihr Haus an. Die Battaglias ließen sich nicht vertreiben. Ihr Eis eroberte die Kaiserstadt. Als Feinde Österreichs flohen sie vor dem Krieg, kehrten zurück und erlebten einen zweiten Krieg. Alles hatten sie überstanden, bis zu dem Tag, als das Wasser über Longarone hereinbrach.

Lorenzo stand da und hatte den lebendigen Beweis vor sich, dass die Battaglias auch das schlimmste Unglück überlebten. Er sah es, fühlte es, er verstand aber noch nicht, wie das möglich war. Wie konnte eine Deutsche, die ihm viel bedeutete, sein verlorenes Kind zurückbringen? Lorenzo wusste nicht, wie er das viele Glück verkraften sollte. Um nicht umzufallen, setzte er sich zu dem Jungen.

»Du hast schon einmal hier Eis gegessen?«

»Ja, das weiß ich genau. Und der Name von meinem Eis war *Allegra*.«

Als Lorenzo sein Kind sprechen hörte, als es ihn erwartungsvoll ansah, war es vorbei mit seiner Beherrschung. Die Tränen schossen ihm in die Augen. »Allegra«, wiederholte er und drehte sich rasch zu Sofia. »Wann seid ihr denn zum ersten Mal hier gewesen?«

Sie suchte vergeblich nach einem Taschentuch. »Voriges Jahr. Du warst bei Apollonias Beerdigung.«

Lorenzo hatte Sofia in diesem Augenblick so lieb, dass er es kaum ertragen konnte. Er wollte sie umarmen und ihre Tränen trocknen, doch zuerst musste er sich um eine bestimmte Bestellung kümmern.

»Warum weint ihr beide denn?«, fragte Tonino. »Habe ich etwas angestellt?«

»Nein.« Lorenzo wischte sich über die Augen. »Du hast nichts angestellt. Du sitzt in meinem Eiscafé und hast etwas bestellt. Deshalb werde ich mich jetzt darum kümmern. *Vabene?*«

»Vabene«, antwortete Tonino, ohne zu überlegen.

»Vabene«, schluchzte Sofia.

»Va tutto bene«, sagte der kleine Tonino und wusste nicht, woher ihm der Satz zuflog.

Lorenzo strich über das Haar seines Sohnes. »Vuoi la panna con il gelato?«

Der Junge nickte voll Freude. »Ja, bitte mit Sahne.«

45

Hauptsaison

»Aber wir haben Hauptsaison.«

»Und wenn schon.« Lorenzo streckte die Beine unter dem Klappstuhl aus. Es war früher Morgen, der Eissalon hatte noch nicht geöffnet.

Sofia trank ihren zweiten Espresso. »Dir entgehen hohe Einnahmen, wenn du im August zusperrst.«

»Und wenn schon!« Lorenzo nahm vom Prosciutto, aß eine Olive und biss in das Weißbrot. »Schmecken dir die Oliven?«

»Sie sind sehr gut.«

»Die sind von zu Hause.«

Sie stutzte. »In den Dolomiten wachsen doch keine Oliven.«

»Erwischt.«

»Wobei habe ich dich erwischt?«

»Als ich neulich unten war, habe ich diese Oliven gekauft.«

»Du warst im Zoldotal, um deiner Verwandtschaft Tonino vorzustellen.«

»Stimmt. Und das ganze Tal hat sich für mich gefreut. Und für

Tonino natürlich auch.« Er schnitt ein dünnes Rad Salami ab, wie sein Großvater es einst getan hatte. »Aber ich war nicht nur in Zoldo Alto.«

»Wo seid ihr noch gewesen?«

»Im Süden, wo ich die Oliven gekauft habe.«

»Soll ich Rätsel raten oder sagst du es mir?« Sie wollte von der Salami nehmen.

»Erst wenn du es errätst, bekommst du Salami.« Lorenzo hatte plötzlich unanständig gute Laune.

»Lass mich nachdenken: Du willst mitten im August den Eissalon dichtmachen und an einen Ort fahren, wo es Oliven gibt. Tut mir leid, ich komm nicht drauf, Lorenzo.«

»Papa!«, schallte es von drinnen. »Dove sei?«

»Wir sind hier draußen«, rief er. »Vieni a fare colazione!«

Ein Blitz in kurzen Hosen und weißem Unterhemd schoss aus dem Haus. »Machen wir heute wieder Eis, Papa?«

»Wir machen jeden Tag Eis, mein Sohn. Auch heute.«

Tonino hopste auf seinen Stammplatz. »Ich will Kakao.«

»Ich mache dir Kakao.« Sofia wollte aufstehen.

Lorenzo hielt sie fest. »Moment. Zuerst müssen wir das klären.«

»Was denn, Papa?«

»Ich habe beschlossen, dass wir diesen Sommer in den Urlaub fahren.«

»Was ist Urlaub, Papa?«

»Wir machen Ferien.«

»Wo denn?«

»Das will ich ja gerade erklären.« Lorenzo goss sich Kaffee ein. »Die meisten Italiener fahren im August auf Urlaub. Die Ungerechtigkeit dabei ist, dass wir Eismacher das niemals tun können, denn im Sommer ist unsere Hauptsaison. Findet ihr das in Ordnung? Ich nicht.«

»Ist es im August nicht überall sehr voll?«, fragte Sofia zaghaft.

»Voll ist es, laut ist es – aber es ist großartig! Es wird dir gefallen.«

»Mir?«

»Natürlich. Wir fahren zu dritt. Wisst ihr, dass ich noch nie einen Familienurlaub im August gemacht habe? Mein ganzes Leben lang noch nicht.« Lorenzo schloss Sofia in die Arme. »Du wirst es lieben, das verspreche ich dir.«

»Wo werde ich es denn lieben, Lorenzo?«, fragte sie.

Tonino drängelt sich zwischen die beiden. »Ja, wo denn, Papa?«

»In Rimini natürlich. Wir drei fahren nach Rimini.«